晋国 600年

— 1 —

周礼秩序的解构与重构

韩鹏杰 ◎ 著

新世界出版社
NEW WORLD PRESS

图书在版编目（CIP）数据

晋国 600 年 . 1，周礼秩序的解构与重构 / 韩鹏杰著 . -- 北京：新世界出版社，2024.6
　　ISBN 978-7-5104-7630-3

　　Ⅰ . ①晋… Ⅱ . ①韩… Ⅲ . ①中国历史—晋国（前 11 世纪 - 前 4 世纪中叶）—通俗读物 Ⅳ . ① K225.09

中国版本图书馆 CIP 数据核字（2022）第 228127 号

晋国 600 年 1：周礼秩序的解构与重构

作　　　者：韩鹏杰
责任编辑：刘　颖
责任校对：宣　慧　张杰楠
责任印制：王宝根
出　　版：新世界出版社
网　　址：http://www.nwp.com.cn
社　　址：北京西城区百万庄大街 24 号（100037）
发 行 部：(010)6899 5968　　(010)6899 8705（传真）
总 编 室：(010)6899 5424　　(010)6832 6679（传真）
版 权 部：+8610 6899 6306（电话）　nwpcd@sina.com（电邮）
印　　刷：天津旭非印刷有限公司
经　　销：新华书店
开　　本：880mm×1230mm　1/16　尺寸：170mm×240mm
字　　数：275 千字　　印张：16.25
版　　次：2024 年 6 月第 1 版　2024 年 6 月第 1 次印刷
书　　号：ISBN 978-7-5104-7630-3
定　　价：52.00 元

版权所有，侵权必究
凡购本社图书，如有缺页、倒页、脱页等印装错误，可随时退换。
客服电话：（010）6899 8638

目 录

- 001　**第一章　从桐叶传说到曲沃代翼**
  - 003　　**第一节　晋国初立**
    - 003　　　剪桐封弟
    - 005　　　童话辨伪
    - 008　　　周公东征
    - 010　　　营建东都
    - 011　　　以藩屏周
    - 012　　　制礼作乐
    - 014　　　唐国古史
    - 015　　　童话因辨
    - 017　　　叔虞封唐
    - 019　　　改唐为晋
  - 023　　**第二节　文侯始兴**
    - 023　　　骊山烽火
    - 026　　　平王东迁
    - 029　　　文侯之命
  - 032　　**第三节　曲沃代翼**
    - 032　　　晋乱肇始
    - 034　　　乱在曲沃

- 035　出师未捷
- 036　功败垂成
- 038　周郑交恶
- 039　池鱼之殃
- 041　径庭之战
- 043　战略转变
- 045　晋国归一

047 **第二章　并国十七，服国三十八**
- 049　第一节　开疆拓土
- 049　成周之行
- 051　广莫为都
- 053　兴灭继绝
- 055　第二节　辟土服远
- 055　兼并诸侯
- 056　伐霍魏耿
- 059　第三节　假道伐虢
- 059　虢国史略
- 062　神降于莘
- 064　虢公贺鬼
- 065　虞国简史
- 066　荀息献计
- 068　伐虢灭虞
- 070　所谓忠信
- 072　献公功业

075 **第三章　"国无公族"制度的成型**
- 077　第一节　手足相残
- 077　献公之忧

078　士芮之计
080　聚邑之围
082　**第二节　风波初起**
082　献公私情
083　卜史之忧
085　轻阴乍起
087　一国三公
088　君臣之义
090　蒸礼风波
092　**第三节　父子离心**
092　太子为卿
094　谗言弥兴
096　骊姬夜哭
098　偏衣金玦
100　出征东山
103　**第四节　骊姬之乱**
103　暗潮汹涌
105　心意难平
107　里克中立
109　祠而归福
111　太子受诬
112　杀身成仁
115　新城雪月
117　**第五节　祸起何处**
117　祸水之源
119　观念之争
122　献公遗恨

125　第四章　"五世昏乱"与"秦晋之好"

- 127　第一节　二子争政
- 127　里克之乱
- 129　柏谷之谋
- 132　夷吾奔梁
- 133　信仁为亲
- 136　崤函谷地
- 139　尘埃落定
- 143　第二节　惠公当国
- 143　欲加之罪
- 145　丕郑之死
- 147　初入中原
- 149　泛舟之役
- 151　第三节　韩原之战
- 151　山雨欲来
- 153　幸而得囚
- 155　惠公被俘
- 157　狐氏妖梦
- 159　归君质子
- 162　第四节　惠公之惠
- 162　朝于国人
- 165　王城之盟
- 166　庆郑之死
- 168　惠公施政
- 170　陆浑之戎

175　第五章　晋文公流亡之路与称霸前的列国局势

177　第一节　备尝艰辛
- 177　渭水惊魂
- 179　五鹿获土
- 181　信任危机

183　第二节　中原乱象
- 183　齐桓之死
- 184　宋襄图霸

187　第三节　周游列国
- 187　乐不思归
- 189　重瞳骈胁
- 191　焉能尽礼
- 193　君明臣贤
- 195　无以为报

198　第四节　终成夙愿
- 198　怀公乱政
- 201　生死一线
- 202　婚媾怀嬴
- 204　朝堂歌礼
- 206　终成夙愿

209　第六章　周礼保守主义的复兴和晋文公改革

211　第一节　危机四伏
- 211　火烧公宫
- 213　纳投名状
- 215　物是人非
- 216　社稷之守

218	第二节	问诊国策
218	寻问根由	
222	献惠改革	
225	为君之道	
227	爱有差等	
230	第三节	渐进改革
230	郭偃之法	
233	经济改革	
234	严明法纪	
237	官方定物	
239	正名育类	
241	被庐之蒐	
245	举善援能	

248　附录

第一章
从桐叶传说到曲沃代翼

第一节　晋国初立

剪桐封弟

每当谈到晋国的开国史，人们总会不自觉地想起"桐叶封弟"的典故。故事说的是周成王年少时，与他的同母弟叔虞（字子干）一起玩角色扮演游戏。游戏中他削下一片梧桐叶子作为珪——也就是古代举行典礼时所执的玉器——递给叔虞，郑重其事地说道："我将以此分封于你。"

这本是两个小孩子之间的玩笑，可在一旁陪侍的史官佚闻言却大惊失色，急忙下拜说："请天子择日分封叔虞！"

小孩子说话没轻没重，但对于封邦建国这种大事的重要性毕竟还是有些认知的。看到史官一本正经地要自己兑现诺言，小成王顿时便慌了神，不住地为自己辩解道："我不过是跟他开个玩笑罢了！"

史官佚对此却很不以为然，无论天子如何辩解，他都始终坚守原则，苦口婆心地劝说道："天子无戏言！只要是您说过了，史官就要如实记载，您就要按照相应的礼节完成分封，并且作歌曲来传颂这件事。"

小成王终于认识到了事情的严重性，于是便依从史官佚的劝谏，将河汾以东方圆一百里的唐国故地封给了叔虞。叔虞也正是借此以国号为氏，被称作唐叔虞。

这个国家建立十几年后，又将国号改成了晋——于是乎，那个在春秋时代雄霸一时的晋国就这样诞生了，而唐叔虞实际上也就成了晋国的始封之君。

这个故事被记录在《史记》中，但其最初的版本应该是来自于《吕氏春秋》一书①。只是与太史公的记载略有不同，原本的叙事场景中，在一旁悉心劝解的可不是什么史官佚，而是摄政当国的周公旦。

至于为什么要把这么重要的角色替换掉，或许是因为在信仰淳朴而真诚的古人心目中，素来人品贵重的周公旦大约不会做出这么不合情理的举动。但由于书中的故事实在精彩，令爱惜史料的司马迁不忍丢弃，于是便偷梁换柱，让一个地位不那么尊崇的史官来替周公旦背这个黑锅。

与司马迁心有戚戚焉的还大有人在，唐代大文豪柳宗元便是其中的代表。作为一名无须在浩瀚史料中苦心摘选素材的散文大家，柳宗元身上的担子显然要比司马迁轻很多，对待传统史料的态度自然也少了许多顾忌。在漫长而困顿的贬谪生涯中，他曾专门写了一篇叫作《桐叶封弟辨》的文章，以《吕氏春秋》的原始版本作为标靶，旗帜鲜明地表达了自己对这个富有童话气质的浪漫故事的不信任态度。

在柳宗元所处的时代，以封邦建国为主体的政治模式早已成为久远的历史记忆，但当时的人们还是可以通过对现实政治体制的体察，轻易地分辨出封邦建国在周代国家政治当中的重要地位。

任免封疆大吏、考察地方长官，无论放在什么样的时代，都应该是一件极其重大且严肃的人事决策。哪怕是在卖官鬻爵盛行的混乱年代，昏聩的君主们也总要保有一丝底线，不会轻易地将对王朝命脉、社会运行起到决定性作用的高级职位明码标价随意出售的。

在叔虞封唐这件事上，柳宗元就提出了一番见解：如果成王的弟弟的确贤能，适合去做一个国家的君主，那么周公就应该在正式场合、以正当的方式、郑重其事地向天子提出建议，而不是在一个小孩子玩过家家的游戏里，以一种近乎哄骗的方式趁机促成。若是这个弟弟不堪重用，周公更应该规劝成王，以避免闹剧发生。

---

① 《吕氏春秋·审应览·重言》："成王与唐叔虞燕居，援梧叶以为珪。而授唐叔虞曰：'余以此封女。'叔虞喜，以告周公。周公以请曰：'天子其封虞邪？'成王曰：'余一人与虞戏也。'周公对曰：'臣闻之，天子无戏言。天子言，则史书之，工诵之，士称之。'于是遂封叔虞于晋。"

故事中的周公显然没有尽到为人臣的本分，反而将一个不恰当的玩笑变成了事实，将大片的土地和百姓封给了一个未脱稚气的孩子。好在受封的唐叔虞也算是一名贤君，在封国上表现颇为抢眼，一场儿戏才终于没有铸成大错。

然而，这件事终究还是让人感到后怕。试想，假如当时与成王玩耍的不是这个贤能的弟弟，而是一个只知享乐不理政事的纨绔子弟，甚至是官中的妇人或者太监（妇寺），难道周公也要让成王都分封了不成？

柳宗元同时还对所谓"天子无戏言"的思想进行了批判，认为这非但不应该是臣子一定要谨慎奉行的金科玉律，反而是需要极力摒弃的文化糟粕。因为天子也会犯错，也需要臣子的规范和教导。假如天子的言行举止不符合正道，做臣子的对天子的错误非但没有出面规劝，反而是曲意逢迎，甚至巧言辩解，那便是君王背后唯唯诺诺的应声虫，是"小丈夫缺缺者之事"。考虑到周成王是出了名的贤君，周公旦更是人所共知的贤臣，自然不会犯下这种见识浅薄之人才会犯的低级错误。因此综合下来，柳宗元便认为所谓"桐叶封弟"的叙事显然是靠不住的。

意大利史学家克罗齐曾言道："一切历史都是当代史。"柳宗元写这篇文章，更主要的目的还是要借古讽今、针砭时弊，因此尽管言辞犀利、逻辑雄辩，但多少还是有些感情用事的成分，是以一个假定全知全能的圣人为模板，去推断哪些事他有可能会做，又有哪些事情他绝对不会去做。

可问题是，假如周公并没有传说中那么圣明，抑或是素来圣明的周公恰好就在这件事上犯了糊涂，以先入为主的印象做出的任何推断也就都失去了意义。因此，在更加注重证据链条的史学研究方面，柳宗元的思辨最多也只是起到一个抛砖引玉的作用，想要证明"桐叶封弟"的叙事不符合历史的真实，就必须要拿出更多更实在的证据才行。

童话辨伪

史学研究者批驳这个童话叙事的炮火，主要集中在叔虞受封的年龄上。有很多证据表明，唐叔虞受封之时，已经是一名足以独当一面的赫赫功臣了，这样的证据在传世的古典文献和近世出土的青铜器物铭文上都有所体现。比如在《国语》中就有这么一段记载，说唐叔虞受封之前，曾在徒林射死一头犀牛，取其皮制作了一副大铠甲①。拉开大弓一箭射死一头膘肥体壮的犀牛，需要经过长期的训练，更要有过人的臂力，这显然不是一个小孩子能办到的事情。

此外，《逸周书》讲武王时期一次盛大的朝会，在介绍完天子的冠冕服饰之后，紧接着便提到了"唐叔"的名号，且名次位于大名鼎鼎的周公和太公望之前②。可见早在武王去世前，唐叔虞不仅已经成年，还在武王的班底中占据了重要的地位。

同样能够提供证据的，还有近世出土的青铜器"晋公盫"与"晋公盘"，其上铭文回顾了晋国先祖叔虞的丰功伟绩，说他"膺受大命，左右武王""毅畏百蛮，广司四方""至于不廷，莫不秉敬"，因而受封为唐公。可见其在武王去世之前，便已经是一名勇猛善战、大杀四方的武将了。

如此一来，当我们依照之前的故事，把年长的叔虞和年幼的成王放在一个古色古香的庭院里一棵梧桐树下的时候，场面顿时就不那么美好了——怎么看都像是一个老狐狸在骗小朋友手里的棒棒糖。

也正因为如此，当在历史迷雾中尤感惶惑的人们，得知唐叔虞受封的时候早已不是当初的少年，而彼时的成王却还只是一个有赖周公辅政的闲散天子时，难免就会产生这样一个疑问：唐叔虞与周成王，到底是兄弟关系，还是叔侄关系呢？

问题的答案其实并不复杂。按照我们过去所依赖的史料，无论是《左传》《国语》《史记》这些严肃的历史作品，还是诸子百家那些带有个人倾向的论著，都是建立在前一种结论之上的。比如《左传·僖公二十八年》曾提到："曹叔振铎，文之昭也。先君唐叔，武之穆也。"《左传·昭公元年》更是确切地指出，唐叔虞的母亲正是武王的正妻、太公望吕尚的女儿邑姜。

在这些被人们反复打磨的作品中，无论是晋国人自己的记忆，还是友好邻邦的记载，都为二人牢不可破的兄弟关系做了注脚。问题产生的根源，恐怕还是因为这些讨论都是建立在"成王年幼"这个假定事实的基础上的，可如果这个预设前提本身就不成立呢？

探究成王即位年龄的依据主要有两个，其一是从他的父亲武王的年龄出发进

---

① 《晋语·叔向谏杀竖襄》："昔吾先君唐叔射兕于徒林，殪，以为大甲，以封于晋。"
② 《逸周书·王会解》："唐叔、荀叔、周公在左，太公望在右。"

行推断。有不少的证据都表明，武王去世的时候已年过半百，甚至还有更精确的考证，认为他是在五十四岁的时候去世的。作为武王的嫡长子，周成王彼时的年龄怕也不小了，哪怕他的父亲因筹谋克商而生育较晚，也不至于到花甲之年了才留下一堆未成年的娃娃驾鹤西去。其次，是现在掌握的很多古籍金文也为此提出了印证，表明在周公辅政期间的许多战事，成王都是参加了的，也就是说其继位的时候未必还是小孩子。

人们之所以会产生成王年幼的错觉，恐怕多少是受到了诸子百家学说和后世经验的误导[①]。在早期文献记载中，成王常以"冲人""孺子""冲子""小子"自谦，很容易让人望文生义以讹传讹，从而破坏掉原本的故事结构。尤其是对于不熟悉那段历史的当代人而言，也常常会被帝制时代的经验所误导，想当然地以为只有未成年的国君才需要大臣摄政，既然成王需要周公辅政，那么肯定年纪还小。而战国时期的游士们，他们只在乎学说能否为当政者所采纳，至于所叙述的历史是否真实却并不关心，因此便有意无意地将其理解成了"年幼"之意。尽管如此，战国时期的著作多少还有保留余地，只是说成王年幼；而到了秦汉时期，则进一步被夸张成了"成王初立，未离襁褓"，这恐怕是完全出于政治目的的曲解了。

打破固有认知，还原历史真相，是一项繁复而艰巨的工程。在没有确实的证据出现之前，我们很难为这场论辩简单地画上休止符，有关成王年龄的真实答案仍然有待进一步考究，这也是我们面对支离破碎的先秦史料时无法避开的窘境。

在众说纷纭的各种论断中，本书更倾向于采信成王和叔虞皆年长的观点。但由此也就带来了一系列新的问题：既然成王即位时已经成年，为什么就不能自己理政，还非要周公来予以辅佐呢？既然唐叔虞受封的时候已经功勋卓著，为什么又会出现"桐叶封弟"这样的童话叙事呢？

这一切，还要从头说起。

[①] 在《成王即位与改元时之年龄考辨》(《人文杂志》1993年第3期) 一文中，陕西师范大学教授王晖对此做了大量论述，认为"成王在武王死时二十多岁，经过周公摄政七年，到还政成王时，盖即三十岁左右了"。

周公东征

公元前十一世纪中叶，历经几代人艰苦卓绝的努力，周武王终于在牧野打败了商纣王，建立了以周朝为核心的天下体系。在取得天下之后，周武王将东方部族中的豪强集中迁徙到镐京，把他们放在自己的眼皮子底下加以监视控制，同时也让那些部族的遗民群龙无首，以达到强干弱枝的目的。

对于他们的死对头，周武王则给予了极大的宽仁。他并未对商人赶尽杀绝，而是委任纣王的儿子武庚（禄父）接续商部族的统治。不过，为了防止商人造反，他还是特意将自己的三个弟弟管叔鲜、蔡叔度、霍叔处安插在商人的周围，对其进行严密监视。

安排完这一切之后，武王感到很满意，于是就把天下留给儿子驾鹤西去了。然而，就在他死后不久，意想不到的麻烦还是出现了。

武王走的时候，成王的政治经验不足，还不足以领导整个国家，于是就有了成王叔父周公旦的摄政。而与我们通常的理解不同，周公的摄政似乎不仅仅是担任辅政大臣那么简单，而是要行王命、成王事的。在《韩非子》《荀子》《尸子》等先秦典籍，以及后来的《史记》文本中，都曾出现过周公"履天子之籍""假为天子七年""南面倍依以朝诸侯"的字眼，也即在武王去世后，周公旦很有可能就是以天子的身份来统领天下的。

出于儒家"为尊者讳"的传统，这样的提法自来便受到了颇多质疑。不过，若是以先秦时期的政治传统观之，即便周公果真"履天子之籍"，也并不是什么值得大惊小怪的事情。比如《春秋》起始时所记载的那位鲁隐公，他的真实身份并非鲁国国君，而是和周公旦一样的摄政。只是由于父亲去世的时候，被确立为太子的弟弟允年纪太小，鲁隐公便只好以"国君"的身份暂行摄理国事。而真正的国君则是在他的庇护下，过着无忧无虑的生活，只等着有一天长大了，哥哥把国君的位子还给自己。

可事情坏也就坏在"摄政称公"这件事上，毕竟大权到手了，退不退位完全要看个人自觉。假如鲁隐公贪恋权位不肯让位，真正的国君还真就无可奈何。就算你鲁隐公心底无私，也难免会有人在背后挑拨离间、煽风点火。于是乎在他摄政十几年后，一个隐藏的猜疑链莫名其妙地打破了鲁国的宁静，鲁隐公在大夫家中被暗杀的消息震动了朝野，他的弟弟允，也即后来的鲁桓公，便踩着哥哥的鲜血如愿登上了本就属于自己的国君宝座。

尽管人们对周公旦"假为天子"的提法鲜有认同，但以当时的情境而言，"摄政"本身就是一个危险的信号。正所谓"周公恐惧流言日"（白居易：《放言五首·其三》），武王尸骨未寒，朝野间便有了传言，说周公旦想要自己坐天下，不准备还政给成王了。

一时间舆论纷纷，众议沸然，最气愤不过的自然就是周公那几个还在监视商人的兄弟了。当然了，他们气恼并不是因为有多爱护关心那个小侄儿，而是说王位若要在武王的兄弟当中传承的话，那也应该是按照长幼顺序来，你周公旦排行第四，凭什么越过兄长继承大统？

流言起于何处现在已经不得而知，有人说是商人武庚乘机造谣，也有人说是因为三监嫉妒，所以才放出谣言——但这些都已经不重要了，因为他们已经反了，殷商旧部连同监视他们的管叔、蔡叔一道起兵反叛。

中原发生的叛乱还引发了连锁效应：东方原本与商王朝不对付的淮夷、徐、奄等部族，趁着西周王室无力控制局面纷纷自立；晋南夏朝故地的封国都开始磨刀霍霍，跃跃欲试；北方与商王朝有着或远或近关系的戎狄部族，也都摩拳擦掌，作壁上观；就连宗周国内也不安分，许多与三监有着千丝万缕联系的人开始蠢蠢欲动；西迁的东方豪强更是与武庚眉目传情。

越是到了危急关头，内部的团结就愈加重要。经过短期的动员部署，周王室内部达成了空前的一致；周公也用他的诚心又或者是许诺打动了国人，在他的带领下，刚刚建立的周王朝又开始了一次烈度不亚于克商战役的东征。

这次东征规模浩大，包括成王、周公、召公以及唐叔虞在内的周朝核心力量，可以说是倾巢出动；战线也拉得足够长，南到淮上，北至梁山，兵锋所指，几乎席卷了当时殷商文化所能波及的整个中原。持续时间也很是漫长，相比克商战役的一日功成，这次战乱历经三年的艰苦斗争才彻底结束。最后的结果是武庚北逃，管叔被杀，蔡叔被流放，霍叔处被贬为庶人，徐、淮等"九夷"部族被相继平灭，与中原战乱遥相呼应的唐国，也在中原战事平息之后被周公所灭。

营建东都

这次战争给周王朝带来了不小的考验，也给宗周权力核心带来了巨大的震动。按照《尚书大传》①的表述，为了尽快稳定人心，彻底巩固周王朝的统治，周公在完成东征之后主要做了三件事：营建成周、封建诸侯和制礼作乐。

按照周人自己的传说，在远古时期他们也算是中原的一个大部族，只是由于生存环境受到挤压，才不得不避居戎狄，因此回归东方沃土大概也是他们心心念念许久的事情了。

而从战略角度考虑，镐京偏处西方，若要统治中原这千里沃野，终究有些鞭长莫及，也亟须在东方建立一个政治中心。早在克商之后，武王便已经确定了"定鼎郏鄏"②"宅兹中国"③的初步方略。只是由于他晚年染疾，计划还未来得及施行便撒手人寰，在伊洛之间营建东都的计划也就被搁置了下来。如今天下初定，面对战后满目疮痍的景象，周公在心有余悸的同时，也更加认识到了营建东都的重要性。因此东征的战役刚一结束，这一搁置多年的计划便立刻被提上了议事日程。

值得一提的是，建设东都的主持者是周公和召公，工程的分配动员则是通过殷商邦国的贵族、运用商朝的行政体系、通过召诰等形式、征集殷商的庶民来完成的。兴建的新邑据说也是由两个城池组成——东城就是成周，西城是洛邑。

周人将殷商的贵族迁到成周，但并不打算破坏他们的传统，而是一再承诺原有的社会结构无须改变，所有的贵族依旧领有原来的采邑和属民。就连成周的守卫任务，也都是由殷商贵族统率的殷八师、殷六师来执行，他们入则守卫王城，出则征伐天下，为周王室立下了汗马功劳。而西城的洛邑，后来也称为王城，则是由周人居住，以完成东都所肩负的重大使命。

新邑建设完成之后，成王在成周按照商朝的礼仪举行祭祀，通过这个典礼，周人整体接收了殷商的神祇祀典，算是将天命完全从商王那里继承了过来。殷商的

---

① 《尚书大传》："周公摄政，一年救乱，二年克殷，三年践奄，四年建侯卫，五年营成周，六年制礼乐，七年致政成王。"
② 《左传·宣公三年》："成王定鼎于郏鄏，卜世三十，卜年七百，天所命也。"定鼎：定都。郏鄏（Jiárǔ）：古地名。周王城所在，在今河南洛阳市西。
③ "宅兹中国"大意是我要住在天下的中央地区。语出西周国家级青铜器何尊铭文，铭文记述了周成王继承周武王遗志，营建成周之事。

贵族都参与了这次盛典，而且得到了很好的礼遇，主宾双方其乐融融，一片盛世欢歌之象。

以藩屏周

在营建东都的同时，周公还开启了周朝立国以来的第二次大分封。

周朝初年的这场叛乱，包括殷商遗民、淮夷、夏后氏在内各方势力都有参与，使得周公认识到仅靠自然法和道德规范，很难对这些敌对力量进行有效控制。解决问题的办法，就是将自己的叔伯兄弟、子侄舅甥分封到各地，以分割旧朝的土地和人口，从而将他们化整为零，以从根本上断绝他们复国的可能。

这其中首当其冲的便是殷商故地。周公特意将商朝故地分割为若干块，其中以商丘为中心的土地，交由殷人微子的后人统治，封为宋国，维系殷商的祭祀。黄河以北的区域由武王的弟弟康叔徙领，统治殷民七族，封为卫国，以监视宋国。

徐奄故地由齐鲁两国占据，鲁国由周公旦的儿子伯禽所领，统治殷民六族，防范徐奄旧部反扑；齐国封地由原来的吕地（河南宛西，这也是齐国姜姓吕氏的由来）迁徙到营丘，以防范东方部族。蔡叔度的儿子继续接任蔡国的君位，大概也有着同样的使命。

除此之外，还有很多姬姓和姜姓的诸侯国散布在黄河中下游和淮河流域的战略要地，与"蛮夷戎狄"杂处，共同对周边地区进行开发。

有鉴于当时中原各地民族成分复杂，风俗传统不一，周人以少数统治多数，显然不能采取一刀切的办法。因此，在授予各地封君以土地和人民的同时，还给予他们相当的自由度。比如卫国和鲁国，他们所统治的区域内大多都是殷商遗民和奄民旧部，周王在分封的时候，就要求他们要任用当地的贤人和长老，尊重原住民的习惯和传统。

在政治制度上，鲁卫两国都采取"启以商政，疆以周索"①的基本方针——通俗地理解，就是按照殷商的政治制度来约束民众，以周朝的礼法体系来治理国家。旧人旧办法，新人新制度，以便用怀柔的手段逐渐渗透，达到彻底归化原住民的最

---

① 《左传·定公四年》："聃季授土，陶叔授民，命以《康诰》而封于殷虚，皆启以商政，而疆以周索。"

终目的。就比如鲁国，在祭祀结盟的时候同时存在着亳社和国社两套系统。君主自家人有什么事情就到国社去，当地的贵族和民众有什么事情就到亳社去。

这种面对不同族群所采取的变通的做法，一直延续到后来的历史发展进程中，中国文化对异种文明的兼容并包、兼收并蓄大概也是受此影响。

鲁卫两国所统治的区域大体上还是殷商的核心区域，文明发展的程度较高，统治起来相对也比较容易，可齐国面临的却是另外一种局面。

沿海的原住民族大体上还处于原始部落时期，生活习惯和民风习气与殷商核心区域有很大的区别，治理难度自然也大得多。据说齐国从中原迁往山东的过程中，大军还没到营丘，"莱夷"就已经过来抢地盘了，可见齐人所领到的究竟还是张空头支票，所有的地盘都必须要自己拿命来换。

正是在这样的情形之下，齐国在山东建国之后几代人都没有睡过安稳觉，一直都在与东夷、徐奄、熊盈之国缠斗，过着朝不保夕的苦日子。以至于开国的五代君主死了都不敢葬在自家的地盘上，还得把灵柩送回宗周去安葬。这也难怪，当鲁国的君主用三年的时间在封地移风易俗的时候，齐国君主去了刚几个月就跑回来复命了——那种地方真是多待一分钟都有丧命的危险啊！

制礼作乐

周公为稳固王朝统治而做出的第三项改革，便是所谓的"制礼作乐"。对于这场旷日持久的叛乱，周公进行了深刻的反思，认识到其根本的原因，还是在于王位继承制度的不完善。

周朝建立之前，各国的继承制度差异很大，并没有统一的标准。就拿周王室来说，文王的父亲季历历来就有兄长让贤的传说，但若抛开道德的外衣，季历的继位很可能是人类社会早期典型的幼子继承制的体现。与宗周相隔万里，被人鄙称为"蛮夷"的楚国，直到春秋时期还保留着幼子继承制的传统。而刚刚失去天命的商王朝，早年采取的是"兄终弟及"与"父死子替"交错的制度。到商朝晚年，随着行政效率和各级官员专业性的逐步提高，国家对于君主自身素质的要求降低，才开始出现了父死子替单一继承制的迹象。也正是因为继承制度的变化，导致商朝王族——如微子、微仲等人——对于核心家族产生不满转而投效周人，这恐怕也是导致商朝败亡的一个内在原因。

周公主政时期，以往的各种继承制度（如兄终弟及制、幼子继承制）的合理性还未深入人心。反而是由于先民恶劣的生存环境，以及官僚制度的不完善，国家需要有年富力强、经验丰富的领导者，使得父死子继的单一制度并不被人们广泛接受。

商周交替之际正是多元继承制度向单一继承制转变的节点，而在制度转变的节点上，新旧制度、新旧观念的冲突总是无可避免。尽管周王室已经开始采用父死子替的制度，维系旧制度存在的土壤依然存在，旧制度的影响力依旧不容忽视。尤其是王朝草创初期，内有功臣贵勋虎视眈眈，外有旧朝遗民伺机而动，年富力强、经验丰富的领导者依旧是稳定秩序的首选。这也是成王尽管成年，却依然需要有人辅政的原因所在。

从这个角度看，周公摄政实际上是旧传统对于尚不完善的新制度的一个补充，其本意是为了保护新生的王朝不致倾覆。可由于观念的限制，周公摄政的举动还是引发了人们对于旧制度的联想，从而诱发了一场旷日持久的暴乱。

有鉴于此，周公认为有必要对继承制度进行一次颠覆性的改革，在根本上确立父死子替制度的唯一合法性，以打消原先制度中隐含的危机。由此也就诞生了以"嫡长子继承制"为核心，以逐级分封的大小宗体系为枝叶的宗法制度。

在这套严密的制度体系中，天子是天下的大宗，诸侯相对天子而言则是小宗，但在他的封国内却是大宗，从卿大夫到士庶工商皆是如此。大宗在选择继承人的时候往往遵循"立嫡以长不以贤，立子以贵不以长"①的原则，嫡长子之外的其余子嗣都要降格分封为低一等次的小宗。由此也就形成了"天子建国，诸侯立家，卿置侧室，大夫有贰宗，士有隶子弟，庶人工商各有分亲、皆有等衰"②的制度体系。

在此基础上，周公对现有的夏商礼乐体系进行了一番改造，削弱了其"事神致福"的宗教性，建立起一套适用于宗法社会的典章制度和行为规范，这也就是所谓的"制礼作乐"。

他将周王朝治下的贵族按照宗法秩序划分为不同的等级，不同等级的贵族享有不同规格的仪典规则，所有人都必须在限定的框架内活动。上至天子列侯，下至

---

① 《公羊传·春王正月》。
② 《左传·桓公二月》。

黎民百姓，在日常生活、宗教祭祀、政治经济活动中，该做什么、不该做什么都有着明晰的界限。任何人都不得超越，或者刻意降低自身的规格，以便用严格的行为模式限制人们的思想，从而杜绝一切可能的反叛。

与以血缘为基础的宗法体系并行的，还有以公、侯、伯、子、男构成的五等爵制，以及由侯服、甸服、男服、采服、卫服、蛮服、夷服、镇服、蕃服构成的所谓"畿服"制度，并进一步形成了具有深远影响的"华夏意识"和"华夷秩序"。在当时的历史情境下，这一整套制度体系将周人治下的部族都统一到了华夏民族的大旗之下，形成了坚不可摧的民族共同体，这对于华夏文明在艰难的环境下的薪火相传，以及后世大一统观念的形成都有着不可估量的作用。

唐国古史

绕了半天，总算要说回正题。唐叔虞的受封正是在这样的一个背景下产生的决策。

唐国也即后来晋国所在的区域，一直以来都是原来夏朝统治的核心区域。商朝灭掉夏朝以后，大概只是取得了天下共主的尊号，无力对夏朝核心区域实行有效控制，这就给了在晋南的夏后氏、陶唐氏部族很大的自治权。而王朝控制薄弱，就导致了游牧民族的入侵，使得当地出现了很多"戎狄"民族所建立的方国，比如鬼方。

这也可以想见，商王朝统治时期的中国，可能也只是刚刚步入了城邦制国家的阶段，而周边的部族还或多或少地保留着部落制的社会形态。这种松散的政治结构，也让周人钻了很大的空子，周人在灭商的过程中，也是首先争取到了夏地方国的支持，方才从容地经过晋南一线进入中原与商朝决战。

武王克商之后，夏地依然保留着原有的社会形态，直到武庚与三监发动叛乱，夏地方国中较为强盛的唐国也趁火打劫，让周人吃了不少苦头，这才让周公产生了要整顿夏地政治格局的想法。

提起这个唐国，据说来头还很不小。唐国的祖先最早可以追溯到三皇五帝时期。他们的祖先是被尊为上古五帝之一的尧帝所在的部落，据说很善于烧造陶器，故而以"陶"来为部落命名，被称为"陶唐氏"。这其中还有其他的说法，比如有人分析，古时尧读作陶，帝尧很可能就是陶唐氏部落的人格化象征。

　　帝尧之后陶唐氏逐渐衰落，有虞氏兴起，虞舜就取代了帝尧成为部落联盟的首领。这时的陶唐氏部族瞹（刘）叔安的后裔形成了两个分支，其中的一支，其首领董父善于驯养龙（有可能是鳄鱼），在整个部落联盟中仍旧有着举足轻重的地位，因而被称作是"豢龙氏"。另一支号称"御龙氏"的部族，因为其首领刘累偷学了养龙的手艺，渐渐受到夏后孔甲的重用。但在不久之后，刘累又因为养死了一条龙得罪了孔甲，只好偷偷地带着部族迁到鲁（河南鲁山县）。之后经过部族之间的兼并整合，御龙氏改头换面以豕韦氏的面目出现，几百年后逐渐北迁回归故地，建立唐国，武王克商时归附周人。

　　除了唐以外，晋南地区散布的一些大小方国，如陶、刘、董、黎等等，单从国名上看，便与陶唐氏有着千丝万缕的关联，整个陶唐氏在夏朝故地的影响力可见一斑。为了能够制约陶唐氏的力量，对夏朝故地进行有效控制，武王灭商前后已经分封了一些姬姓诸侯国，可还是没能制止唐国参与周朝初年的这场叛乱。

　　周公灭唐之后，原来的唐国被整体搬迁到杜（西安市长安区东南），放在周王的眼皮子底下看管起来，因此后来又被称作唐杜氏。唐杜氏在周王室仍旧有一定的地位，直到西周后期，唐杜氏子孙杜伯为周宣王所杀，陶唐氏的这一支才最终亡国。后来杜伯的儿子隰叔逃回故地避难，在晋国担任大理一职，成为晋国异姓卿族范氏的始祖。春秋后期，其后裔士匄曾夸耀自己的家族"自虞以上，为陶唐氏，在夏为御龙氏，在商为豕韦氏，在周为唐杜氏，晋主夏盟为范氏"[①]，便是由此而来。

童话因辨

　　从以上这些分析可以看出，唐叔虞受封唐国显然不可能如儿戏一般轻率，而是周公稳定中原局势中极为重要的一环，是周公在面临复杂局势系统决策的产物。可在如此宏大的叙事面前，为什么还会出现"桐叶封弟"这样的童话叙事呢？这恐怕要得益于一次美丽的错误。

　　有关这个问题的答案，早在上个世纪90年代初，张颔在《"剪桐"字辨——

---

① 《左传·襄公二十四年》。

析"桐叶封弟"传说之成因》一文中就已经给出了一个相对合理的解释。

在他看来,"古代文书都书于简牍,而简牍经常卷舒,文字易于磨损,字迹往往漶漫不清,于是经常出现鱼燕、马为等误读"。再加上书经在传抄的过程中,经常会有错漏现象出现,使得后人看到的文本常常与其原始版本有异,这些都是再正常不过的事情了。而在甲骨文、金文的书写当中,"桐"和"唐"的字形太过相近,书写不规范或是简牍磨损都很容易让人产生混淆,进而将"唐"误读为"桐"。

正是基于以上分析,张颔认为所谓的"削桐""剪桐"应当是对"削唐""剪唐"的误读。"削""剪"二字都有灭和分割的意思,正因应了上文中周公灭唐而分封叔虞的历史叙事。

此外,王雪樵在《"剪桐"音辨——也谈"桐叶封弟"传说之成》一文中还进一步提到,"桐"和"唐"二字不仅在字形上极为相像,在上古读音上也同样有着某种相似性,很容易让人产生混淆。而且在他看来,周秦以前简册繁重,识字的人又少,历史故事往往是通过口耳相传流行下来的,故而"音同比形似造成讹误的可能性似乎要大一些"。

如若二人的分析不错,那么这也就意味着,所谓的"剪桐封弟"的故事或许只是个美丽的传说,但这个传说却并非无源之水、无本之木,它极有可能是从被误讹的"剪唐封弟"这四个字演变而来的。人们在甫一听到这几个似是而非的字时,起初或许会有那么几秒感到莫名惊诧,但很快就会脑补出一个完整的画面,进而将错就错、以讹传讹,终于将这四个原本缺乏浪漫色彩的字扩展成了一个完整的故事。而我们之所以会对这样的故事喜闻乐见,以至于在不同的场合还是会想起这个典故,或许要得益于那些深藏于我们基因中对美好生活无边无际的想象力吧。

当然,这些也都只是猜测。假如开头的那个梗是真实存在的话,那情形也可能会是这样:正当周公不知道让谁去担当此重任的时候,突然叔虞跑过来说天子要给他封地,然后便灵感闪现,认为站在面前的就是绝佳的人选,干脆顺水推舟,这事就这么定了——尽管太史公不愿意相信会有这样的事情发生,柳宗元也无法面对这样的周公旦,可想象毕竟无法替代事实,谁又敢说周公旦就一定得是个完人呢?

叔虞封唐

周公灭唐的时间应该是在其摄政前期，但由于商周时期断代问题至今依旧无解，我们很难将叔虞受封的具体时间明确下来，只能圈定在公元前十一世纪后半叶这样一个模糊的范围内，是为晋国历史的上限。

叔虞受封时，周天子举行了隆重的授土授民仪式，赐给他"怀姓九宗，职官五正"①作为治下的百姓，以"大路、密须之鼓，阙巩之甲，沽洗之钟"作为授命唐叔虞征伐不臣的象征。

这里的"密须""阙巩"都是当时的方国，密须地在甘肃灵台，当地人很善于制作战鼓，直到汉代时仍有盛名；而阙巩则是河南巩义西南部的方国，以制作的铠甲质地优良著称。

据后来周景王的回忆，"密须之鼓，与其大路"是周文王检阅军队时所乘坐的战车和使用的战鼓，"阙巩之甲"是武王克商时所穿戴的铠甲。周天子将这些富有象征意义的物品赐予叔虞，显然是对他镇守北疆、拱护王室寄予了厚望。

至于"怀姓九宗"究竟何谓，一般来说应该是与赐给鲁、卫的"殷民六族""殷民七族"具有同样性质的族群。王国维就认为所谓的"怀姓"是由"隗姓"伪变而来，"怀姓九宗"实际上就是鬼方的隗姓部族。这些部族是常年居住在这块土地上的原住民，本来就不听王室管教，压根算不上是什么周王的赏赐。周王室所谓的"授土授民"只是为了体现天子权威而必须履行的手续，真正想要稳固统治这块土地，唐叔虞还必须尽其所能实行"武装殖民"。

也正因为如此，周天子对唐叔虞的叮嘱和对鲁卫的嘱托是一样的，都是要采取怀柔与武力并举的大政方针。

具体来说，就是考虑到唐地的特殊情况，夏人和戎狄混杂，让他"启以夏政，疆以戎索"。这个政策比鲁卫的"启以商政，疆以周索"还要宽松，不仅要按照夏朝的政治制度来统治人民，还要以"戎狄"的风俗习惯来治理国家。唐叔虞乃至后来晋国的历代国君，对于国内的原住民族的政策始终是比较宽松的。这种对于周边部族的宽松和解态度，成了晋国与周边"戎狄"相处的基本方针，一直延续到了

---

① 《左传·定公四年》："分唐叔以大路、密须之鼓，阙巩之甲、沽洗之钟，怀姓九宗，职官五正。命以《唐诰》，而封于夏虚，启以夏政，疆以戎索。"

春秋中后期。

尽管我们无法知晓其中的"夏政"和"戎索"究竟是一种什么样的政治形态和法律制度，但可以确证的是，晋国沿袭了夏朝时的历法，这与"启以商政"的鲁、宋等国所采用的"殷正"，以及周王室采用的"周正"是有区别的。

这三种不同的历法都采用十二地支作为各个月份的标记，以冬至日所在的月相周期作为建子之月，此后如无闰月，便依次是建丑之月、建寅之月……建亥之月。不同的是：夏历以建寅之月为正月，这与现行的农历大体相似；殷历则提前一月，以建丑之月为正月；周历在殷历的基础上再提前一月，以建子之月也即冬至日所在的月相周期为正月。

我们今天所看到的《春秋》及《左传》，是以鲁国为主体编写的史书，但其记述事件时又多是以周历为依据的[①]，因此相应的春季也就是从冬至月开始计算。如果对比今天西方国家使用的天文四季就会发现，周历的四季与天文四季完全错开了，其春季刚好是寒冬腊月大雪封山的时候，秋季又恰好是酷暑难耐的炎热季节。

晋国身处"戎狄"环伺的环境之中，难免就会与原住民进行融合，从而沾染不少"戎狄"的习气。比如唐叔虞死后，原来的唐国也一分为二，他的嫡子燮改唐为晋，继承其衣钵继续发展，而另一个儿子则另立炉灶建立贾国。这种现象被称作"耦国"，据推测这也是因为受到游牧民族文化的影响而产生的特殊现象。在草原文化的传统中，未继承王位的成年王子都会分领人众外移立帐，即便是一般贵族家庭，成年的儿子也会分产外住。当然，受到戎狄文化影响的并不仅有晋国，当时作为天下共主的周王朝，恐怕也多少受到了游牧部族文化的影响。

与融合相伴的，还有文化之间的冲突和对抗。建国之初的晋国基本上就处于戎狄包围圈当中，这些游牧民族不论是战是和，总会不时地在唐都城外晃悠，冲着他们秀肌肉、露獠牙，斗争形势和姜姓的齐国不相上下，想必唐叔虞每日也睡得不

[①] 据陈美东《鲁国历谱及春秋、西周历法》，鲁国历法在公元前656年之前主要以建丑之月为正月，即采用殷正；之后主要以建子之月为正月，即改用周正。但因观测手段不完善或者史官的怠惰疏忽，失闰或多闰的情况常有发生，使得实际历法并不完全符合殷历、周历原则，错置正月的比例大约占到所有年份的十分之一。以此类推，晋国虽采用夏正，但在具体实践中其正建时间也未必与现行农历完全契合，其与《春秋》历法也未必能够一一对应。再加上《左传》在记叙鲁国之外的史实时，经常会混用他国的记历时间，这就使得辨别具体事件发生的确切时间变得尤为困难。故而在本书中，如无特别说明，所采用的时间均以《春秋》《左传》原始记载为准。

会太安稳。

晋地局势如此复杂，"戎狄"就在家门口时时挑衅，一旦遇到什么事，远在宗周的天子亲戚压根指望不上，一切都只能靠自己。尽管唐叔虞有克商灭唐的征战之功，有"射兕于徒林"的神功护体，可在对方没日没夜的侵扰下，也终究会感到左支右绌难以应对。看到如今的情景，不知唐叔虞在寂寞的夜里，会不会想起那个"剪桐封弟"的故事——早知今日如此艰难，又何必当初要跟成王开那样一个玩笑呢？

改唐为晋

有关晋国建立的传说，《左传》中还有另外的一个版本。

故事的讲述者是郑国的贤臣子产，他在回答叔向的提问时说道，当初武王的夫人邑姜十月怀胎时，梦到天帝对自己说："我为你的儿子起名叫虞，并将唐国赏赐给他，以后他就将在那块土地上生活，在主神参宿的保护下繁衍生息。"

等邑姜生出了儿子，果然就见他手心上写了一个"虞"字，于是他们便按照天帝的旨意给孩子起了名字，并在他长大以后将其封到了唐国。

古代帝王将相的出世常会有一些异于常人的征兆，长期浸淫于神秘主义思潮中的古人对此不仅不会深究，有时反而还会因得闻"天命所归"的信号感到欣喜异常。不过，这种颇有怪力乱神气质的叙事显然无法说服有着深厚科学素养的现代人。以我们当代的视角来看，唐叔虞之所以受封唐地，并且能够青史留名，恐怕更多还得依靠其安邦定国的武力，和在封地上真抓实干的奋斗精神。

唐叔虞就封之后，一手抓生产，一手抓国防，把唐国这个地方治理得井井有条。到他死后，他的儿子燮父（单名一个"燮"字，父是尊称）继承衣钵，并改国号为晋，从此便开始了晋国长达六百多年的历史。

至于说晋侯燮父为什么要更改国号，其中的真实原因早已无从得知了。过去有一种较为普遍的提法，认为燮父改唐为晋的原因，当与唐叔虞在位时所获得的一株"嘉禾"有关。

据《尚书》《史记》等文献记载，这株嘉禾有着"异母同颖"的奇特性状，也就是一颗穗子长在了两株庄稼的茎秆上。唐叔虞认为这是"天下和同之象"，是一个大大的祥瑞，于是急忙千里疾行，将其献给了坐镇宗周的成王。

成王拿到"嘉禾"倍感欣慰，不由得诗兴大发，作《归禾》(《史记》作《馈禾》)一首以表圣心，随后还派人快马加鞭，送给了正在辅政治乱的周公，让他与天子一同体会这其中的喜悦之情。周公得到天子赏赐，更是喜不自禁，便也即兴赋诗，作《嘉禾》一首以表内心的狂喜和对天子的崇高敬意。

如此一来，这么一株原本只是碰巧长坏了的禾苗，竟然历经辗转成了周朝上层人物眼中的吉祥物，并最终以光辉的形象载入史册，作为一株植物，也算是不枉此生了。

此时的周王朝刚刚平定天下，内有板荡之局，外有不臣之邦，这株嘉禾的出现也算是给他们吃了一颗定心丸，看来天命终归还是在周啊！因为这株嘉禾的出现，成王高兴了许久，等转头再看时，发现自己的弟弟叔虞已经去世了。鉴于嘉奖叔虞对于稳定天下人心做出的突出贡献，成王便对其子燮说：你父亲有晋献嘉禾的功劳，以后你就改国号为晋吧！

当然了，但凡是带有主观色彩的猜度，多数都会有它的对立面。另一种说法认为"异母同颖"说明流年不利、庄稼减产，乃是凶兆。假如天子和周公都没有往祥瑞的方向理解，唐叔虞的晋献岂不就是搬起石头砸自己的脚吗？

还真不是这样。前文曾经提到，按照坊间流传的某种说法，周公旦名义上虽只是摄政，但却是以天子自居的。即便不考虑"摄政称王"的传言，周公因受猜忌而奔楚、成王未遵从周公意愿迁都成周，这些都是史料有载的，足见这对明君贤臣之间并非一团和气。在周公羽翼的护佑下，周成王未见得就能够安之若素，对周公的乾纲独断毫无芥蒂。

在这种微妙的局面下，这株嘉禾的出现，可以说是正逢其时。两株禾苗共享一个果实，很容易让人联想到周公与成王共享天下。假如成王有让周公归政的意愿，便大可以此为媒，向自己的叔父做出暗示——所谓的《归禾》，其真实用意恐怕就在于此吧！

不过话说回来了，沿着"嘉禾"的思路出发，无论选择哪一种说法，都未免主观色彩太过于强烈。以"嘉禾"来解释改唐为晋的缘由，更是牵强附会，难以令人信服。

因此人们更愿意相信，燮父之所以要改唐为晋，是因为他把都城迁到了晋水一带。这里的难点只在于：唐叔虞始封的唐地，以及燮父迁都后的晋地，其地望究竟在何处？

在过去很长一段时间里，人们一度认为，唐和晋的地望就在如今的太原一带。这种信念很大程度上是受到了汉代学说的影响，比如班固编写的《汉书·地理志》就持此种说法。不过，根据现在掌握的资料可知，西周初年时，现在的太原地区还是戎狄部落盘踞的地方，晋国的势力范围直到春秋末年才扩展至此，这种说法已经很难站得住脚。

在其余各种具有说服力的见解中，人们对晋国早期地望的争论虽有差异，但大都将其定位在如今的临汾市周边地区。而随着天马曲村晋侯墓地的重见天日，争论的范围也日渐缩小，我们基本上已经可以将燮父迁都后的晋地锁定在如今的曲沃、翼城境内。至于唐叔虞始封的唐地虽至今无解，但距此也不会太远，大抵是在襄汾县的塔尔山周边地区。

除此之外，有关晋国国号的由来，还有一种以字取名的提法。人们对于甲骨文和金文中"晋"字的字形有许多不同的解释，较为广泛的有两种。一种是引申为供奉、进献等含义，从而将其与"晋献嘉禾"的故事联系起来，这种提法已经无须赘述。

另外一种解释，是以两支倒立的箭矢射在了"日"字的靶心之上，将"晋"的含义引申为前进、向上之意，又与唐叔虞"射咒于徒林"的故事结合起来，但在具体原因上却各有不同。有的人认为，燮父改唐为晋，纯粹是以其积极向上的含义来自我勉励。但也有人认为，是因为燮父在位时期，唐国在戎狄的侵扰之下风雨飘摇，不得不迁都避祸，晋侯燮父为了血洗耻辱，立志要用手中的箭矢射杀敌人。至于这些见解孰是孰非，便是见仁见智的事情了。

根据史料的记载，晋侯燮父在迁都的过程中，还做了一件为自己争取爵位的事情。据说叔虞受封唐国的时候还只是伯爵爵位，到燮父的时候有些不满足于现状，因此便趁着迁都，给自己盖了一座华丽的宫殿，超出了伯爵所应享有的规制。周康王派人来指责他追求奢靡，可此事最终却不了了之，反而是天子做出了让步，在康王二十八年时，"命唐伯侯于晋"，使得燮父的爵位由伯爵升格为侯爵。

燮父死后，他的儿子晋武侯（名宁族，又作曼期）继位，再之后分别是成侯（名服人）、厉侯（名福，又作辐）、靖侯（名宜臼，又名喜父，前857—前841年在位)、僖侯(又作釐侯,名司徒,前840—前823年在位)、献侯(名籍,又名苏,前822—前812年在位)按着一成不变的规则相继继位,一切也都相安无事。

　　由于西周时期史料的残缺,这六代国君的生平事迹就如鸿爪雪泥一般,只有一些细碎的片段存留。到下一代晋穆侯费壬(弗生,前811—前785年在位)在位期间,将都城迁到了"绛"。穆侯去世半个世纪后的曲沃代翼时期,晋国的都城又改成了"翼"。与此同时,还有不少学者提出,在晋成侯在位时期,晋国还一度迁都到"曲沃"。再加上前文提到的唐和晋,晋国从建立到进入春秋初期不到三百年的时间里,就先后出现了五个都城[①]。而这五个都城的具体位置究竟在何处,至今都扑朔迷离。

　　对于晋国在穆侯时期迁都的原因,据学者分析,可能是因为晋国先前的都城是在一片山地上,交通不太便利。经过长期的经营,晋人逐渐在当地站稳了脚跟,都城的位置就成了一个瓶颈。与此同时,晋穆侯时期戎狄活动猖獗,周宣王多次征讨都失败了,迁都到平原地带可能也是出于保护土地的需要。

　　晋穆侯死后,晋国出现了建国以来的第一次内乱。公元前785年,穆侯的弟弟发动政变,夺取了晋国的君位。四年之后,也即公元前781年,穆侯的太子仇带人攻杀了叔父,夺回了政权,即位为晋文侯。这位通过政变短暂获取君位的叔叔在历史上并没有留下名字,人们只记住了晋文侯给他的谥号"殇叔"。

　　短暂的内乱虽然没造成什么大的混乱,但却开启了晋国内乱模式的潘多拉魔盒,给后世的政治变革带来了极为深远的影响。

---

① 详见李尚师:《晋国通史》(山西人民出版社,2014年版)、马保春:《晋国历史地理研究》(开明文教出版社,2007年版)中有关晋国都城的相关讨论。

第二节　文侯始兴

骊山烽火

晋文侯是晋国的第十一任君主,在位期间,历史从西周进入了春秋时代,晋国的发展也步入了快车道,而这又在很大程度上要得益于王室的内乱,也就是那场戏说中因"烽火戏诸侯"引发的系列灾变[①]。为了搞清楚历史发展的来龙去脉,我们还是有必要回顾一下西周的历史脉络。

西周共有十二任天王,第一任武王克商为周部族赢得了天下共主的地位,第二任成王时期发生了三监以及殷商旧部的叛乱,有了周公的制礼作乐封邦建国,进一步巩固了周王室的统治,这也就是《左传》中所说的"武王克商,成王定之,选建明德,以藩屏周"。

中原历经多年战乱,民生凋敝,因此接下来的主要任务就是恢复生产、休养

[①] 本节有关平王东迁的内容主要依据近年相关研究结论综合而成,详见王雷生:《平王东迁原因新论——平王东迁受逼于秦、晋、郑诸侯说》(《人文杂志》1998 年第 1 期)、《平王东迁年代新探——周平王东迁公元前 747 年说》(《人文杂志》1998 年第 3 期)、王红亮:《清华简〈系年〉中周平王东迁的相关年代考》(《史学史研究》2012 年第 4 期)、王博:《秦襄公助平王东迁之"功"再考释》(《北方论丛》2015 年第 2 期)、李学勤:《由清华简〈系年〉论〈文侯之命〉》[《扬州大学学报》(人文社科版) 2013 年第 2 期]等相关论文。

生息。到康王钊后期，周王室的财富达到极点，这就为康昭时期向长江流域攻略提供了坚实基础。正因如此，史家通常都将成王、康王主政的这段时期誉为"成康之治"。

但也是时运不济，周昭王趁国势之盛南征荆楚，谁知却遭到了当地部族的暗算，本欲建功立业的一代天子不幸溺死于汉水之中——这件事情到春秋时还被齐桓公拿来当成伐楚的借口之一。

昭王之死使得刚刚兴盛的周王朝停止了南征的步伐，融合黄河流域与长江流域的第一次努力宣告失败，周王室在经历了短暂的巅峰时刻后，也开始走上了盛极而衰的不归路。从昭王的儿子穆王满开始，周王室尽管在对外战争中仍捷报频传，但过去那种积极扩张的势头早已一去不返，取而代之的是东方的徐奄、西方的犬戎开始兴起。之后到共王、懿王时更加衰弱，戎狄交侵，一度曾迫使周王室迁都犬丘（今陕西兴平）。

懿王的无能给他的叔父孝王辟方叛乱称王提供了机会。孝王因为靠兵变夺权，较为崇尚武力，对戎政策有不少的建树，算是暂时安定了西方。但孝王最大的"功绩"，恐怕还是由于发动政变，给王室威信造成了无法弥补的伤害，中原诸侯对于王室的敬畏之心渐渐减弱。

到他死后，诸侯扶立懿王的儿子夷王燮复位，为了能够重新挽回王室的权威，夷王做了不少的蠢事，最著名的就是因为听信谗言烹杀齐哀公一事。这些作为对挽回王室权威并没有起到多大的作用，反而为自己带来了行为暴虐的恶名。

与晋靖侯同期的是西周第十任天王——大名鼎鼎的周厉王。周厉王大概是为了改变戎狄交侵、诸侯不臣的紧张局面，着力增加财政收入，使得周王室出现了短期的兴盛。早年偏处南方的楚国不尊王室，其国君熊渠曾把三个儿子封为王，此时也因为害怕厉王征讨，不得已取消了他们的王号。但与此同时，厉王在经济上所实行的专利政策侵犯了贵族的利益，其后采取的措施更是激起了汹汹民意，结果就引发了"国人暴动"。

这一年是公元前 841 年，一般被认为是中国历史有确切纪年的开始。[1] 愤怒的国人将周厉王驱逐到了彘地（今山西霍县），并推举共伯和执政。直到十四年后，

---

[1] 许宏：《聊聊考古那些事儿》，河南文艺出版社 2022 年版。

厉王去世，太子静才继位为宣王。宣王继位后，任用召穆公、周定公、尹吉甫整顿朝政，又任命秦仲为大夫征伐西戎，经过一番努力，王室权威略有提升，出现了所谓"宣王中兴"的大好局面。

不过这个所谓的"中兴"局面并没有维持多久，到宣王的晚年，王师败绩的记录便开始接连出现。比如"三十一年，伐太原戎，不克"；"丧南国之师，料民于太原"；"三十六年，伐条戎、奔戎，王师败绩"；"三十九年，宣王与姜氏之戎战于千亩，王师败绩"，等等。而另一方面，宣王在处理诸侯事务时也同样昏招迭出：杀掉了杜伯，引发了朝局的动荡；因为私爱立鲁武公的少子，导致鲁国内乱。内政搞得一团糟，对外又经常打败仗，使得"宣王中兴"的局面也如昙花一现，周王室的颓势已经无法挽回了。到第十二任天王周幽王在位时，就连宗周的局势也开始垂危起来。

西周中后期的中原大地正在经历一场小冰期，各地的平均气温和降水量都有所下降。气候变化导致的直接后果，不仅使得农耕地区自然经济遭受打击，还驱使那些逐水草而居的游牧民族不得不向东、向南迁徙，进而对农耕文明构成威胁。在各种内外因素的合力作用下，终于酿成了导致西周灭亡的骊山之乱。当时的人们不知晓其中的原委，只是看到了游牧民族的侵袭，以及宗周内部的各种乱象，便将这种局面归罪于天子，认为是周幽王太过昏庸，在虢公石父等奸臣的怂恿下胡作非为，终于惹得天怒人怨，出现了"三川震、岐山崩"①的重大灾异。

这场影响深远的大动乱终于在周幽王即位的第九年（前773年）彻底引爆了。申侯因不满申后和太子宜臼被废，一怒之下将自己的外孙宜臼立为天王。周幽王听闻勃然大怒，于是便兴兵伐申，谁知申侯竟然联络了缯国和犬戎与王室对抗。战争打了三年之久，到幽王十一年（前771年），犬戎攻破镐京，俘虏了褒姒并杀死太子伯服，幽王自己也被追兵杀死在骊山。辅助幽王实行改革的虢公石父大概在这场战争中也死掉了，继位的虢公翰临阵扶持了宣王的另一个儿子余臣为携王（《清华简·系年》作携惠王、惠王），与申侯所保护的周平王形成二王对峙的态势。

幽王一死，天下震动。东方诸侯，如晋国、卫国、许国、周朝大夫王子友、秦

---

① 《国语·周语上》。

仲等，都纷纷前来勤王。但幽王死后的宗周局势，显然不能与厉王出奔时的局面相提并论了，镐京附近的戎狄势力犬牙交错，而失去了组织的诸侯也如同一盘散沙，根本无法廓清局面。随着时间的流转，勤王攘夷的紧迫感已退至其次，人们注意力的焦点反而转向了王位的合法性争夺上来。

这个时候如果对周朝的二王进行对比的话就会发现，携王余臣为王室正统，是在幽王死后名正言顺继位的，很容易就获得了东方诸侯如虢、晋、卫等国的支持。而周平王却正好相反，他既得位不正，又有联合戎狄弑君杀父的罪行，这是为中原诸侯所不齿的，很难在道义上占据主动。

但老话说得好：事在人为。平王虽然处于劣势，却有一股不服输的劲头，在此后的十几年间，还真就把局面给扳回来了。

平王东迁

东周初年这场二王相争的局面持续了约二十年的时间，这既是一次对耐力的试炼，同时也是一场比拼底线的游戏。

对于勤王的诸侯来说，当战争初期的紧张感一扫而空，他们的心态难免会在潜移默化中发生转变。尤其是看着战事日渐胶着，这些原本急公好义的"勤王之师"，很快就变成了在乱中取栗、待价而沽的投机客。在这种情形之下，对于平王和携王而言，能够一再突破底线，以更诱人的条件笼络到更多支持者，才往往会成为制胜的关键。

在这方面，携王的王室正统地位反而是一种羁绊。作为王室正统天子，他自然不愿意低下头来跟这些草台班子们谈生意，反而是那个本来就得位不正的平王，却完全没有天子职责带来的思想负担。

他手里没有任何可供傲娇的资源，没有以正统身份号令诸侯的威信，更没有众多豪强无条件的服从，反而是有勾连戎狄、搅乱宗周、擅自称王、弑君杀父……这些足以让自己身败名裂的罪名。起手拿到这么一副牌，若是旁人恐怕早就放弃了，可偏偏不服输的周平王即便是处于劣势也甘愿放手一搏。

在他看来，那些满口仁义道德的公卿大夫、东方诸侯，虽然都道貌岸然地打着维护王室正统的旗号对自己口诛笔伐，可只要他们心中还有欲望，就都是可以收买的。若是能用一些空头支票换来王位的永固，又何乐而不为呢？

平王背后的申侯也深谙此中况味，早早地就开始着手拉拢那些具有影响力的诸侯了。为了拉拢王子友，也即郑国开国之君郑桓公，申侯将自己的女儿嫁给了郑桓公的儿子郑武公。晋文侯的妻子叫晋姜，也是姜姓女子，过去人们都认为她是齐国宗女，可如果考虑到当时的局势，这个晋姜很有可能也是申侯家的女儿。

但要正名实在不易，毕竟骊山烽火的消息早已为天下诸侯所共知。平王没有清除人们记忆的魔力，更没有办法堵住万民之口，唯一能够想到的办法，便是为这十恶不赦的罪名寻找一个替罪羊，为悠悠众生心中的怒火寻找一个宣泄的对象——如此重大的"责任"，显然是非申侯不能担当。

可如此一来，便又衍生出一个新的问题，如果他真的把申侯推到了风口浪尖之上，以后在宗周也就失去了最大的屏障，那他将来又该如何自处呢？

寻找避难之所并非什么难事，平王很快就找到了答案。因为早在二百多年前，苦心支撑社稷的周公就为他提供了备选的场所——东都洛邑。最终的目标一旦确立，就需要对具体的实施过程进行细化。天子迁都牵涉甚广，并不是寻常人家搬家那么简单，摆在平王面前的有诸多的困难，其中最突出的便是东都的归属问题。

在《史记》的记载中，郑桓公是一个为王室殉道的悲剧英雄，但《竹书纪年》的出土，却无情地毁掉了郑桓公的英雄形象，取而代之的是一个大发国难财的窃国大盗。

郑桓公是王室近亲，据说是周厉王又或者是宣王的儿子，在幽王时期担任王室司徒。任职期间，他看到王室衰败的景象，便向太史伯询问自保的办法。太史伯为其指点迷津，从而确立了在东方建国的基本方针。

公元前774年，也就是申侯举兵的前一年，他请王命到东都任职，并带了一部分家眷财产东行。第二年，郑桓公以暂时安置家人和财产为由，贿赂虢、郐两国国君借地寄孥。虢、郐两国的国君收了钱财，欣然应允，让他把家人财产寄存在两国十个城邑中。

到幽王死难两年后（前769年），郑桓公使用借刀杀人之计，离间虢、郐两国君臣，致使两国的战将被君主屠戮。之后他带了成周的驻军，利用职务之便以权谋私，轻而易举地攻陷了虢、郐两国，将两国土地据为己有。

当周平王为了东迁的事业而逡巡东顾的时候，郑桓公也正伸着脑袋打探西方的消息。因为此时的郑桓公虽然已经占据土地并建国，可他的地位并没有得到王室的承认。也就是说，此时的郑国并不是一个合法的国家，亟须得到合法的授权。

但有着王室正统身份的携王，对于这种趁火打劫的行为显然是不认可的，这自然就让平王抓住了机会。周平王抢先承认了郑国的合法地位，并任命郑国国君为王室卿士，使得非法建国的郑国迅速转向支持非法称王的周平王为王室正统，为东迁洛邑奠定了基础。

与此同时，周平王在后方也找到了一个极佳的人选：秦国的开国之君秦襄公。秦襄公名赵开，其祖先原本是商朝旧臣，武王克商时，其先祖有一个叫蜚廉的人一直都效忠于商朝，为纣王联络北方的部族抵抗周人的进攻。纣王死后，周武王成为天下共主，蜚廉只能投降周朝。后来三监之乱兴起，四方诸侯纷纷为乱，蜚廉和他的儿子恶来又试图联络淮夷各部举兵反周，结果反叛失败被周公镇压。也正是因为如此，嬴姓宗族在周朝早期一直不受重用。

到周穆王时期，因同宗族的造父有功于王室，被分封到赵城为诸侯，秦国的先祖非子便也开始以赵为氏。后来非子也受宠于周孝王，被封在秦地成为王室的附庸。

到周宣王时，出于抗击西戎侵扰的需要，秦仲被拔擢为大夫，为王室抵御戎狄。在这场战争中，秦仲战死，周宣王召集了包括秦襄公的父亲秦庄公赵其在内的五个兄弟，给了他们七千士卒继续抵御西戎。

骊山之乱后，秦襄公一直统御其部族在宗周以西抗击戎狄，势力渐渐发展壮大，进而产生了侵吞已然残破的宗周故土的念头。而恰好周平王也想以秦人的力量护送自己离开宗周，就干脆将这些已经无力收复的岐丰之地全部许给秦襄公，并册封其为诸侯，从而建立了秦国。

秦襄公虽然知道这只是张充满了凶险的空头支票，但是为了获得诸侯的地位，实现他们几百年来梦寐以求的理想，终于还是没能经得住诱惑，成了平王东迁的马前卒。

有了郑国和秦国的扈从和支持，周平王的东迁事业便已经遥遥在望了。但万事俱备，只欠东风，东迁的道路漫长而艰险，尤其是此行的必经之地崤山通道，此时正掌控在携王的手中，周平王又该如何克服这最为凶险的一环，得以顺利东迁呢？

文侯之命

历史深处迷雾重重，有关携王的生平事迹已经无从考证，其称王之后究竟驻跸何处，更是众说纷纭、莫衷一是。不过，依靠历史的碎片管窥全局，我们似乎可以将携王的统治区域圈定在如今的陕西大荔一带，也就是崤山通道的西端。之所以会有这样的判断，一个主要的依据，是在如今晋陕豫三省的交界处有许多诸如王城、王官、灵台之类的地名，默默地诉说着这片土地一段深沉的往事。

即便不考虑携王驻地的因素，打通崤函通道还有一个绕不开的节点，那便是携王的忠实拥护者——虢公翰。在过去很长一段历史时期内，虢国都在王室政治中扮演着重要的角色。在史料文献严重匮乏的西周时代，曾先后有虢城公、虢宣公、虢厉公、虢公石父等多位国君名留史册。虢公石父随周幽王战死后，又有虢公翰奉王室正统，立王子余臣为携王——而虢公翰的大本营，恰好就位于崤函通道的东端，如今的山西平陆至河南三门峡一带——这必将成为平王东迁路上最大的阻力。

虢公翰在携王班底中地位尊贵，这就使得他很难像郑桓公、秦襄公那样被轻易地收买。但虢公翰油盐不进，并不代表周平王就无计可施，想要打通这最后的一环，还需要一个更加强有力的支持者，这个人便是晋国如今的大当家——晋文侯。

晋国的本土位于今山西省翼城县周边，在黄河以西本来并无影响力。不过由于距离适当，当王室发生祸乱的时候，当时的国君晋文侯第一时间从中嗅到了机会，并迅速组织军队赶到河西勤王。正是在这一轮的勤王行动中，晋文侯逐渐崭露头角，成为一个足以左右天下局势的区域性强权。

然而，晋文侯与携王的相处似乎并不愉快。这其中究竟发生了什么，我们依旧无从得知。但从百年后晋国势力范围突然扩展到河西并深入骊山打击骊戎的举动来看，周平王显然抛出了足够诱人的条件，使得晋文侯很快就背弃了携王，转而投入了平王的阵营，为平王东迁扫除了最后的障碍。

公元前 750 年是晋文侯纪元的第三十一年，也是骊山烽火之后，以周平王纪元的第二十一年。晋文侯冒天下之大不韪，攻杀了其原本支持的携惠王，并亲自到少鄂迎接平王，护送其穿过崤山谷地东迁洛邑。至此，持续了二十多年的动荡局面，终于在一群野心家的全面反叛中宣告结束，周平王也如愿以偿成了真正意义上的天下共主。

在平王东迁的过程中，包括晋文侯在内的众多诸侯，都扮演了极不光彩的角色。然而在成王败寇的话语体系下，薄情寡义、背弃礼法的行径，不仅没有给他们带来骂名，反而让他们实现了真正意义上的名利双收。

东迁之事落定之后，为了对晋文侯的支持表达谢意，周平王曾赐予他美酒、弓箭、车马这些象征着代天子征伐不臣的器物，并特意作了一篇《文侯之命》①传诰诸侯，以表彰其辅助王室的丰功伟绩。

在这篇文诰中，周平王自称"予小子"，将晋文侯尊称为"父义和"——这其中的"父"与郑桓公之名"王子多父"中的"父"同意，都是对人的尊称，"义和"则是晋文侯的字。

文诰开篇追述了文王、武王以来历代先王的盛德与功业："伟大的先君文王、武王，他们克慎明德，圣德上达于天，美名广布于世，受到了上帝的垂青，因而能够上承天命、下抚黎民。历代先王有贤明的卿大夫悉心辅佐，在谋求善政的时候无不遵从天道，所以能够长久地居于天子之位。"

但是，"到我这个年轻人即位的时候，受到了上天的责罚，导致国用匮乏、民不聊生，家国也因受到异族侵略而陷入混乱。再加上我身边缺乏老成持重的御事公卿，无法破解眼前的危局，故而也只能向先祖祈求，并呼吁各位叔伯前来为王室分忧，好让我能够安稳地居于天子之位。"

在万般危急的关头，"是您继承先祖唐叔的遗风，遵从文王武王的法度，大义会合诸侯来追怀效法先王，在最困难的时候对我施以援手，让我能够保住王位，我怎能不对您予以嘉奖呢？"

在文诰的最后，周平王列举了他赏赐给文侯的器物，包含"秬一卣，彤弓一，彤矢百，卢弓一，卢矢百，马四匹"。这种做法跟我们当代给人颁发奖状的时候，总喜欢把奖金金额和奖品都写上是一个道理。这些不仅是莫大的荣耀，也是天子授权晋国礼乐征伐的象征，因此平王还特意嘱咐文侯回国后要勤于政事，做到内安百姓、外抚远人，安定国家、成就大业。

所谓"最爱你的人也伤害你最深"，平王此时大概就有这样的一种感受。晋文侯有定鼎王室的功劳不假，但从王室获取的利益却也是最多的，对王室权威的损害

---

① 见《尚书·周书》。

更是最为彻底。

由于在这次的勤王行动中获得了大量的土地，晋国的疆域从原来的绛都周围区区百里之地，沿着汾河谷地向西南方向延伸，一直扩展到黄河以西如今陕西大荔境内。后来引发秦晋冲突的河外列城，包括前文提到的王城、王官等地，似乎也都随着携王的被杀而成了晋文侯的囊中之物。这些收益使得晋国摆脱了诸侯"地方百里"的限制，一跃成为一个远超西周礼法约定规模的超级大国。

不仅如此，因为有了周王的授权，晋文侯还打着"以王命讨不臣"的旗号四处征伐，原先位于汾河流域的一些诸侯如先、沈、姒、蓐、黄、韩等国，据说都是在晋文侯时期并入晋国版图的。与此同时，晋文侯似乎还开启了霸业秩序的先河，最远曾经征服过南方的淮夷。

这些有利于晋国的功业，对于遭遇劫难的王室来说，无异于是在落井下石。至少晋文侯的大规模扩张，给东方诸侯起到了一个极其危险的示范作用。再加上周平王的地位是靠着大量的利益交换获得的，使得西周王室赖以生存的礼制秩序瞬间崩塌。原本受王室挟制的东方诸侯对于平王地位的合法性不予认可，从此不再朝见天王，更不受王室的约束。摆脱了王室压榨和束缚的东方诸侯，开始了互相之间的攻伐和兼并，经过短短几十年的发展，一批突破了礼法约束的超级大国，如齐、鲁、宋、卫、陈、蔡、郑等国也都有样学样，在灭掉了周围的邻邦之后称霸一方，轰轰烈烈的春秋时代正式开启。

第三节　曲沃代翼

晋乱肇始

公元前 746 年，是骊山之乱后的第二十五个年头。平王东迁的尘埃刚刚落定，整个中原还处于一片沉寂之中，一股不安分的气息便已经开始在空气中弥漫。在这个暴风骤雨即将来临的前夜，中原诸侯都在静静地扩充实力，准备酝酿一场伴随着礼崩乐坏的历史剧变。

也就在这一年里，引领晋国走上崛起之路的晋文侯溘然辞世。这让所有人都感到猝不及防，惨淡而哀伤的气氛弥漫了这个国家的每一个城邑。

然而，沉浸在悲伤忧愁中的人们也许还没有意识到，一场建国以来最大的危机也正在等待着他们。这场危机将会给他们带来无休止的战火和杀戮，将这个已经延续了近三百年的国家拖入深重的灾难之中，最终在成河的鲜血和累累的白骨上改天换地。

掀起这场暴风骤雨的是一位名叫成师的公子，他是先君穆侯的少子、文侯的弟弟，现任新君昭侯伯的叔父。

提起文侯和他的这个弟弟，还有一段不得不说的往事。据说这兄弟二人都是伴随着战火而降生的，六十年前（前 805 年），他们的父亲穆侯跟随周宣王讨伐晋国西南活动的条戎和奔戎，结果大败而归。文侯就是降生于这样的一个时节，为了铭记战败的屈辱，父亲给这个孩子取名为"仇"。不久后①，穆侯再次征伐位于晋国以北的千亩之戎取得大捷，于是兴之所至，为这年刚出生的儿子命名为"成师"。

似乎早就有人预言了成师将会给国家带来的灾难，这个人是穆侯的宫廷乐师，名叫师服。师服听说了两个公子的名字之后直摇头："取名是为了赋予意义，通过寓意来产生礼仪，并进一步规范政事、端正民众。所以政事没有失误，老百姓就会听从，相反就会诱发祸乱。"

也就是说，起名字是一件极其庄重的事情，一定要慎重，特别是国君的公子，他的名字承载的可是家国兴衰之先兆。"如今国君给太子取名叫作仇，俗话说'嘉耦曰妃、怨耦为仇'，这个名字也太不吉利了；而公子成师的名字却显得富贵，这是混乱的预兆，恐怕他以后会篡权夺位的啊！"②

穆侯并没有听从师服的劝诫，果然在他死后，太子仇没有顺利继位，而是被自己的叔父抢去了君位，算是部分应验了师服的话。直到四年后，太子仇才纠集了一批支持者杀入翼城，夺回了君位。

手足相残带来的伤害是刻骨铭心的，而随后发生的王室内乱更让他们心有余悸。可不管怎么说，文侯还是很倚重自己的弟弟，毕竟在当时的人们看来，亲兄弟才是最靠得住的。

文侯在位的三十五年间，成师跟着他也算是饱受了战火的洗礼和权力的历练。此时年过半百的成师，已经成为一名多谋善断的老政治家了。而成师的侄儿、新继位的昭侯伯，在他眼里还只是一只在温室中驯养的雏鸟，又有什么资格统领这么一个强盛的国家呢？

文侯去世后不久，成师便拥兵自重，与翼城的侄儿分庭抗礼。那个被看作是雏鸟的新君哪里是成师的对手？最后只得忍痛割爱，将其分封到离翼城不远的曲沃去，并委派晋靖侯的庶孙栾宾（成师祖辈的一个公族）来辅佐他。

---

① 《史记》记载为公元前 802 年，但史料中关于千亩之战的时间并不统一，也有公元前 789 年一说，故而此处略去成师的年龄。

② 见《左传·桓公二年》。

乱在曲沃

在这场较量当中，成师之所以选择曲沃作为自己的大本营，是有他自己的考量的。首先，曲沃是一座军事重镇，其城池规模比翼都要大不少，且距离翼都也不过一两天的路程，朝中有任何风吹草动他都能及时掌控。另外，曲沃的地理位置在翼都的西南方向，只要控制了曲沃，向西可以阻挡翼都与西部封土比如故韩国的联系，向南则可以掐断汾河下游一直到黄河以西领土的纽带。这就相当于说，晋文侯辛辛苦苦大半辈子打下来的疆土，全都拱手让给了成师，而公室的土地就只剩下了西周时期的传统疆域，这必然会造成曲沃与翼都方面力量的失衡。

关于这一点，那个五十多年前的预言家师服再次不失时机地张开了乌鸦嘴，他引用周朝的等级秩序说道："吾闻国家之立也，本大而末小，是以能固。天子建国，诸侯立家，卿置侧室，大夫有贰宗，士有隶子弟，庶人、工、商，各有分亲，皆有等衰，是以民服事其上而下无觊觎。今晋，甸侯也，而建国。本既弱矣，其能久乎？"[1]

在周朝的制度里，只有天子才能建立邦国，诸侯只能"立家"，而昭侯分封曲沃的本质，与我们通常理解的封建大夫不同，是要建立一个名叫"曲沃"的独立国家。

依照周王朝给晋国制定的大政方针，晋国可以"启以夏政、疆以戎索"，一直以来都有建立"藕国"的传统。师服在这里拿出周朝的制度，其本意并不是说你建立"藕国"不对，而是在强调"皆有等衰"这四个字。只有当你封建的大夫或者"藕国"比你弱小，才能让对方"服事其上而下无觊觎"。可现在呢？你把曲沃分封给成师，显然是违背了这样的一个宗旨，明摆着是要让曲沃"觊觎"你大宗的地位啊！

昭侯其实也知晓其中的利害，可又能怎么样呢？父亲刚刚去世，自己的亲叔叔就开始拥兵造反了，你不答应也不行啊！而且据史书记载，成师还是一个"好德"的人，很会笼络人心，在贵族中拥有崇高的声望，以至于"晋国之众皆附焉"[2]。朝野上下都是他的人，人人都在给他说好话，在这个还有些贵族民主制色彩

---

[1] 《左传·桓公二年》。
[2] 《史记·晋世家》。

的时代里，昭侯也不能把满朝的大夫都给得罪了。因而在内外的强压之下，他也只能忍气吞声，将一个极具战略价值的城池曲沃封给自己的野心家叔父。

看到无法阻止变乱的发生，师服也只能喟叹："晋之乱其在曲沃矣！"

出师未捷

野心家成师获得封地之后，马上就开始了窃取晋国君位的各项活动。不少人都对成师在曲沃的部署做了总结，其大政方针涵盖了政治瓦解、外交孤立、经济蚕食，外加军事打击等方方面面，可以说是多位一体，全面架空翼城方面的君主权力。

政治上，成师充分运用了自己"好德"的优势，极力拉拢敌方阵营中意志薄弱的对象以为己用。这些被拉拢的对象在和平时可以收集情报，作战时可以充作内应，以保证进行军事打击时有更大的胜率。

外交上，同样采用互通有无的手段，他越过翼城的君主，与周边的国家建立直接的外交关系，分离与敌方阵营有邦交关系的国家，建立外部的攻守同盟。能够直接拉拢到自己阵营的要拉拢，不能拉拢的就尽量劝服他们保持中立态势。

经济上，实行"轻徭薄赋"，给予农业、手工业生产者更多的优惠措施，吸引附属在对方土地上的劳动者来自己的土地上耕种。《诗经》中就有关于翼侯治下的平民或是奴隶满心欢喜地逃亡到曲沃的段落，表明这些工作取得了很大的成绩。

最后，军事打击。经过了六年的细致筹划，到公元前739年，野心家成师完成了他的统一战线，于是便唆使在翼城的支持者潘父杀掉晋昭侯。弑君行动成功后，成师迅疾带兵前往翼城，准备趁机夺取君位，以实现自己的人生理想。

然而现实有时是残酷的。大军还在行进的路上，城内就发生了哗变。翼城的贵族们虽然很"认可"成师的"为人"，但出于道义上的责任，他们还是集结了大量军队，捕杀了潘父及其党羽，并列兵在城外阻击成师，使其代翼成为大宗的梦想瞬间破灭。

机关算尽结果无功而返，成师损失惨重。这次行动使得多年来秘而不宣的矛盾公开化了，也使得那些平日里与曲沃方面暗通款曲的贵族们也开始举棋不定，不得不为以后的前途做出选择。很多原本没有什么政治立场的人，也在一定程度上跟他划清了界限，导致这六年来的运作功亏一篑，也为以后的代翼功成增添了不少难度。

当然了，最为无辜的恐怕还是那位继位仅仅六年的翼侯伯，他就这样不明不白地成了晋国内乱中的第一个牺牲品，也成了历史进入春秋以来倒下的第一块多米诺骨牌。他的一生无功无过，即便是有什么远大的理想，也没有机会实现了。然而逝者无言，生者总还要把局面维持下去，晋人扶立他的儿子公子平为君，也即晋孝侯。

第一次代翼战争失败后，成师继续厚着脸皮四处给翼城方面挖墙脚，又活动了七年的时间。不过，他终究还是没有等到代翼成功的那一天，到公元前732年，壮志未酬的野心家成师在曲沃城的黄昏中带着终生的遗憾离世了。他用十三年的时间筹谋策划、精心酝酿，尽管杀掉了晋昭侯，却终究还是没能入主翼城。垂暮之际，他只好把这个梦想寄托在儿子的身上，希望他能够代替自己实现这个未竟的心愿。

功败垂成

成师去世后，谥号为"曲沃桓叔"。他的儿子鲜（又作鳝）——也即曲沃庄伯——继承其遗志成了曲沃的新任伯主。曲沃庄伯在位期间，又发动了两次代翼战争，可每当胜利在望的时候，却总是会被来自外部的力量所干预，最终功败垂成。

春秋早期，由于周平王自身破坏礼仪纲常，中原诸侯离心离德，天子无法约束征召诸侯，反而处处受到诸侯的牵制，其所肩负的征伐蛮夷的职责自然也无法开展。先前晋文侯在位时，代替周王行征伐之事，还能稍微约束周边的"戎狄"。可文侯死后才几年，晋国就陷入了内乱，翼城和曲沃都只忙于内斗而无暇他顾，自然也就给了这些游牧部族更大的生存空间。

在所谓的"戎狄"当中，对晋国影响最大的是活跃于晋国东部山区的"赤狄"。"赤狄"部落不断骚扰，最严重的时候竟然打到了国都郊外，这对翼城方面的生产生活造成了很大的影响。而曲沃方面则一心投入生产、训练武装，似乎没有受到"赤狄"太大的侵扰。经过七年的准备，终于在公元前725年十月再次向翼城发难。

这次的行动，曲沃庄伯已经无视"血浓于水"的亲情，也不再像他父亲那样遮遮掩掩，而是直接撕掉了挡在他们中间的遮羞布，做起事来也是心狠手辣。为了能够一举攻破翼城，他事先做了周密细致的准备，因此只经过时间不长的攻坚战，曲沃方面就对翼城实行了有效占领。翼城贵族作鸟兽散，他的堂侄晋孝侯平也在乱兵中惨死，成了内战以来被杀的第二任国君。

看到战事进行得如此顺利，曲沃庄伯不由得嘴角上翘。他有些忘乎所以地摆好了庆功的酒宴，似乎就等着天子派人前来册封了。

可千算万算，曲沃庄伯还是没能料到，翼侯的死忠粉竟然那么有志气，仅仅几天之后，他们便从西边的邻国荀国搬来了救兵。正当曲沃的将士们踩着翼城的废墟饮酒作乐、庆祝狂欢的时候，"神兵"从天而降，打了他们一个措手不及。

眼看着煮熟的鸭子就这么飞了，曲沃庄伯心如刀绞。可事已至此，也唯有尽快止损，曲沃庄伯仓促带兵撤回曲沃，第二次代翼战争就这样莫名其妙地失败了。

这次战事的失败，给曲沃庄伯上了血淋淋的一课。回到曲沃后，他对战争先胜后败的原因进行了深刻的反思，认为自己之前在外交上投入的力度还是不够。拉拢结交国内的贵族并不需要多少花费，可要拉拢一个国家来为自己卖命，则需要更多的外交智慧。曲沃庄伯在此后的七年间，特意加大了在外交上的投入。

到公元前718年春季，也即其即位的第十四个年头，在取得了周王的支持后，曲沃庄伯联合了中原的郑国、河北的邢国，以及周桓王派来的大夫尹氏和武氏，组成多国联合部队，浩浩荡荡地向翼城开拔而去。

这一招的确很管用。彼时翼城的国君，是前任孝侯的弟弟公子郄（又作郗、都）。他本就无心与曲沃对抗，如今看到多国部队的旗帜，更是不敢与天子起冲突，于是干脆放弃了抵抗，收拾细软向北逃窜而去。

站在翼城的城头上远望群山，曲沃庄伯泪如泉涌，想到父亲多年来的夙愿终于要在自己的手中实现，心里有着说不出的酸楚和欣慰。

然而历史的发展总是出人意表，还没等他去告慰父亲的英灵，唾手可得的胜利便再次转化为失败的眼泪。或许是对眼前的胜利景象盼望得太过于急切，以至于得意忘形露出了马脚，从而做出了让天子不高兴的事情；周桓王的态度突然发生了一百八十度的大转变，决定不再支持曲沃伯，转而选择与他们为敌。也正是从这一刻开始，周桓王便与曲沃结下了不解的仇怨，只要曲沃方面敢于向翼城动武，周桓王就必定会干涉，这股无名的仇怨一直被带到了坟墓里。

周郑交恶

至于究竟是什么原因让周桓王翻脸，让他产生如此深仇大恨，其中情形着实让人费解。《左传》上给出的解释是，战前曲沃庄伯为取得支持而贿赂天子，获胜以后就死不要脸地背叛了，因此周桓王才变卦。可具体他是如何贿赂的，事后又如何背叛，书中却语焉不详。

翻看公元前718年前后的历史记录，似乎也并没有什么可用以旁证的资料，唯一能够让人产生联想的，也就只有"周郑交恶"这么一件事了。因此，想要搞清楚事情背后的来龙去脉，我们不妨从周郑关系的角度进行分析。

前文曾提到，周平王得以顺利东迁，离不开晋、郑、秦等国的支持，因此尽管看不惯这些大国落井下石、作威作福的派头，可表面上却还得承认"周之东迁，晋郑焉依"[①]这个事实，并长期将晋、郑两国定性为夹辅王室的功臣。可问题是，平王东迁之后不久，晋文侯就去世了，此后的晋国更是陷入了长期的内乱，再也无力与郑国"夹辅王室"，平王所能"依靠"的便也就只剩郑国了。而实际上，天子对郑国所谓的"依靠"，不过是眼睁睁地看着郑国对王室权力的垄断和对天子的欺压罢了。

郑桓公建立郑国的时候，本来就是凭借着王室司徒的身份，以成周戍守的兵力来谋取利益的。如今郑国有了定鼎王室的功劳，还兼具王室卿士的身份，自然少不了会更加肆无忌惮地搞以权谋私的小动作。周平王尽管对此有所不满，但碍于郑国的强大，也只能忍气吞声，低眉顺眼地看郑国人的脸色。

巧合的是，就在晋国爆发内乱的同时，一颗内乱的种子也在郑国萌芽了。这场内乱的起因不少人都很熟悉，是缘于郑庄公的母亲嫌恶自己的大儿子，因此常常怂恿丈夫郑武公将小儿子叔段立为太子。即便是到郑庄公即位后，武姜还是没有放弃打算，曾多次要求他把制邑封给叔段。制邑在郑国的战略地位，与曲沃在晋国的地位相似，郑庄公自然不能同意，武姜只好退而求其次要求改封京邑。

叔段就封之后便开始扩张自己的势力，将京邑附近的许多土地都纳入了自己的管辖范围，给人造成了一种"一国二君"的假象。与此同时，他还不断地扩建城

[①]《左传·隐公六年》。

池、修缮武备，随时准备着与母亲里应外合，造自己哥哥的反。

故事有着近乎雷同的开头，但最终的走向却截然相反。

与晋昭侯在强压之下分封自己手握重兵的叔叔不同，郑庄公从一开始就对这个弟弟保持着绝对的优势。而且自打分封的那一天开始，他就时刻在防范着，甚至是有意引导叔段发动叛乱。因此当晋国陷入长期内战的时候，郑庄公却能先发制人，在叛乱刚出现苗头时就迅速出兵弹压，把志大才疏的叔段赶到了卫国。

内乱平定后郑庄公紧追不舍，又攻打卫国以讨伐叔段，结果就引发了多国争端。位于郑国以东的卫、宋、陈、蔡等国，早就看不惯郑庄公假借王命以肥己的做派，便以此为契机开始了对郑国的联合抵制。

已近暮年的周平王看到这个机会，便想着要趁机分权给虢公，以削夺郑庄公手中的权力，也好宣泄一下这三十年来心中积聚的怒火。可偏偏他用人不善，事情尚未议妥就被人透露了出去，郑庄公自然不高兴，就怒气冲冲地去找平王要说法。平王害怕郑国，矢口否认自己有过这样的想法，而且还提出愿意跟郑国交换人质，这也就是历史上著名的"周郑交质"。

堂堂天子要通过与诸侯交换人质来建立互信，而诸侯对此竟也毫不推辞，这还是开天辟地以来头一回，可见王室的权威已经受损到何种地步。但事情到这里，还仅仅只是个开始，公元前 720 年，在位时间长达五十年的周平王去世，其孙子林继位为桓王后，再次提出要分权给虢公。郑庄公也是个暴脾气，顾不得先王正在丧期之内，竟然派人把周朝的庄稼给收了。尽管后来双方达成了和解，可仇恨的种子已然种下，就不可能无缘无故地消除，直到最后双方兵戎相见。

池鱼之殃

公元前 718 年联军伐翼的事件，正是在这个背景下发生的。按照《左传》的说法，曲沃与郑、邢联军伐翼时，周桓王派了大夫前来助阵。不久后，又是因为曲沃庄伯背叛了周朝，才引来了虢公所统率的王室大军的征讨。

但是，如果结合周桓王与郑庄公之间的关系来考量，我们似乎可以做出这样一个推测：曲沃庄伯联合郑国伐翼的战事，并没有请得天子的同意。相反，他看中的是郑庄公在王室说一不二的权威，因此便以其有限的资源，把赌注都押在了郑庄公的身上，试图通过其在王室的影响力达成自己的目的。王室派来助阵的大夫尹氏和武氏，在当时的声名并不好，很可能也是郑庄公的党羽。

然而让曲沃庄伯怎么都想不到的是，周桓王对于郑庄公的专权早已忍无可忍，故而当他听说郑国又打着王室的旗号出去帮人打内战的时候，心中的无名火便猛然爆发了。

在这个过程中，为周桓王所倚重的虢公忌父的态度，显然也是不容忽视的。我们知道，虢国在过去几十年里跟周平王的关系并不融洽，其先君虢公石父和虢公翰，分别是幽王和携王的近臣，是周平王最大的敌人。但随着时间的流转，双方的关系也开始好转，王室需要寻找一个新的合作者来制衡郑庄公，而虢公忌父也希望能够恢复祖时、父时的荣耀，双方可以说是各有所需，于是又走到了一起。但依照双方的力量，完全削夺郑庄公的权力似乎并无可能，于是便只能通过分权的办法，逐步侵削其手中的权力。

至于如何分权，其中的细节显然不是如今的我们可以获知的。但至少从地理上看，虢公的权力不可能越过郑国渗透到东方，他显然也不希望郑国染指西方事务。从这个角度出发，晋国与曲沃的内战，无疑是虢公势力范围内的事情，郑国干预晋国内战，难免有越俎代庖的嫌疑。为了向郑国示威，也为了表达忠于王室的决心，虢公必须要在晋国事务上猛刷存在感。

"神仙打架，小鬼遭殃"，这场发生在成周的政治斗争，战场却选择在一个看似毫不相关的地方。在曲沃借用郑国兵力攻下翼城半年之后，周桓王突然下令，让虢公忌父统率大军讨伐曲沃，使得曲沃庄伯所主持的第三次伐翼战争再次功败垂成。

曲沃方面受到来自周王的连续打击，军力严重受损，整体实力陷入了内战以来的最低谷。这几年在外交上努力结交的荀、董等国，也都因为周桓王的态度转变而纷纷背叛，成了自己的敌人，使得整个曲沃陷入了四面楚歌的绝境。供养多国部队和抵抗天子战争造成的费用，更是花光了他大部分的积蓄，境内实在是民生凋敝，民怨沸腾。

看到此情此景，曲沃庄伯陷入了深深的自责当中：就因为自己的草率和误判，使得过去三十年来曲沃两代人的努力都化为了泡影。以后只要天子的态度没有发生转变，任何一个野心家都可以打着替天行道的旗号，对曲沃进行所谓"正义"的战争，任他做出再多的努力，都无法扭转局面。

曲沃难道从此就要灭亡了吗？

想到这里，一股绝望的情绪猛然占据了他本已寥落的心，从此以后便一病不起。

径庭之战

公元前716年，带着深深的自责和无穷的愤懑，在位十六年的曲沃庄伯溘然辞世，他的儿子称即位为曲沃武公。

看着父亲留下的烂摊子，曲沃武公的内心也同样充满了绝望。更让他难以忍受的是，翼城方面在得到天子的支持之后，就突然像转了性一样，不再被动挨打，反而开始连续不断地对曲沃进行侵扰，让他根本无法像祖父和父亲那样，从容地养精蓄锐，使得饱受战火摧残的曲沃更加凋敝。

干脆认输吧！他决定向翼侯低头认错，归附称臣。为了表达诚意，在派人到翼城去求和的同时，他自己也带了几个随从到桐庭去等候旨意。

此时翼城的国君已经不是跑掉的那位翼侯郤了，而是他的儿子晋哀侯。

这事还得说回两年前，当时虢公忌父奉王命伐曲沃，目的不过是为了跟郑庄公掰手腕，并不关心翼城的局面究竟会变成什么样子。到了晋国之后，他甚至都没有派人找寻那个临阵脱逃的国君，而是图省事就近找到了翼侯郤的儿子公子光，漫不经心地举行了国君受命的仪式就打道回府了。

听到这个消息时，正在随邑（今山西介休东南）翘首期盼天王大军的翼侯郤简直惊呆了：怎么还会有这么不靠谱的操作？难道不是该接我回去复位的吗？

不仅他理解不了，国内的很多大夫也无法理解，其中就包括出自"怀姓九宗、职官五正"的嘉父。他实在看不懂虢公的操作逻辑，干脆甩手走人，到随邑去找寻老国君的下落，不久后又保护着老国君避居到位于国都西北的鄂邑（今山西乡宁）定居。翼侯郤此后再也没能回国，后人便以定居地将其称作晋鄂侯，而他的儿子光，便是后来的晋哀侯。

晋哀侯继任国君之后，因为有了天子的支持和不少诸侯的投怀送抱，胆气陡然增加了不少，于是便"宜将剩勇追穷寇"，对曲沃进行连续打击，直到把庄伯打到吐血，把武公打到认怂，还依然不解气。

这也难怪。或许是由于过去的几场战争太过惨烈，刻骨的仇恨挥之不去，极端的恐惧如影随形，这让他们无论如何也不敢相信对方的诚意，更不敢贸然接受这突然抛来的橄榄枝，议和的结果可想而知。

最后的希望也被无情地抹杀了，曲沃武公濒于崩溃。他肩上所背负的是祖父和父亲都没有承受过的重担，他面前呈现的也是从来都没有出现过的困局。他想哭却不能哭，想放弃又不能放弃，整个家族的生死存亡都在他的手上，他必须振作起来。回到曲沃以后，他关起了大门，一心一意谋发展，唯一的希望，就是在这个艰难的冬天里存活下来。

随后的几年间，晋哀侯在虢公的支持下，每天都派兵前来叫阵。尽管曲沃武公血气方刚，正处于好狠斗勇的年纪，可面对翼城军队的骚扰和谩骂，却也只能打碎了牙和血吞，只能深沟高垒固守不出。

这种连续的军事打击持续了八年，曲沃武公也隐忍了八年。在这八年里，他一直密切关注着翼城方面的动态，寻找反攻作战的时机。到联军伐翼的第九年，也即公元前710年冬，机会终于出现了。

这年周历冬季，正当哀侯还像往常那样到径庭（今山西曲沃县听城村）的庄稼地里"体验生活"的时候，他做梦都不会想到，那个一直被他们骂作窝囊废的家伙，竟然在径庭人的引导下不声不响地摸出来了。由于事先毫无防备，这支纪律涣散的郊游部队很快就被击溃。晋哀侯也被这突如其来的变故吓傻了，情急之下只能命人驾车朝着都城方向拼命狂奔。曲沃武公受了这么多年的窝囊气，哪能这么轻易地放过对手，于是也命人拼命地追。

这场互相追逐的游戏持续到了后半夜。晋哀侯惊慌失措，偏偏在行经汾隰（襄汾、曲沃间的汾河谷地）的时候，乘坐战车的骖马（战车有四匹马，位于两侧的就被称为骖马）被树木给挂住了。

晋哀侯心内焦急，不停地催促手下人赶紧把马从树丛里拉出来。可手底下的人比他还害怕，听到远处的战车轰隆隆地驶了过来，牵马的手抖得不听使唤，其结果也就可想而知了。

战略转变

径庭之战是内战中唯一一次在野外进行的战斗，其结果是晋哀侯被曲沃方面杀掉，成为内战以来第三位被杀掉的君主。

经历过上次联军伐翼一战之后，翼城早就已经元气大伤，只不过是在周桓王的打击下，曲沃比他们更惨。他们在联军的支持下，靠着曲沃的粮食养活自己，还能嚣张几天。但自径庭之战失败后，翼城最后的自信也被摧毁，终于连小打小闹的勇气都没有了。贵族们手忙脚乱地将晋哀侯的儿子小子侯扶立为君，苟延残喘延续政权。

曲沃武公此次出战只是为了报这几年被欺压之仇，因此在取得大捷之后便收兵回营，并没有趁胜掩杀到翼城去打攻坚战。这一方面是由于近年来经济状况恶劣，曲沃缺乏抗风险的能力，不敢再次犯险；另一方面则是经此一战，曲沃武公虽没有在名义上取得晋君的地位，但却已经完全凌驾于翼城君臣之上，只要他愿意，可以随意摆布那个坐在翼城大殿上的小子侯，不必急在一时。直到公元前706年，也即径庭之战五年后，他才终于找准了机会，对翼城发出了致命一击。

事情还要从中原讲起。自上次多国联军伐翼事件发生后，奉王命讨伐曲沃的虢公忌父终于如愿地当上了王室右卿士，周郑之间的关系也进一步恶化了。而被桓王寄予厚望的东方联盟，却并未有效地封堵住郑国的势头，反而被郑庄公用远交近攻之计一一击破，最后都变成了郑国的跟班，郑庄公也就成了春秋历史上的第一个准霸主。

郑庄公本来就不听管教，如今又成了东方诸侯的领袖，更加不把天子放在眼里。在周桓王发出对他的"免职"诏令后，郑庄公不仅不再朝见天王，甚至还产生了取代天子的想法，令桓王震怒不已。

公元前707年秋天，周桓王召集了虢、卫、陈、蔡四国联军，"御驾亲征"讨伐郑国。双方在繻葛展开决战，其结果是天子的大军被郑国打败，周桓王自己也被射中了肩头，从此威严扫地。

天子战败的消息传来，曲沃武公大喜过望。在他看来，如今的天子颜面尽失，哪里还会有闲心插手晋国的事务，这岂不正是取代翼城晋级晋国大宗的绝佳机会吗？为此，他特于前705年冬天召请小子侯到曲沃去，其意大概是想要胁迫其以晋君的名义出面恳请周桓王同意权力的让渡。

然而，曲沃武公终究还是失算了。

第一个没想到的是，小子侯年纪虽小，志气却不短。他此行也算是抱定了必死的决心，无论曲沃武公如何威逼利诱，他都誓死不从，最终选择了慷慨赴死。而在翼城，贵族们也知道国君此行必有一死，临行之前都做好了相应的准备。在把送死的国君送出城之后，翼城上下守备森严，随时准备抵御来自曲沃的军事打击，告急的飞鸽传书也昼夜不停，将消息传到了周桓王的耳朵里。

第二个没想到的是，周桓王尽管实力受损，却并没有把曲沃放在眼里。相反，他在中原憋了一肚子气，正愁找不到出气筒呢，可巧就听说老冤家曲沃又在惹是生非，当下便又委派虢仲调兵征讨曲沃。曲沃武公自知不是对手，又躲在城里不出来了。虢仲带兵在曲沃城外转了一圈后觉得没趣，就在翼城以天子之命立晋哀侯的弟弟、小子侯的叔叔公子缗为君，随后班师。

对于这样的结果，周桓王显然是不满意的。他需要的是胜利的消息，是高奏的凯歌，是能够重新树立天子权威的捷报，虢仲如此草草了事，显然是辜负了自己对他的信任。于是到第二年（前703年），周桓王又派虢仲调集芮、梁、荀、贾四国兵马前来讨伐。这次曲沃是真扛不住了，军队被打得七零八落，城池土地满目疮痍，让曲沃武公再次见识到了周桓王誓与曲沃死磕到底的决心。

此战过后，曲沃武公并没有像他父亲那样陷入消沉的情绪中无法自拔，而是对过去的战略进行了革命性的调整。大概也就是在这个时候，曲沃的政治中心从如今曲沃县境内的旧曲沃城，搬迁到了如今闻喜县附近的新曲沃城①，以避开翼城的直接侵扰。

与此同时，郑国以一国之力单挑东方列国，并一举击溃王室的故事也给了他不少的启发，让他认识到过去一贯采用的"斩首行动"的局限性。如果想要获得长远的发展，目光就不能仅仅局限在翼城，不能仅仅把目标定位为统一晋国，而是要以更开阔的视野，更加积极进取的态度，让自己占据整个周边地区政治秩序的主导权，否则就永远无法避免沦为他人工具的命运。

经过这样一个转变，曲沃武公终于从内战思维中解脱了出来，不再为了一个

---

① 马保春：《晋国地名考》（学苑出版社2010年版）中认为，曲沃的都城原先大概在今曲沃县境内，后来才将统治中心迁到峨嵋岭南的闻喜县境内，但并没有具体指出其迁都的时间。本书据曲沃代翼时期形势分析，结合晋国伐灭董国的时间，推测其迁都应发生在武公后期，权做一个参考。

晋侯的名分而招来别国的干涉，转而采取了一种"以农村包围城市、以郊邑包围国都"的新战略。而要想做到这一点，其首要的目标便是收复和巩固晋国过去的疆域。

晋国归一

晋国在文侯时期，趁着王室的内乱，攫取了汾河流域乃至于黄河西岸的不少土地。但随着晋国内战的持续演进，其他诸侯在干预晋国内乱的过程中，也不可避免地开始蚕食晋国的领土，因此武公首先要做的，就是要把这些被蚕食的土地重新夺回来。如早先在文侯时期灭掉的韩国，到武公晚年灭荀之后才被封予桓叔的幼子韩万，很可能就是因为在内战期间被荀国侵占的缘故。

此外，在曲沃渐渐壮大的过程中，王室的力量却是江河日下。特别是在周桓王死后，王室内部开始出现了接连不断的内乱，再也无暇顾及晋国的那些事儿了。反而是曲沃趁着王室权威衰弱内乱频发的机会从中不断渔利，二者之间的政治关系也开始出现逆转。

在此期间，曲沃武公曾经攻打过王畿内的夷邑，取得了大胜，生擒夷邑大夫诡诸，并将其名字赋予了自己的一个儿子，也就是后来的晋献公。事后，因为周朝大夫芮国的求情，武公同意将其释放。又过了几年，夷诡诸和芮国之间发生了矛盾，芮国就向曲沃告黑状，曲沃武公也就恭敬不如从命，趁机兼并了夷国。

除此之外，武公在征战中还灭掉了不少敌对国家，比如早年曾干涉晋国内乱的荀、贾等国，都是在其晚年被并入曲沃版图的。

通过不断向外扩张，曲沃逐渐超越了原先晋国的传统版图，成为晋南地区政治秩序的缔造者和主导者，而翼城则在曲沃的封锁之下，几乎成了一座孤城。特别是在王室失去了干涉的能力后，翼城便已然是曲沃的囊中之物，曲沃武公在诸侯的心目中也早已成为事实上的晋君了。只是出于各种考虑，曲沃武公并不急于灭掉大宗，这才让他们又苟延残喘了二十年的时间。

但随着时光的无情流逝，再伟大的人物也逃不出生老病死的轮回。到公元前679年，曲沃武公垂垂老矣，想到自己时日无多，他还是希望能够完成祖父六十多年前的夙愿，希望自己能够以晋国国君的身份进入宗庙。经过长久的思虑之后，他终于迈出了人生的最后一步，派兵一举消灭了被困翼城徒留虚名的晋国公室，最终完成了晋国的统一大业。而那个毫无存在感的晋侯缗，也在这次战争中丧命，成为内战中被杀的第五任国君。

这个时候，曲沃与王室以及虢国的关系已经完全不同往日。不过，为了能够告慰祖父桓叔和父亲庄伯的在天之灵，他还是命人将翼城缴获的珍宝器物全部输送到成周，献给新继位不久的周僖王。周僖王自知无力干涉，干脆也顺水推舟卖了个人情，派虢公到晋国去举行正式的册封典礼。

这一年是公元前678年，曲沃武公终于完成了从祖父以来延续了三代人的梦想，正式晋位为晋侯。为了这个梦想，他们用了67年的时间，付出了三代人毕生的心血，经历了无数的艰辛和磨难，终于以杀五君（昭侯、孝侯、哀侯、小子侯、侯缗）、逐一君（鄂侯）的结果实现了小宗对大宗的成功逆袭。

这场从公元前745年开始的晋国内战，历史上被称作"曲沃代翼"，这也是历史进入春秋时期后，诸侯国中发生的最为惨烈的一场内乱。

然而，付出了如此巨大的代价，晋武公所得到的，也不过是在死后以晋君的身份进入宗庙，并没有多少时间来慢慢品味胜利。在成为晋君的第二年，他便满含着辛酸和幸福的泪水，离开了他辛苦经营了近四十年，并最终实现统一的晋国。

而在他死后，晋国国内公族之间残酷的杀戮并没有停止，反而更加骇人听闻，隐隐然为晋国君权的衰落埋下了祸根。

若是曲沃桓叔在天有灵，当他知晓这一切的时候，不知是否还会做出与当年同样的选择。

第二章
并国十七，服国三十八

第一节　开疆拓土

成周之行

晋武公去世后,那个被他用俘虏的名字命名的儿子——诡诸坐上了晋君的宝座,他就是名震江湖的晋献公。

公元前676年,也即晋献公纪元的元年,刚即位不久的晋献公与他的老对手虢公携手,到成周去朝见新登基的周惠王,受到了天子超常规的礼遇和赏赐。盛大的王室宴会结束后,他们又与郑厉公一道,委派原庄公去到陈国为周惠王迎娶了新王后。

相比于几十年前曲沃与周、虢之间的紧张关系,这一趟行程很明显让人感觉到晋国的地位已经非同一般了,但晋献公却并未因此而骄纵起来,更多的反而是在心理和感官上受到了强烈刺激。

回想起晋文侯在位的时候,晋国的疆域或许并不比现在更大,可那时的晋国却是列国中的佼佼者,是能与郑国并驾齐驱,夹辅王室定鼎大局的强国。晋文侯去世后的几十年间,晋、郑两国都出现了内战的危险,但后来的走向却截然相反:郑国迅速平定了叛乱,并以一国之力暴打列强,成为东方诸侯的盟主。

在这段时期内,东方诸侯如齐、鲁、宋、卫,都抓住了这难得的历史机遇,大力开展兼并扩张的事业；偏居南方一隅闷声发大财的楚国，在吞并了江汉流域的诸多小国之后，业已成为一个地方千里、民丰物饶的巨无霸；被滞留在宗周的秦国，逐渐将犬戎势力逐出丰岐之地，掌控了西方局势，并逐渐开始向东渗透……这些逐渐形成的大国，纷纷把他们的马首指向了中原，试图在这片厚重的沃土之上，建立属于他们的功业。

然而晋国呢？在诸侯崛起的黄金时期，晋国反而是陷入了内战的泥潭无法自拔，竟至于没落成一个受人欺凌的二等诸侯。尽管晋武公在位时曾奋发图强，兼并了不少的诸侯，让统一后的晋国不至于太过衰弱；让晋国摆脱了王室和虢国的控制，使得晋献公能够跟天子卿士虢公平起平坐——可这个体量跟上述的那些大国比起来，几乎不值得一提。用大夫郭偃的话来说，如今的晋国不过是一个地偏土狭的"偏侯"①罢了，晋献公从父亲手中接过的，是一个虽完成了统一，却积贫积弱远未强盛的晋国。

看到东方诸侯个个都兵强国富、物阜民丰，晋献公的心中有种说不出的难过。特别是他即位的那一年，正是齐桓公的霸业刚刚开始兴盛的时候，东方列国早已超脱了以王室为主导的国际秩序，开启了一个新的时代。若是看到这番景象，还把目标仅仅停留在与虢国并驾的层次，或者是希求在王室的利益格局中占据什么样的地位，未免显得目光太过短浅。

在那个霸道盛行的时代里，无论是哪个君主，只要实力能够勉强，都有一个霸主的梦想，晋献公又何尝不是如此？尤其是当他回想起文侯时的荣光，更是难免心潮澎湃。

不过，他有自知之明，知道自己眼下没办法与中原列强争霸，于是回国后便关起门来谋发展，着力于施行积极的扩张政策，以求有朝一日能够取代齐桓公，实现称霸中原的理想。

在此后的二十六年间，东方诸侯慑于齐侯之威，无不战战兢兢地跟随在齐国的后面东奔西跑，可晋献公却始终都摆出一副不关心的姿态，从不参加任何形式的会盟和征讨活动。他一心只想"继文绍武"，修整内政外交，治理战乱之余，用自己的青春年华去弥补晋国过去因为打架而耽误的功课。

---

① 《国语·晋语·史苏论献公伐骊戎胜而不吉》："今晋国之方，偏侯也。其土又小，大国在侧，虽欲纵惑，未获专也。"

广莫为都

晋献公即位后，继续施行武公时期积极的对外扩张政策，力图扩大在故夏地的主导权。而在这其中，被中原诸侯鄙夷地斥为"戎狄"的游牧部族，自然就首当其冲成为其开疆拓土的牺牲品。

"戎狄"与"诸夏"的主要区别是生产方式的不同，"诸夏"以农耕为业，"戎狄"以游牧为生。"戎狄"多居无定所，逐水草而居，往往同一个国家的两个城池间就有许多部族的身影。在与"诸夏"的冲突中，他们肆意侵扰城邑、破坏农耕，来无影去无踪，让中原诸侯皆不胜其扰，却又无法将其彻底消灭。

此时开始于西周末年，为害中原百年之久的小冰期的影响尚未完全消退，由西周灭亡而造成的"戎狄之祸"仍然时刻威胁着各诸侯国的安全。而晋国又身处这些游牧民族最为集中的地方，东有"赤狄"，西有"犬戎"，北有"白狄"，国内各城邑之间也散居着大大小小诸多部族，在当时的诸侯国中，恐怕所受的侵害也最为严重。

不过这些困难对于晋献公来说或许并不是什么问题。晋国从建国开始就长期与"戎狄"纠缠，斗争经验极为丰富，一直以来怀柔与武力并举的措施，在晋献公当政期间得到了很好的应用。

怀柔方面有记录的有"狐氏大戎""小戎"等。其中的狐氏大戎，其首领据说原本是晋国同宗的贵族[1]，晋献公把狐氏的贵族狐突（字伯行）收编为晋国大夫，还娶了他的一个女儿"大戎狐姬"，也就是后来晋文公重耳的母亲。小戎不知由来，据说是一个允姓的部族，晋献公同样采取联姻的办法，娶了"小戎子"，也就是晋惠公夷吾的母亲。

武力征伐影响力比较大的是献公五年（前672年）时所伐灭的"骊戎"[2]，后来引发晋国内部危机的骊姬姐妹，就是这次讨伐时被晋献公掳来的。

需要一提的是，关于骊戎的地望，一般认为是在陕西临潼的骊山地区。但也有人对此持怀疑态度，认为此处所伐的骊戎应该是在晋国东南不远的山区中，是后来的"丽土之戎"的前身。在他们看来，骊山靠近秦国的本土，且后来一直都在秦

---

[1] 详见李沁芳：《春秋晋国狐氏之兴衰》[《牡丹江师范学院学报（哲学社会科学版）》2018年第1期]。
[2] 《史记·晋世家》："（献公）五年，伐骊戎，得骊姬、骊姬弟，俱爱幸之。"

国的势力范围之内，与晋国相隔甚远，中间还有耿、魏、梁、芮等大大小小的诸侯国，舍近求远攻打骊山的戎狄实在不合情理。

不过，在《史记》文本中，我们还可以看到这样一条记载，在晋国伐骊戎的当年，秦晋两国曾在一个叫作"河阳"的地方交战，晋国在此战中负于秦国。对于这场战争，史料中没有更多的说明，但似乎也可以间接地印证，晋国讨伐骊戎的确是侵犯了秦国的势力范围，因此遭到了秦国的打击。

至于远涉西方去攻打是否合理，似乎也不能用我们今天的观念去理解。春秋时期还没有领土的概念，规模较大的诸侯国往往也只是占据诸多的城邑据点，城池密集区域的边缘隐约间形成一国所谓的疆域界限，这就有点类似于今天的海权概念。诸侯的对外扩张往往以占据城池来实现，国与国之间的战争通常也不会占据山河险要。根据我们之前的论述，晋文侯在攻杀携王的时候，就已经将势力范围扩展到河西区域了，距离骊山并不遥远。

另一方面，春秋时期讨伐"戎狄"是政治正确的首选，齐桓公称霸就打出了"尊王攘夷"的旗号。各诸侯国都有为周天子征伐"蛮夷"的义务，而执行这个义务并不受势力范围的约束。比如晋文侯征伐南方的"淮夷"，距离晋国更远，但因为是代天子征伐，谁也不会觉得不合理。因此我们也不能仅凭借主观判断，就认定了晋献公征伐的骊戎不在骊山地区。

除了这些没有固定据点的游牧民族，有些部族已经向农耕文化过渡，并仿照诸夏建立了城池定居，有了独特的典章制度。但在中原文化的语境中，这些国家的建立并未经过周天子的认证，因此仍然被视作"戎狄"，如《国语》中所提到的翟柤国[①]。

据说有一次献公外出田猎，看见狄柤国上空的云气感到很不吉利，回到大帐之后便愁眉不展、忧思难眠。大夫郤叔虎去觐见时，看到国君一脸疲惫的样子，就满是关切地问道："是因为床铺不安适呢，还是因为骊姬不在身旁无法入眠？"

献公并没有给出明确的答案，但郤叔虎却已经了然于胸。离开之后遇到士蒍，他斩钉截铁地说道："国君夜不能寐，一定是因为狄柤国。"并就此分析了狄柤国必败的原因，主要在于其国君"好专利而不忌"，其臣下"竞谄以求媚"，敢进逆耳忠

---

① 见《国语·晋语·献公伐翟柤》。

言的人都被排挤得没有了立锥之地。君上贪婪不义，臣下苟且偷安，朝中上下全都是只图一己私利的蛀虫，这样的国家又怎么能长久呢？"

士芳将这些话传到了晋献公的耳朵里，献公听后豁然开朗，原先的顾虑一扫而空，于是当机立断出兵伐耼，果然取得了成功。战争中，叔虎认为自己无谋无功，没有尽到人臣的职责，便不顾将士的劝阻，身先士卒"被羽先升"伐灭了狄耼国，更是受到献公的嘉奖。一般认为，郤邑（据称在今山西沁水下游一带）的分封便是在此役之后，叔虎及其后裔此后便以郤为姓氏，这也是有着显赫地位的郤氏家族在春秋历史上的首秀。

兴灭继绝

经过十多年的努力，晋国境内的"戎狄"势力已被基本肃清，威胁晋国安全发展的潜在隐患也被扫清。可正当此时，在中原大地上却发生了一件骇人听闻的大事。

晋献公十七年（前660年），东方大国卫国的国君在与狄人作战中战败身亡，卫国军队溃散。狄人长驱直下，竟然攻下了卫国的国都朝歌，将卫国灭掉了！残留的国人被戎狄追逐砍杀，一直被追到了黄河边上。黄河南岸的宋国得到消息，忙出兵接济卫国的遗民，前前后后一共才聚拢到730个人。

狄人气焰之盛还不止于此。早在攻取卫国之前，地望在今山西黎城，由帝尧后裔建立的黎国就已经被"赤狄"攻灭。攻下卫国的"戎狄"部族继续在中原大地上四处劫掠，直逼郑国而来，郑国不敢怠慢，慌忙组织兵马到河上抵御，结果也被打得大败。另一股"戎狄"势力沿着黄河攻打邢国，邢国更是无力还手，举国上下被闹得鸡飞狗跳，几乎就要重蹈卫国的覆辙了。

事件发生之后，以齐桓公为首的中原联盟迅速集结起来，向受害国伸出了援手。他们集合了从朝歌逃亡的七百三十人，以及共、滕两邑的五千民众，在曹邑扶立卫戴公复国。中原各国守望相助，为了保证卫人在曹邑立足，他们还安排了战车三百辆、甲士三千人守卫，捐赠的车马、布匹、牲畜、木材更是不计其数。只是由于"戎狄"势力流动性太强，各国都疲于应对，齐桓公无法夺回被侵占的土地，后来也只能组织诸侯帮助卫国和邢国异地重建。

当此中原各国在戎狄势力顾此失彼之时，作为华夏文明中的一员，晋国必然也要担当起讨伐"戎狄"的大任。于是，当年晋献公派太子申生带兵征伐盘踞晋国东南（今山西垣曲县皋落乡）的"东山皋落氏"，从侧面呼应东方诸侯对"戎狄"的围剿。这次征讨后不久，在成周附近便出现了所谓的"皋戎"，如今的昔阳县境内也有"皋落镇"，这些大概都是"东山皋落氏"受晋国驱逐四处流散留下的印迹。

随后，晋军又多次进行了小规模战斗，似乎是夺回了卫国在黄河北岸被戎狄所占据的朝歌（今河南淇县）、邯郸、百泉（今河南辉县）、河内（今河南卫辉）等城邑[1]。只是由于彼时卫国已经在黄河南岸复国，这些城邑自然也就归属晋国所有了。

进入中原的游牧部族因为没有强有力的社会组织，在中原诸侯的合力打击下分散各处，无法再形成合力。但他们依旧像是被放出山的猛虎，嚣张的气焰虽被扑灭，残留的影响却久久不能消散。在此后的数年间，依然可以影响周王室的内政，这些都是后话了。

---

[1] 《史记·晋世家》："当此时，晋彊（通强），西有河西，与秦接境，北边翟，东至河内。""此时"指晋献公二十五年。

第二节　辟土服远

兼并诸侯

晋国向外扩张的第二部分内容，是兼并周边的传统诸侯国[①]。这些国家大都是周王所分封的姬姓同宗，西周时期与晋国在"戎狄"环伺的环境中互相扶助，一直相安无事。但到曲沃代翼时期，许多国家都或主动或被动地卷入了晋国内战，其中的大多数国家都站在了曲沃势力的对立面，因而也就给了统一后的晋国以讨伐兼并的借口。

晋国灭国夺邑的第一阶段，大致在晋武公晚年和晋献公初年，主要对象是围绕在晋国周围的一些小国。晋国本部所处的位置是一个反C形的盆地，其北、东、南三个方向都被太岳群山所包裹，西面则有杨、贾、荀、董四国由北向南呈扇形分布，其外围还有韩、冀等国，都处于临汾、运城盆地之内。

其中杨国在今洪洞县东南的故杨城，一说是文王庶子伯侨的封地，另说是周宣王之子尚父的封国。具体被伐灭的时间无法确认，到晋献公十七年（前661年）前，杨国故地就已经封给了献公的子侄羊舌突作为食邑。

[①] 详见邵炳军：《晋武公灭国夺邑系年辑证——西周末年至春秋时期晋灭国夺邑系年辑证之二》(《唐都学刊》2002年第4期)、《晋献公灭国夺邑系年辑证——西周末年至春秋时期晋灭国夺邑系年辑证之三》(《甘肃高师学报》2006年第11卷第4期)。

贾国是唐叔虞少子公明（贾共公）的封地，其地在今临汾市南部，属于是从原唐国分化出去的"藕国"，整个西周时期都是独立发展的，在公明之后有宣公梁、相公笔、薙、唤、菱、伯车、惠伯儿、无纪、辰公僵、贾公丘十位国君接任。晋武公时期，贾国曾参与过公元前703年虢公组织的对曲沃的大围剿。后来随着曲沃的长期活动，双方建立了友好关系，贾国曾把一名公族女子嫁给了当时还未继位的晋献公。不过这段关系维系的时间并不长，大概到武公晚年，共历十一代君主，存续时间三百多年的贾国就被晋国吞并了。

荀国在绛都正西，如今的新绛县东北，第一任国君是周文王的十七子，西周时很强盛，曾一度成为这一区域诸侯的领头者。在曲沃代翼的内战中，荀国于公元前725年的第二战中最先干预晋国内政，公元前703年虢公讨伐曲沃，荀国亦参与其中。公元前677年，晋武公成为晋君后第二年将其城池土地赐给原氏黯（也即荀息），可见在此之前荀国就已经被伐灭了。荀国被灭后，似乎有余部迁徙到临猗县南铁匠营村附近的郇邑，不久之后被再次伐灭，但二者之间的关系并无确实的证据。

董国在今闻喜县境内，古代有董泽，传说是豢龙氏蓄龙的地方。曲沃代翼初期，董国似乎与曲沃关系密切，但在虢公第一次讨伐曲沃之后，其慑于天子与虢公之威，不得不与曲沃断绝关系，后来被武公所灭。之前曲沃的城邑还在今曲沃县附近，武公伐灭董国后，将曲沃迁到了现在的闻喜县境内。

韩国的地望在荀国以西，今河津、万荣之间，是周成王弟弟的封国，公元前757年时就已经被晋文侯吞并。公元前677年晋武公灭荀时，将其封给桓叔幼子韩万作为采邑。韩万的子孙正是以此为根据地，逐渐发展壮大，最后与赵、魏两家三分晋国，跻身战国七雄的行列。

冀国在今河津市东北冀亭，与韩国相邻，据说是殷商傅说后裔的封国，灭亡时间难以确证。其灭亡的原因，据史料的记载，是因为冀国无故占据虞国的城邑，晋国借此与虞国联合将其伐灭。晋献公十九年（前658年）之前，将其封给郤芮作为采邑。

伐霍魏耿

经过这一轮的扩张，晋国基本上已经将晋南临汾、运城盆地的大部土地收入囊中，获得了大量的城池和良田，各方面实力也都有了很大的提升，但彼时晋国的军力仍然只保留了武公初封时的一军编制。为了更好地应对疆域扩大而带来的挑战，公元前661年（献公十六年），晋献公进行了一次扩军行动，将晋国主力部队扩展为二军。

按照春秋时通常的军队建制，五人为一伍；五伍为一两，一两有25人；四两为一卒，一卒有100人；五卒为一旅，一旅有500人；五旅为一师，一师有2500人；五师为一军，一军有12500人。

此种建制并非一成不变的，比如齐国的军制就与此不同。按照《国语·齐语》的记载，管仲为齐国制定保甲之制，军队以五人为一伍，十伍为一小戎（50人），四小戎为一卒（200人），十卒为一旅（2000人），五旅为一军（10000人）。

晋国所采用的是何种军制，如今已经很难找到确切的资料，其军队编制可能会有出入，但依照当时各国的实际，人数也不会偏离太多。也就是说，经过扩充后的晋国军队规模大概在20000至25000人之间。

军队扩充之后，晋国灭国夺邑的扩张行动开始进入了第二阶段。这一年，晋献公自领上军，以赵夙为御戎，毕万为车右，灭耿、魏两国；太子申生统领下军，伐灭霍国。

这里需要说明的一点是，春秋时期进行车战时，通常是三人共乘一车。古人以左为尊，故而地位较高者通常都站在战车的左侧，主要负责持弓箭射杀敌人，称为甲首；居中的是御戎，也就是司机，负责驱使马匹，控制车辆行进轨迹；车右是执戟的卫士，负责近距离啄刺（不是砍杀）靠近的敌人。车右一般会选择大力士，作战时保护车左的主帅，行车遇到障碍时，负责清理障碍物或者辅助推车。国君和主将所乘战车与通常配置稍有不同，即尊者需要站在车的中间擂鼓指挥战役，而御戎则在左侧驾车。

魏国和耿国都属于是周初分封的姬姓诸侯国，其具体的传承已经不太清楚。魏国地处晋国西南黄河三角区域，大致在现在的芮城县东北的河北城附近，与潼关古城隔河相望。周灭魏国后封给了姬姓宗族，晋献公灭魏之后又将魏国封给了毕万，以其为魏县大夫。

耿国在晋国以西黄河东岸，临近荀、韩，大致在今天的河津市东南耿乡城附近。商代时，耿国是嬴姓部族建立的方国，周朝初年灭耿，将其分封给同宗姬姓。

晋献公灭耿后，将其赐给了嬴姓大夫赵夙为采邑，令其为耿县大夫。

霍国位于晋国北方的汾河沿岸，大致位置在现在霍州市西南的霍城。霍国的本源是姬姓侯国，周朝灭霍后，将霍国封给周武王的弟弟（文王第八子）霍叔处。其原本的封地似乎是在河北境内漳河以北的邶地，因为参与管蔡（三监）之乱，霍叔处被贬为庶人，后来又被重新起用，徙封到晋国的北方。他的儿子仲员继承了封地，此后还有家重、静叔带、旧、安叔、将、君问、角、光、福几任君主，到晋献公时期，当政的君主是霍公求。

按照通常的说法，霍国在管蔡之乱后降格为伯爵国，霍公求认为成王时的处置不合理，就僭越封号自称霍公。晋献公认为他太过放肆，于是便兴兵讨伐，将霍公求放逐到齐国。但问题是，霍公求所处的时代距离三监之乱已经过去了三百多年，且周朝的五等爵制是否得到了严格的执行也是个未知数，即便是执行了，西周灭亡后各国僭越称公的情形也层出不穷，晋献公以此为由讨伐霍国显然是欲加之罪。

在儒家理论体系中，一个国家的兴亡往往与国君的德行联系在一起，而霍公求似乎还算是一个德行高尚的君主，晋献公大肆征讨时甚至都找不到合适的借口，未免让人感到有些尴尬。大概为了"师出有名"，才产生了所谓霍公求自封公爵的所谓"罪名"。

不过即便如此，霍国的灭亡还是给晋献公带来了一场舆论危机。按照史书的记载，晋国灭霍之后发生了一场大旱，晋献公让人求神问卜，得到的答复是霍太山的山神失去了霍国的祭祀，因而才给他们降下灾害。晋献公原本打算把赵夙封到霍国，如今也只好为赵夙改封，并派他亲去齐国把霍公求请了回来，专门负责祭祀山神，这才消除了灾祸。

此次出征连灭三国，体现了晋国军事实力日趋强大，但更让人津津乐道的是，后来三分晋国的卿族中，有两家的先祖都在献公的战车上，似乎也是命运给开了一个莫大的玩笑。

伐灭霍、魏、耿三国，可以说是献公一生功业的压轴之作。这三个国家分别代表了晋国向北方、西南、西北三个方向的重要关口。在确定了这样一个基本框架后，晋献公彻底巩固了自己在晋南盆地的统治，于是便开始整军备战，准备向他们最大的对手虢国开战了。

第三节　假道伐虢

虢国史略

虢国在历史上是一个很特别的存在，因为基本上在同一时期，史书上针对虢国有着许多不同的称呼——有东虢、西虢、南虢、北虢、小虢——让人看了眼花缭乱，不明所以。不过，若要仔细梳理一下，其实不难发现，历史上所谓的虢国原本只有两个：东虢和西虢，分别是周文王的两个弟弟虢仲和虢叔的封国。

东虢和西虢的关系，其实是有点类似于鲁国和周公的关系，都是同一封君的不同封地。鲁国之所以在诸侯中享有崇高的地位，就是因为他们与在周王室任职的大夫周公祭祀的是同一个先祖——周公旦。

西周实行公、侯、伯、子、男的五等爵制，很多学者认为所谓的五等爵在两周时期并没有严格的划分，不过即便如此，其中的规律也是有章可循的。西周时期所封建的诸侯之所以叫"诸侯"，是因为他们的爵位大多都是侯爵，我们所熟知的齐、晋、卫、鲁属于西周早期分封的功臣和贵戚，都是侯爵。侯爵之下有伯爵，如秦、郑，也都是王室贵戚和功臣，但分封较晚。伯爵之下又有子爵（如楚国），有男爵（如许国），这些国家与周王室既无亲缘关系，也无战胜之功，只是商朝时留存的国家归附于周王室的系统之后追认的，爵位相对较低。

唯一例外的是宋国，因为是商王后裔，在周王朝属于是客，所以爵位较高，为公爵。此外，史料中还有所谓"三恪"的提法，一说是封虞、夏、商之后于陈、杞、宋，另一说则是将黄帝、尧、舜之后封于蓟、祝、陈，地位较之其他诸侯更高。由于缺乏相关的证据，此处就不多做讨论了。

诸侯国内的大夫通常都是子爵，与之对应的，周王室的大夫就是公爵，他们也有采邑，但却没有诸侯国所具有的独立性，其在周王室的地位类似于子爵大夫在诸侯国中的地位，也就不是真正意义上的国。郑桓公在获得合法的诸侯地位前，曾在王室担任大夫，其爵位是公爵，而其在新郑所建立的郑国，则只是伯爵爵位。表面上爵位从公爵降为了伯爵，但由于从王室的大夫转变成了具有实际权力的诸侯国君，其实际的自主权却是提升了。更何况郑桓公在担任郑国国君的同时还兼任了王室卿士，其入朝为公爵，入国为伯爵，在处理国际事务时的地位其实并没有受到太大的影响。

回过头来再去看这两个虢国，两国国君应该属于是文王的堂兄弟，一个留在宗周担任王室大夫，一个到东虢就封成为诸侯，两国共同祭祀同一个先祖，也就是虢仲和虢叔的父亲。在东方建国的东虢位于河南荥阳附近，骊山之乱后不久，因收留郑人最后反被灭国，上演了一出农夫与蛇的故事。郑国在东虢设立制邑，也就是武姜起初要求分封叔段的地方，后来的战略要地虎牢关就在原东虢境内。

留在王室担任大夫的就是后来所称的西虢。西虢原本的封邑位于今陕西宝鸡市东，属于虢公在王室的采邑，而不是独立的诸侯国。周宣王初年，因感到宗周局势微妙，西虢整体东迁到山西平陆到河南三门峡一带[1]——这与郑桓公的东迁有着异曲同工之妙，可见当时危机意识已经在宗周的上层弥漫了。

西虢东迁以后仍然保留了宗周的采邑，一直到平王东迁之后，无须到宗周朝王，这块封地也就废弃了。不过，大量未能跟随东迁的民众依然以虢为号，也就形成了后来所称的小虢，在公元前687年被秦国吞并。

东迁到三门峡一带的西虢建都上阳（今河南三门峡李家窑遗址），由于地跨黄河两岸，被习惯地分为北方和南方。位于黄河以北今平陆县境内的北方地区被称

---

[1] 具体可参考李峰《西周的灭亡——中国早期国家的地理和政治危机》（徐峰译）"西虢的东迁"相关内容。

为北虢①，中心在下阳（又称为夏阳）；黄河以南今三门峡境内的南方地区被称为南虢，中心在上阳（又称大阳）。南虢和北虢不属于独立国家，它们都是西虢东迁后的一部分，只是因为黄河的分界，被分成了北方和南方两个单元。

不过也有说法认为，西虢东迁之后本来定都在黄河以北的下阳，晋国第一次假道伐虢之后，为避其锋芒，迁都到黄河以南的上阳。两者的地理位置相比，迁都后的虢国被称为南虢，而迁都之前的就被称为北虢，以示区分。也就是说北虢和南虢是人们对于同一个虢国不同时期的称谓，这就跟人们根据都城位置而划分的西周东周、西汉东汉、北宋南宋是一个道理了。

历史上对于建国的东虢和留在宗周的小虢并无太多的记录，大多数关于虢国的记录，实际上都出自有贵宠在身的西虢。不过，由于灭亡较早，西虢完整的君主世系也并没有流传下来，我们只能从浩瀚的史料和佶屈聱牙金文资料中去探寻蛛丝马迹。

依据现有的资料，我们知道在周穆王时期，有虢城公与毛伯班同事天子；到周夷王时期，有一名虢公随天子伐"太原之戎"，但没有留下谥号；周厉王时期又有虢公长父，谥号厉公的，曾随天子讨伐"淮夷"，周宣王初年，举族迁徙到三门峡一带立国；厉公之后又有虢宣公（虢季子白）征伐"猃狁"大获全胜，虢文公名季的，劝谏周宣王"不籍千亩"之事。

到周幽王时期，又有虢公石父名鼓的，伙同周幽王败坏朝政，后来似乎是在骊山之乱中殉难了。嗣后虢公翰在携拥立王子余臣与周平王对峙，因此与王室的关系不甚融洽。但到周平王晚年和桓王时期，双方因有着共同的利益，虢公忌父被任命为王室卿士，以分郑庄公的权力，虢国由此获得了对西方事务的发言权。

虢公掌握卿士权力的这段时期，也正是中原各国内乱爆发的高峰期，虢国自然也难以置身事外。公元前702年，也就是曲沃武公诱杀小子侯，虢公林父带领诸侯联军大举讨伐曲沃的次年，虢公因为与大夫詹父闹了点矛盾，就跑去找周天子打小报告，结果还让詹父给揭穿了。詹父官司打赢了还不肯罢休，又带着周天子的兵去攻打国君，最后把他撵到了虞国。

晋献公即位后，虢国依然在国际政治舞台上发挥着重要的作用。比如晋献公

---

① 《路史》称北虢为东虢后裔虢序所立，依附于南虢而存在，但不知其依据所在。

四年（前673年），虢公丑曾与郑厉公一道平定王子颓之乱，稳固了周惠王的地位。晋献公十三年（前664年），虢公丑攻入樊城，讨伐樊皮的叛乱，为王室建立了功勋。四年后，又在渭水流域打败了犬戎的军队。

虢国在历史上与晋国有着不少的交集，本书前面的部分也曾多次提到。首先是在二王对峙时期，晋文侯为协助平王东迁杀死了携王，自然也就与虢公结下了仇怨。后来到桓王时期，在位的虢君忌父和林父曾多次干预晋国的内乱，为曲沃一方统一晋国制造了不少阻力[①]。

随着晋国的统一和国力的提升，晋献公逐渐有了与虢公平起平坐的底气，但虢国似乎仍然把晋国视为其势力范围内的小兄弟，屡屡干涉晋国内务。比如晋献公九年时，因发生了屠戮公族的事件[②]，虢公丑两度伐绛，让晋献公吃了不少苦头。

若要依照当时中原大国的脾气，受到对方的讨伐之后，不管能不能打得过，都会纠集一帮盟国前去找对方的晦气。可晋国由于在内战期间一直受人欺凌，逐渐养成了隐忍的国家性格，其做法也就大不相同了。在士蒍的劝说下，晋献公果断放弃了即刻报复虢国的计划，转而专心发展自身的实力，很快国力就完全超越了虢国。相比于积极进取的晋国，原本强盛的虢国则由于安于现状而逐渐走向了衰落。

神降于莘

公元前662年，也就是晋献公在位的第十五年，《左传》记载了一件奇异的事情。说是在这年七月，有一位神祇降临在莘地（今河南三门峡陕州区境内）。光天化日之下就降临人间，一住就是半年多的时间，而且还不说话，愣是要人去猜他究竟想干什么。周惠王得知消息，曾向内史过询问缘由。素来博古通今见多识广的内史过似乎是对这样的事见惯不怪了，他很是平淡地回答说："一个国家将要兴盛，就会有神明降临，来考察受试者的德行。一个国家将要灭亡，也会有神明降临，来记录他的罪恶。所以有的国家会因为得到神明而兴盛，有的国家却会因为得到神明而败亡，这种事情在过往的时代都发生过，没什么好奇怪的。"

---

① 详见本书第一章"曲沃代翼"一节。
② 详见本书第三章"聚邑之围"。

但不管这位神仙究竟是何目的，既然来到了人间，作为天下的主人总得接待一下吧！于是周惠王又问他："那么我们究竟该用什么样的规格来接待他呢？"

内史过说："把他降临的日子作为祭日，按照相应的规格如常祭祀即可。"

在古代，跟鬼神打交道是一件非常烧脑的事情，周惠王作为天子，对于这种具有高度专业性的学问缺乏兴趣，故而便委托内史过代表王室前去祭祀。

内史过到了莘地后，发现事态比自己想象的还要严重。原因倒不是这位神仙架子大，而是莘地的地主虢公丑，竟然在公然腐蚀上天派来的这位使者——他派祝应、宗区、太史嚚带了大量的礼物去行贿，希望神灵赐予他更多的土地。

这种事别说内史过了，就连虢国的太史嚚都被气坏了：神仙降临人间是多难得的一件事，你不好好利用这个机会表现德行也罢了，竟然无耻地去行贿！于是他们不约而同地得出了一个结论：虢国将要灭亡了！

所谓"国将兴，听于民；将亡，听于神"[①]。神仙是聪明正直而且专一的，神仙降临的是灾祸还是福气，全要看国君个人的修为。虢公德行不昭，怎么可能得到神明赐予土地呢？

这个故事在《国语》中得到了进一步的延伸，内史过头头是道地讲述了夏商周三代有神明降临的故事，甚至连这次降临莘地神灵的来历也讲得清清楚楚，其中的说教大体上也是为了证明虢公的昏庸，以印证虢国的灭亡是罪有应得。

虢公到底有多昏庸呢？史料上没有特别的记载，大概他并没有什么让人非要惩戒的罪行，但就如同晋国讨伐霍国时非要给霍公求找一个罪行一样，既然要讨伐虢国，就不能让他清清白白地走。因此所谓神降于莘的记载，很可能是当时谣传的故事。

刘勃在谈到这段故事时曾做过一段评论，说这大约也是大动乱时代小国的宿命，政治上被毁灭之后，总还要在道德上被再毁灭一次[②]。事实上，这样的现象并非个例，而是贯穿于《春秋》始终的惯用叙事手法。无论是国家的成败也好，宗族和个人的前途命运也罢，作者通常都会在德行的视角下为其找到合理的依据，从而使得三传的叙事往往带着强烈的"因果报应论"色彩。

与此同时，我们应该注意到的是，以成败论德行，以结果导例证，这不仅是

[①] 《左传·庄公三十二年》。

[②] 刘勃：《失败者的春秋》，百花文艺出版社2019年版。

《春秋》及其三传叙事的固有特点，也是先秦时期百家学说的通病。为了能够从过去的历史中提炼出警示意义，以此来宣扬自己的理论、传播自己的学说，先秦时期的意见领袖和追随他们的游学士子们并不介意篡改史实、捏造事实；而那些凭借"非礼"手段获取权力的诸侯君主们，为了证明自己的合法性，也有十足的动力来歪曲历史、隐瞒真相甚至生编乱造，这就使得先秦时期的历史叙事总是真假难辨。

因此，对待这些鱼龙混杂的先秦史料，我们既要重视其所陈述的客观事实，又要仔细甄别其中失实扭曲的成分，尽量避免作者先入为主的观念、以偏概全的手法给我们带来的误导和迷惑，对待其中的主观评价更是要持审慎怀疑的态度。对于书中所刻画的脸谱化形象，无论是人人崇敬的圣人贤者也好，无道蛮横的昏君乱臣也罢，都不宜以极端化的视角来看待，而是要尽力将其还原为一个有血有肉的普通个体，在此基础上我们才有可能探寻到事件背后的真实动因，从而更好地理解春秋时期政治社会变迁的内在逻辑。

虢公贺鬼

这种近乎谣传的故事不只一桩，在《国语》中还有另外一个神灵托梦的故事。

话说有一天，虢公夜里做了一个梦，梦见有一个长着人脸、老虎爪子还有一身白毛的神仙，拿着一柄大斧子站在宗庙西侧的廊檐下。虢公丑惊慌失措，正准备要逃走，却听到那神仙说："不要走，上帝要让晋国进入你的国门。"然后就消失了。

梦醒后虢公找来了负责占卜记事的史嚚来解梦，史嚚告诉他说：按国君你所描述的样子，那个神仙应该是掌管刑杀的大神，名叫蓐收，主要负责给人降灾祸的。我看你流年不利的样子，多半是快要灭掉了，还是趁早跑路吧！

虢公听了很不高兴，竟让人把史嚚关了起来，还下令让国人都来庆贺这个"吉梦"。

虢国的大夫舟之侨叹道："国家壮大并广治道义，小国进入国门是来臣服的，可是国家弱小还傲慢自大，让大国进来那岂不就是诛讨吗？"

据说舟之侨还从三个方面分析了虢国内外局势，认为虢国必将灭亡。其一是国君奢侈放纵，不思进取。因为放纵私欲，导致国人痛恨，没有人愿意服从他的指令；因为不思进取，在面对可能的外敌来袭的时候不修整军备，反而鼓动国人庆祝欢迎，可谓是病入骨髓，无药可救。其二是公族弱小，且离心离德；其他诸侯疏远，无法得到帮助，导致其势单力孤，处于孤立无援的危险境地。其三是上天不佑，故意给他错误的指示，让他在无知愚昧中更加放纵。"上天欲其灭亡，必先令其疯狂"，说的就是他啊！

舟之侨一边分析，一边打包行李，就在虢国上下还在为君主的美梦庆祝的时候，他早已带着一家老小悄悄跑到晋国去了。舟之侨跑路去了晋国是真的，至于那些话他究竟是不是说过已经不重要了，反正虢国最终的确是被晋国所灭。

虞国简史

虢公丑不思进取，同时也有着昏庸的名声，使得原本强盛的虢国在竞争激烈的各国竞争秩序中渐渐走向了边缘位置。但若要说他完全是个"酒囊饭袋"倒也不见得，至少在抵御晋国的入侵上，他也曾费过一番心力。这其中最让晋国人感到头疼的，是虢国与它的近邻虞国之间牢不可破的战略伙伴关系。

虞国在历史上是一个极度缺乏存在感的国家，但要说起它的立国故事，却是大有来历。

这段故事要追溯到周朝立国之前。相传古公亶父有三个儿子，长子太伯、次子仲雍、幼子季历。季历有一个儿子昌很受古公亶父的喜爱，太伯和仲雍明白父亲的心意，于是双双避位，把君位的继承权留给了季历。两个人离家出走跑到了吴地，因为农业技术好，太伯就被推举为勾吴之主，建立了吴国。不过，由于太伯没有子嗣，死后把位子传给了弟弟仲雍，等仲雍死后葬在虞山，因此就有了虞仲的称号。

留在周原继承君位的季历，死后如愿把君位传给了昌，也就是周文王。多年以后，文王薨逝、武王继位，剪灭殷商、建立周朝，开始分封同姓宗族为诸侯。为了感谢太伯和仲雍避位让贤的举动，周武王派人四处寻找二人的后裔，最后终于在吴国找到了虞仲的曾孙周章。

仲雍死后，吴国的君位先后由季简、叔达继承，此时已经传到了周章这里。周武王将周章封为诸侯，奉祀吴太伯，将周章的弟弟仲封为虞君，奉祀虞仲雍，于是就有了我们看到的这个封地在今平陆县东北部的虞国。这个被封到平陆的虞国首封之君，因为排行老二，故而也被人们称作是虞仲。

虞仲之后的历代国君似乎都没有什么可以值得称道的丰功伟绩，因此很难找到他们的记录。一直到了春秋时期，才有了虞君的些许记载。[①] 故事发生在虢公林父逃奔虞国的同一年，在位的虞公发现自己的弟弟虞叔得到一块美玉，于是就遣人前来索要。虞叔对这宝物爱不释手，自然舍不得轻易送人，因此毫不迟疑地拒绝了兄长的请求。

当时他并没有感觉有什么不对，但后来有人劝他，说了些"匹夫无罪，怀璧其罪"之类的话，把虞叔吓得不轻。他担心自己手持重宝会惹来杀身之祸，于是一咬牙一跺脚忍痛割爱，主动把宝玉上缴给了自己的兄长。

虞公得了宝玉之后还不知足，过了没多久，他又发现弟弟得了一口上好的宝剑，便贪念又起。虞叔这回可不答应了：你这样贪得无厌，刚要了我的宝玉，现在又要宝剑。我要一味地纵容你的索求无度，万一到时候你要些我没有的东西，岂不是连命都不保了？就这样，虞叔带着家兵把自己的亲哥哥虞公赶到了共池。至于后来事情是如何解决的，史料中都没有交代，只有虞公的贪得无厌被长久地留在了历史的记忆当中。

从虞公被驱逐的公元前702年，到晋献公启动伐虢大计的公元前658年，时间已经过去了四十多年，此时的虞公与彼时的虞公是否还是同一个人我们已经无从查证，但其贪婪不义的名声却似乎得到很好的传承，并最终葬送了虞国的国祚。

荀息献计

公元前658年，是晋献公伐灭霍、魏、耿后的第三年，也是晋献公诛灭"桓庄之族"引来虢国讨伐后的第十个年头。经过长达十年的蓄力，晋献公连年灭国夺邑，逐步兼并了周初封建于晋南临汾、运城盆地内的诸多政权，距离实现这一封闭区域的统一大业只有一步之遥了。

然而，声势日渐壮大的晋献公，面对晋国势力范围内这仅存的两个国家时，却着实犯了难。为了抵御随时可能降临的兵祸，虞虢两国结成了紧密的联盟，给晋

[①] 见《左传·桓公十年》。

国人带来了不少的困扰，也让晋献公常常感到寝食难安：若要攻打其中的一方，另一方必然会前来救援，使得晋国不可能将其各个击破；可如果要同时对付这两个国家，晋国的军力难免又显得不足。

这个时候，有一位名叫荀息的大夫对两国关系进行了细致分析，并提出了一个绝妙的计策，这便是著名的"假道伐虢"之计。他让晋献公以晋、虢两国之间的恩怨为借口，通过外交手段说服虞公与晋国一同讨伐虢国，虢灭之后再顺势将虞国收入囊中。

这个计策的关键就在于虞国能否如愿配合晋国的行动。毕竟虞虢两国山水相依，互为依靠，他们之所以结成联盟，就是为了避免被晋人各个击破。若是虞国出于自身安全考虑而采取不合作态度，这个计策也就无法施展。

有鉴于上文提到的虞公贪婪的本性，荀息提出让晋献公将上好的玉石（垂棘之璧）和宝马良驹（屈产之乘）送给虞公。这些东西在当时都是极其重要的物件，上好的玉石相当于现在的钻石，既属于奢侈品，又属于硬通货；宝马良驹是车战必备且极具稀缺性的战略资源。

"垂棘之璧"是玉中极品，而"屈产之乘"更是马中龙骏，晋献公着实有些割舍不下，故而颇有些犹疑地问道："这可都是宝贝啊！假如虞公收了我们的礼物却不肯借道，那我岂不是竹篮打水一场空？"

对此荀息早就胸有成竹，他回答说："这就是小国侍奉大国的微妙之处所在！假如他们不愿意借道给我们，就必然不敢收这些礼物。反之，如果他们收了礼物且愿意借道给我们，那也只不过是把玉石从我们的内府藏到了外府，把那些马匹从我们国内的马厩暂时存到外面的马厩。虞国的国君只是暂时帮我们看管一下，等到虞国灭亡，这些东西还是可以拿回来的。"

听完这番话，晋献公依然不放心，继续追问道："我听说虞国大夫宫之奇很有心计，有他在虞君肯定不会同意的！"

作为晋献公的智囊，荀息在外交上活动频繁，对虞国内情有很深入的了解，他为献公解惑说："宫之奇这个人我太了解了！他有三个致命的缺点：内心旷达，行事懦弱，而且从小在宫中由虞公抚养长大。内心旷达的人通常言简意赅，说话点到为止；行事懦弱的人就不会拼死劝谏，就算自己的话得不到采纳，也不会据理力争；另外他从小在深宫里长大，国君对他很疼爱，但对他的话却不会特别重视。更何况，当你把这些珍宝器物、宝马良驹放到虞公面前的时候，他根本不会考虑到自己将会有亡国之祸。这些计策只有中等以上智力的人才能识破，就虞公那老朽之人，智力也就是一般偏下，您就放心吧！"

荀息的这番鼓动让晋献公瞬间信心满满，当即便委派他到虞国去交涉借道事宜。到了虞国之后，荀息先是跟虞公拉了拉家常，讲起了虞、晋两国联合消灭冀国的故事。当时冀国从颠軨入侵，围攻虞国鄍邑三面城门，晋国急公好义出兵攻打冀国，这才解了虞国围城之困。

说完了这些，自然就该说虞君该怎么回报晋国了。荀息向虞公提出：现在虢国建筑堡垒，攻打敝国南部的边境。我们也不要求贵国出兵攻打虢国，只是想向贵国借道，好让我们去找虢君问罪。

果然不出所料，虞公自然是欢喜的，他不仅同意借道，甚至还抢先提出要帮助晋国打前站，但宫之奇却看穿了他们的诡计，在朝堂上极力劝阻："晋国使者言辞谦卑而礼物厚重，一个大国对我们这样的小国如此恭敬，怕是有见不得人的阴谋，我担心他们会对虞国不利啊！"

虞公不听，宫之奇继续晓以大义："正所谓'辅车相依，唇亡齿寒'，虞虢两国互为依靠，虢国一旦灭亡，虞国又岂能独善其身？"可虞公固执己见，终于还是同意了晋国借道的请求。

在做完借道联虞的一系列工作之后，晋献公十九年（前658年）夏秋之际，晋国大夫里克、荀息带着晋虞联军，通过虞坂古道直抵下阳城下。不久之后，下阳城被攻陷，虢国退守黄河以南的上阳，第一次假道伐虢战役结束。

伐虢灭虞

下阳是虢国扼守虞坂古道，封锁晋国南下之路的重镇，失去下阳，对于虢国来说意味着再无防范晋国的能力。可虢公似乎并没有被这些事情所困扰，反而忙于建功立业。失去下阳没多久，他就在桑田打败了"戎狄"。晋国的大夫郭偃（卜偃）听闻后评论道："虢公丢失了下阳不感到恐惧，经历了战争不是积极防御晋国并安抚民众，反而去别处建功，这是上天不愿意让他反省，加重他的衰势啊！过不了五年，虢国必然会灭亡的。"

第一次假道伐虢三年后，也即公元前 655 年，里克、荀息再次借道虞国伐虢，虢国终于迎来了决定他们最终命运的时刻。

只是毫不意外，这次宫之奇又出来劝阻了，他痛哭流涕地对虞公说："虢国是虞国的屏障，虢国亡了，虞国很快就会步其后尘的。晋国的野心太大，你让他们的军队走了一次还不够，怎么还要来第二次？这样下去是养寇为患，到最后将会危及虞国的啊！"

虞公很不高兴地反问道："晋国与我是同宗，难道还会加害我不成？"

宫之奇回顾了虞虢两国的渊源，说："太伯、虞仲是太王（古公亶父）的儿子，因为避位让贤所以才没有继承王位。虢仲、虢叔都是王季（周王季历）的儿子，做过周文王的卿士，他们的功勋都是在王室盟府中有记录的！"意思是说，虞国是晋国的同宗不假，可虢国也同样是晋国的同宗，晋国想要伐灭虢国的时候，何曾考虑过同宗之谊呢？他们既然能不顾宗亲手足情谊灭掉虢国，为什么就不能灭掉虞国呢？

看到虞公不以为然的样子，宫之奇又接着追问道："虞国与晋国亲近是没错，可是你再亲能亲得过桓庄之族吗（那可是三代之内旁系血亲）？桓庄之族有什么罪？不就是因为使他们感觉受到威胁就全被杀掉了吗？那些亲近的人尚且被无辜杀害，更何况是血亲早已冲淡了的邻邦呢？"

虞公吃人嘴软，一个劲地为自己解围："我奉献的祭品又丰盛又干净，神明会保佑我的！"

宫之奇又用鬼神来劝导虞公："上天和鬼神都不会因为自己的私心去亲近谁，他们只会亲近辅助有德行的人，所以《周书》上才说'皇天无亲，唯德是辅'，还说'黍稷非馨，明德唯馨'，又说'民不易物，唯德繄物'。"

这几句诗的大意是说，你献上的那些祭祀品再好，对鬼神来说也都不够香甜，只有美德才是真正芳香的。所有人祭祀上天的祭品都没有多大的区别，有区别的只有人的德行，这才是神明真正依从的东西。

因此说："如果没有德行，百姓就不会和睦，天上的神明更不会来享用你的祭品了。假如晋国占领了虞国，然后修养自己的德行作为祭品献给神明，神明难不成还会把这些都吐出来吗？"

宫之奇苦口婆心说了这么多，虞公却是一句也没听进去，最后又同意了晋国的请求。宫之奇闻听后只得无奈地摇了摇头，说"虞国大概是撑不到今年的腊祭了"。回家之后马上吩咐家人收拾细软逃跑，与舟之侨的见风使舵不同，宫之奇并没有投入敌国，而是躲到西山①避祸去了。

这年八月，晋献公亲率大军二次借道虞国，围攻虢国都城上阳。十月初一日②，晋军顺利攻克上阳，并附带灭掉了虢国附庸焦国（今河南三门峡陕州区故焦城），虢公丑奔周，虢国宣告灭亡。

灭虢之后，晋军回师途中在虞都附近迁延不去，虞公对此毫无对策，只能任由晋国大军在城外驻扎。随后，趁虞国疏于防范，晋军发动突袭灭掉虞国，俘虏了虞公及井伯等一众大夫。

当此大获全胜之际，荀息满怀喜悦地将之前贿赂虞国的马牵到献公面前，献公不无感慨地笑道："马还是我的马，就是牙齿有些老了！"

所谓忠信

晋献公假道伐虢的多数史料都来源于《春秋》三传及《国语》。在这些史料中，出场次数最多的并不是晋国君臣，也不是虢国上下，而是虞国的大夫宫之奇。有关战争进度的一系列论述都是在围绕他的言论展开，他所说的"辅车相依""唇亡齿寒"也成了后来脍炙人口的金句，这也使得宫之奇总是以先知先觉、睿智卓学的面貌出现在人们的视野中。而与之相对的虞公则是一个贪财好利、见利忘义的卑鄙小人。然而这些结论是否站得住脚，还很值得商榷。

总结宫之奇在三传中的表述，其核心思想无外乎以下两点：

第一，虞、虢两国要抱团取暖，相互依赖，这大概是晋国伐虢之前虞国采取的一贯措施，也是晋人最为忌惮的一点。反过来讲，晋君无耻、不讲信义，连亲族都可以诛杀，作为同宗的虞国显然不能将其作为倚靠，与晋国结盟更是不可取的。

第二，鬼神和上天只辅助有德行的人，而不是虔诚地奉上祭品的人。究竟什么样的德行才是上天所眷顾的呢？三传中没有详细交代，倒是《国语》借宫之奇之口

---

① 宫之奇西山避祸一说出自《国语·晋语·宫之奇知虞将亡》，《穀梁传》记载宫之奇投奔了曹国。
② 《左传》记为十二月丙子朔（初一日），但据书中引用郭偃的预测来看，此当为周历，按夏历应为十月初一日。

进行了一番附会，其侧重点主要是"忠""信"二字，认为只有讲求"忠""信"的国家，才能在有外国军队驻扎的情况下不受损害。

那究竟什么才是"忠"呢？宫之奇解释说："除暗以应外谓之忠"——所谓的"忠"，就是去除对方的阴谋来应对敌人，也有人将其翻译为除去自身的愚昧以应付外界的压力。初看这句话实在是让人百思不得其解，因为无论采取何种解释，似乎都与我们通常所理解的"忠"扯不上半点关系，用来形容机智或者聪慧似乎才更贴切一些。

为了解释清楚为什么"除暗以应外"就是"忠"的表现，宫之奇又进一步阐释说："今君施其所恶于人，暗不除矣。"遭受被灭国的命运，是每一个为君者都不愿意看到的，虞公自己也不能例外。所谓"己所不欲，勿施于人"，既然你自己不愿意接受这样的结果，自然也就不应该施加给旁人。如今虞公的做法显然违背了这一宗旨，他不但不能尽力粉碎晋人的阴谋帮助虢国反制晋国，反而为晋人铺路去伐灭自己的友国，让虢国接受虞公自己所不愿意接受的结果，这就是对虢国的"不忠"。

对于所谓的"信"，宫之奇同样有着独到的见解。在他看来，"定身以行事谓之信"，也就是要坚持正确的立身处世之道，在大是大非面前有所为有所不为，不能因为外界因素的变化而左右摇摆。具体到借道予晋这件事情上来说，就是不要因为自己的私欲而背弃友国，不管这种私欲是来自于贪欲还是自身的恐惧，都要堂堂正正不为所动。虞公因为贪图宝马美玉而背弃了自己的亲密邻邦虢国，这是"以贿灭亲，身不定矣"，就是"不信"。

最后他总结说："夫非忠不立，非信不固。既不忠信，而留外寇，寇知其衅而归图焉。已自拔其本矣，何以能久？"离开了"忠"就无法立足，离开了"信"就无法稳固，不讲忠信就等于是丢掉了立国的根本，国家怎么还能长久？在这种情况下，你还要留外国军队在本国驻扎，敌人知道了你的底细之后，就会回过头来谋算你，虞国不亡何待？

说到这里，我们不免会产生这样一个疑惑：既然说忠信是立身处世的根本，那么宫之奇知道国家将要灭亡，自己却跑到深山里去享清闲，这样的行为是否也是忠信呢？

在儒家的观念中，宫之奇的行为并没有什么不妥之处。"忠信"并不只局限于君臣之间，而是渗透到政治经济、社会生活的方方面面。所谓"尽己之心为忠，推己及人为恕"，这是一个人走向"仁者"之道的必由之路。而在这其中，"己所不欲，勿施于人"是对人最低的要求。在此基础之上，如果你还有更高的追求，那就试着去做到"己欲立而立人，己欲达而达人"。以同理心去体察、推知他人的内心需求，从而积极帮助他人，并进一步扩展到"达则兼济天下"甚至是"尽心于王道"，以自己内心的追求去惠及天下所有人。

具体到政治生活当中，"忠"的表现不仅仅是要忠于主君，更是要忠于天下、忠于同僚、忠于百姓。孔子说"以道事君，不可则止"。荀子说"从道不从君"，作为臣子不应该追求所谓的愚忠愚信，而是要时时刻刻都遵从一个正确的信念。如果你侍奉的国君是如商汤、周武这样的贤君，你自然要尽心尽力地辅佐他们。假如君主没有那么贤明，就应该及时纠正、阻止他的错误。若是遇到夏桀、商纣那样的暴君，"乘桴浮于海""走为上策"也同样不失忠骨。①

因此对于宫之奇来说，既然国君已经选择了背弃忠信，他尽己所能一再劝谏，已经算是尽了"忠"的本分。这个时候，守正自己的人格底线，不与不忠不信的行为同流合污，选择体面地退出，也正是"信"的体现。

献公功业

说完这些，我们回过头来看，是不是虞公遵循宫之奇的这些原则就一定能够保全虞国了呢？答案显然是否定的。

宫之奇的说法包含了太多意识形态的色彩，着力从"德"的角度来阐释国家兴亡的内在联系。也正是为了附和这套说辞，史书上才有了虢公丑贺鬼和虞公贪婪不义的故事。抛开这些道德说教的故事不论，对于晋、虢这场冲突的起因，实际上也并不难理解。

虢国在过去很长一段时间里都是故夏地最有影响力的国家之一，曾一度与东方强国郑国分庭抗礼，并几度干预晋国内政，让曲沃的几代君主都对其咬牙切齿却

---

① 详见唐凯麟《论儒家的忠恕之道——兼对普遍伦理的历史反思》（《求索》2000 年第 1 期）、杜振吉《儒家的忠恕思想及其政治伦理启示》（《道德与文明》2013 年第 6 期）。

又无可奈何。晋献公即位初期，晋国的实力已经有所提升，但还没有发展到足以碾压对方的地步。当同一地区出现了两个实力相当的强权，就很容易陷入现代人所谓的"修昔底德陷阱"之中。

只是与晋武、献两君积极进取的姿态不同，虢国的几代国君似乎都只满足于王室卿士的地位，仅仅为在以王室为主导的政治秩序中占据一席之地而沾沾自喜。然而时移世易，伴随着天子权威的一再滑落，以及郑、齐等国在东方的开拓，国际政治的逻辑已经从王权秩序转向了霸业秩序。虢国僵化保守的政治观念已经无法适应时代的需要，等待他们的便也只有被时代抛弃的命运。

当此晋虢相争的关键时期，虞国这样的小国在大国的夹缝中求生存，其命运便如飘零之浮萍，根本由不得自己掌控。《穀梁传》在提到借道一事时，曾引述荀息的话说"此小国之所以事大国也"，可以说是道出了其中的关键。当荀息带着宝马美玉前来商议借道事务的时候，虞公实际上早已没有了选择的权利。听从宫之奇的劝说，与虢国联合抵御晋国固然更符合道义，但却会将虞国推向晋国的对立面，给对方以名正言顺讨伐自己的借口。以虞国本身微弱的实力，以及虢国聊胜于无的支援，虞国抵死抗衡的结果，恐怕也只是灭亡得更快，后果也会更加惨烈。

虞公显然也意识到了这一点，因此他不顾宫之奇的劝阻，毫不犹豫地选择了与晋人苟合，除了抱有一丝侥幸之外，更多的恐怕还是希望给自己留一条后路。最后的结果似乎也印证了这一点，晋国虽然灭掉了虞国，但却并不废弃虞国的祭祀，还把虞国的赋税归于周王，让虞公继续坐享荣华、安享善终，这恐怕已经是他最好的归宿了。

与此同时，我们还应该注意到，虢国的政治版图大致在今山西平陆到河南三门峡一带，虞国国都则位于平陆以北的张店镇古城村附近。两国地处晋陕豫三省交界地带，秦岭、太行两大山系的衔接处，向北有虞坂古道控扼晋国的咽喉，向西有崤山函谷关锁钥百二秦关，自古以来便是兵家必争之地。无论是晋国南下争雄，还是秦国东出求霸，茅津渡口前的崎岖古道都是他们的必经之地。所谓"匹夫无罪，怀璧其罪"，当历史跨入春秋中叶，虞、虢所处的位置已经成为秦、晋两大强国争锋的焦点所在，如此险要的地理形势，就已经决定了他们必将成为秦、晋两国眼中的珍馐，无法在这乱世中独善其身，这将是我们在后文中着重探讨的议题。

春秋早期正处于政治经济大变革的时代，像一个弱肉强食的黑暗森林，兼并和灭国已经成为风气。一个故步自封不思进取的国家，一味地遵循礼仪王道，并不能使自身摆脱被吞并的结局。彼时兴起的国家往往是在不断变化的时局中，果断采取改革措施，适应社会的发展，才逐渐在这黑暗森林中得以立足。那些不能适应社会发展的政治制度和生产方式，只能被历史无情地淘汰，虞、虢两国正是这场淘汰赛中微不足道的牺牲品罢了。

在完成了假道伐虢之战后，晋献公时期的对外扩张便基本告一段落了。经过这短短二十年的发展，晋献公以"并国十七，服国三十八"的功业，使得晋国从一个蕞尔小国（偏侯），发展成了一个地方千里的大国。

按照《史记》的说法，到晋献公去世时的公元前651年，"晋彊（通强），西有河西，与秦接境，北边翟，东至河内"。晋国疆域的最西端已经越过黄河，进入陕西东部，与秦国接壤。即便是考虑到讨伐骊戎当年被秦国打败，导致失去了骊山地区，其疆域的西垂也仍然延伸到了陕西大荔附近。向东则有卫国的故地，大体就在今天的邯郸、安阳、新乡一线，与齐、鲁、卫、宋、郑等东方大国遥遥相望。向北则有霍国故地与戎狄相拒，势力范围到达了今天的灵石、介休附近。往南大致与今天的山西、河南交界相当，有些地方已经越过了两省交界，进入了河南西部地区。

这些疆域基本构成了晋国后来的领土格局，为后世君主逐鹿中原奠定了坚实的基础。正是在献公功业的基础上，后世的惠公、文公不断推陈出新、力行改革，晋国才拥有了称霸中原的资本。从这一角度考量，晋献公恐怕才是成就晋文公霸业辉煌居功至伟的第一人。

第三章
"国无公族"制度的成型

第一节　手足相残

献公之忧

晋献公是在其父亲武公统一晋国两年后即位的，依照晋武公伐灭夷国以及晋献公几位公子的年龄来推算，其即位时应正值壮年[①]，在政治上还不很成熟，而他身边的宗族们却个个都是久经沙场的功臣元老，这就给他造成了很大的压力。按照《左传》上的说法，晋献公即位初期面临着被"桓庄之族"逼迫的局面，这与晋昭侯即位时受曲沃桓叔压迫的旧事颇有些类似。

这里的"桓庄之族"，指的是晋献公的近支亲族。其中的"桓"是其高祖曲沃桓叔，"庄"是其祖父曲沃庄伯，他们的后裔中除了国君（晋武公）一系之外的其他子嗣后裔被统称为"桓庄之族"。桓庄之族在内战中与国君一系同仇敌忾，为曲沃最终统一晋国立下了汗马功劳，可一旦战争结束，功臣贵勋的分配问题就成了新统一的晋国所面临的最大难题。

帝制时代的开国君主通常都面临着功臣安置的难题，为了处理这些疑难问题，开国君主们也都绞尽脑汁。比较粗暴的一种是诛杀，比如刘邦和朱元璋，他们的"创业团队"都是在"造反"的过程中临时拼凑起来的，个人情谊没有那么

[①]　见本章第二节"轻阴乍起"相关内容。

深厚，只要有潜在威胁的就一律杀掉。第二种是转移安置，比如宋太祖的"杯酒释兵权"，因为都是前朝里带兵打仗的将领，说些好听话送些礼物就可以轻易解除威胁。要说最有手腕的，当还要数唐太宗了，对同样出身"关陇集团"门阀世家的贵族们，又是送锦旗唱赞歌，又是进行再就业辅导，不知不觉间就把他们手中的实权给卸掉了，算是最为圆满的。

晋献公与后世的帝王也有着同样的忧虑。"曲沃代翼"的内战刚刚结束，与之有近亲关系的"桓庄之族"在内战中建立了功勋，此时都亟待分封。在大规模的利益分配面前，公平性是一个永远都绕不开的话题。所有人都认为自己劳苦功高，需要得到比别人更多的赏赐，而如何对各人的功勋进行量化，并以此为基础做出公平合理的分配，就变成了晋献公面临的头等大事。

这可让晋献公犯了难，若是晋武公还在，以他的权威分配土地，即便是不公平，也没有谁敢说什么。晋献公没有经过多少战火的历练，自然也没有能够服众的权威，因此无论他出什么方案，都会有人跳出来表示反对。而更让事情雪上加霜的是，曲沃以小宗取代大宗，国家的权柄几乎都操持在"桓庄之族"手中，先代的公族如栾、先、籍、祁、郤等氏大多都不显达，又使得他缺乏制衡"桓庄之族"的力量。

士蒍之计

正当他无计可施的时候，一名在晋国供职的异姓大夫，给晋献公提出了一个妙计。这个人名叫士蒍，字子舆，其先祖是原来在唐国的土地上世代繁衍的唐尧后裔[①]。周宣王年间，时任杜伯被天子所杀，他的儿子杜隰叔跑到晋国担任士师（也即法官），其后代也一直世袭士师的职务，成为晋国的"祁姓士氏"家族，此时担任士师的就是这位士蒍。

在以公族为主体的政治体系中，士蒍是一个彻头彻尾的外人，不存在亲情血缘的羁绊，在处理问题的时候也就多了一分肃杀之气。他的建议很简单，只有四个字：斩草除根。

这个建议的确过于惊世骇俗。春秋初年，东方各国内乱不断，宗族之间为了

---

① 见本书第一章第一节"唐国古史"有关内容。

争权夺利互相残杀的事迹屡见不鲜，但还没有谁狂妄到敢把整个公族连根拔起。因为在当时的政治条件下，擅杀亲族不仅是一条了不得的罪名，更是一条通往毁灭的道路。

一方面，周代的宗法制讲究"亲亲尊尊"，国家本身就是通过以血缘为纽带的等级秩序构建起来的。国君在任命官员、分封土地的时候，都要以此作为首要原则。在这个框架之下，没有明确的罪责却要杀掉至亲和地位尊贵的人，在舆论上会受到很大的压力。另一方面，诛杀手握重兵的功勋贵戚是一项宏大且极具危险性的系统工程，很难保证行事万无一失，一旦处理不慎就极易反噬自身。

也正因为如此，晋献公在听到这个计策的时候，多半会有所犹豫。但士蒍却一副信心满满的样子："只要去掉了富子，其余的公子们也就好对付了！"

关于士蒍所提到的"富子"，史料上没有任何关于他生平事迹的记载，但从士蒍的判断来看，这名"富子"显然是群公子中的核心人物，是最有权势、最富智谋，也最有可能危及君权的人。

至于他是如何对付"富子"的，《左传》中只提到了一个字："谮"。也就是在群公子中制造对富子不利的流言，离间他与群公子之间的关系，然后假手于"桓庄之族"将富子驱逐。

法国心理学家勒庞在《乌合之众》一书中曾指出，当一个孤立的个体融入了群体之后，他的个性就会被这个群体所淹没，从而产生智力下降、自信倍增、情绪激动等特征。群体当中的领袖，必须是一个意志坚定的人，一个能够提出断言的人，他的行动能够直接带动整个群体成员追随和效仿。

作为世代以司法工作为主业家族的继承人，士蒍大概称得上是一个深谙人性的行家里手，也是一个玩弄心术和贩卖焦虑的高手。在以"桓庄之族"组成的群体中，"富子"就是那个具有超强意志和决断力的领袖，而士蒍要做的就是打破"富子"身上的光环，并进一步取代其在群体中的领袖地位。

正是通过这样的手段，士蒍于晋献公六年（前671年）首先与群公子合谋赶跑了富子。第二年，又如法炮制杀死了游氏之二子，第三年将游氏合族消灭。

在做完这一系列工作后，士蒍信心满满地对献公说道："事情已经有眉目了，不出两年，国君就不会再有忧患了。"

在上演了两场大戏之后，群公子之间互相猜忌，人与人之间最基本的信任都没了。而这也正是士蔿布局中最重要的一步，当人们的焦虑情绪被充分释放出来，内心中充满了非理性情绪的时候，便是实施计划的最佳时机。

聚邑之围

公元前669年（献公八年），士蔿以国君的名义，将群公子安置到绛都南部的聚邑（今绛县东南车厢城）。或许是以为大封土地的日子就要来临，群公子个个都欣喜若狂，于是便终日饮酒作乐，享受着人生中最后一次狂欢。

这年冬天，凄冷的北风越过了千里冻土和草原如约而至，晋国的原野上也显露出一番萧瑟的景象，苍黄的土地上已没有一丝生机。往日在树林中活跃的麋鹿和野象，此时都不见了踪影，山林中最后一片黄叶，也在凛冽的寒风中，依依不舍地离开了它久久眷恋的树枝。

群公子们聚拢在聚邑的城墙上，遥望着国君的旌旗和车马浩浩荡荡地从都城开拔过来，整齐的车队成行成列、井然有序，鲜艳的旗帜在朝阳的照耀下显得格外亮丽。他们行军这么多年，从来都没有意识到战车的阵列竟然也可以这么美。

国君带着卫队进入了聚邑时，他们匆忙从城墙上跑下来，在城门口夹道欢迎。眼看着卫队进入了分封的场地，分列在广场的四周，旌旗飘扬、戈戟肃穆，他们内心就越发地期待。他们急迫地整理了衣冠，有序地走到了场地的中间，整齐地排列成行，翘首盼望着典礼的开始。在这急切的等待中，他们都压制不住内心中的狂喜，互相吹捧逗笑，嘈杂的广场就像是一片欢乐的海洋。

然而他们始终没有等到国君的登台。

不知过了多久，伴随着一阵尖利的呼啸，青铜的箭雨带着令人战栗的风声从天而降，清洁而平整的广场瞬间变成了一片血海。许多人还没有感觉到任何疼痛，就发现鲜血已经从自己的身上喷涌而出；有很多人还没有回过神来就失去了知觉，永远都醒不过来了——他们永远都不会知道此时究竟发生了什么，或许就在死去的那一刻，脸上还挂满了幸福的微笑。然而更多的还是受到重伤的人，他们在血海中痛苦地挣扎抽搐，不断地呻吟哀号，如海浪一般的欢笑声霎时间变成了震天的哭喊声。

有人在随从的保护下奋力地想逃离这个广场，可广场四周的卫兵却迅速将他们包围起来，用长戈和矛戟刺穿了他们的身体。不久之后，痛苦的哀号和喧闹便平静了下来，间或有低沉的呻吟断断续续地传来，也被面无表情的卫兵迅疾抹掉了。

苍天无语，大地无声。

桓庄之族的群公子——曲沃桓叔和庄伯的满堂儿孙，就在这样一个阴冷的冬天里被屠戮殆尽。只有少数的公子逃离了聚邑，漫无目的地奔跑在冰冷的原野上，他们绝望地狂奔、无力地哭喊，却终究无法得到苍天和大地的回应。

这些在曲沃代翼战斗中立下过汗马功劳的公子们，除了韩万在武公时期获得了封地而得以幸存之外，其他人在历史上都没有留下任何一点印记，只有他们集体的称谓"桓庄之族"为后人所知。即便是那些侥幸逃出生天的人，之后也都湮没在了历史的滚滚洪流之中，再也没有了消息。

晋献公诛杀桓庄之族的灭亲之举实在是骇人听闻，有公子逃到了虢国，将这场惨无人道的泼天大祸上达天听，在中原大地激起了滔滔巨浪。于是第二年（前668年），担当天子卿士的虢君再次起兵伐晋。

然而与以往不同的是，此时的晋国早已不惧怕虢国的征讨，经过内战之后将近十年的休养生息，晋国已经初步恢复了文侯时的疆域。此外，在兼任司空的士蒍主持下，绛都的战后重建工作已经基本完成，重建后的绛都城防设施更加完善，规模也更为宏大。在没有其他同盟的情况下，虢公大兴兵马伐晋却讨不到任何好处，只是惹了一身骚，此后作为周王卿士的虢公再也没有胆量与晋国过招，直到最后为晋国所灭。

晋献公用最为残酷的手段，以最为惨烈的代价，摆脱了公族势力的操控，保证了君权的稳固，同时也让晋国在礼崩乐坏的道路上越走越远。聚邑之围的长期谋划，缔造了晋献公对内政策中鄙弃公族的坚定理念，为了宣示他的这一理念，他在曲沃建造了宗庙，以表示曲沃永远都归公室所有，不会再赐给亲属和臣下。

而这一切，也为杀嫡逐子的"骊姬之乱"埋下了深深的伏笔。

第二节 风波初起

献公私情

作为一名有着赫赫武功的君主，晋献公在政治上有着强烈的集权主义倾向。为了稳固君主权位，他不惜冒天下之大不韪，以极其残酷的手段屠戮自己的宗亲手足，从而制造了"尽杀桓庄之族"的惨剧。然而，从历史影响来看，"桓庄之族"的覆灭似乎并没有激起太大的浪花，真正对晋国政局产生深远影响的，还要数之后发生的"骊姬之乱"。而提到"骊姬之乱"就不得不对晋献公的家庭关系进行一次梳理。

按照《左传》的记载，晋献公即位之前，曾娶过一名贾国公族的女儿。这门亲事本就是一场政治联姻，两个人的关系想必也不甚融洽，因此婚后多年都没有子女。后来曲沃在武公的经营下发展壮大，已经不需要贾国这个外援了，干脆就灭掉了贾国。献公正好也始乱终弃抛弃了贾君，爱上了自己的庶母，一名来自齐国公族的女子——齐姜[①]。

齐国当时的社会风气很开放，没有什么教条的约束，成长在这种开放环境中的齐姜自然受不了太多的拘束。偏偏她嫁到晋国的时候，武公早已是一位耄耋老

[①] 《左传》："晋献公娶于贾，无子。烝于齐姜，生秦穆夫人及大子申生。"杨伯峻认为齐姜是武公之妾，后为献公所"烝"。但《史记》却以齐姜为"齐桓公女"，恐有误。

人，无法将他们的"爱情"进行完美的升华。正当她为自己无望的一生而忧思之时，年轻气盛的诡诸出现在她面前，这位"雄姿英发、羽扇纶巾"翩翩君子，瞬间就俘虏了齐姜那颗多情的少女心。

这段隐秘的私情并没有藏匿太久，因为武公在完成统一大业后便驾鹤西去了，正好就成全了这对小情侣。齐姜为刚刚登临国君之位的情郎生下了一双儿女——申生和伯姬，晋献公大喜之余，正式将齐姜扶上了国君夫人的位置。

然而让人难以接受的是，齐姜在生下这一双儿女后就去世了。这个噩耗如晴天霹雳一般，使得刚刚沉浸到幸福之中的晋献公，很快就陷入了肝肠寸断的痛苦境地。不过他并没有悲伤太久，大雨过后又是晴天，他把申生立为太子，然后化悲痛为力量，先后征服了许多小诸侯国和"戎狄"部族。

不少受到晋国威胁的部族为了求存，纷纷前来请和。他们带来了数不尽的珍宝财物，同时还将部族中最美丽的女子送给了晋国的君主，这其中就有两位非常重要的人物，分别是"狐氏大戎"的狐季姬和"允姓之戎"献上的小戎子。

献公在这两名女子的服侍下渐渐地摆脱了丧妻之痛，而且还新添了两个儿子，分别是重耳和夷吾。可即便是妻妾成群、儿女成行，似乎也并没有真正驱走晋献公心底的寂寞。

到继位第五年（前672年，也即士劳设计驱逐富子的前一年）时，献公带兵西渡黄河，攻伐位于渭水流域的"骊戎"，俘获了骊子的两个女儿大胜而归。这两名女子都很有姿色，让献公意乱情迷甚是欢喜，于是便决意要立姐姐为夫人。而这名受到献公宠幸的女子，就是后来在晋国掀起滔天巨浪的"祸国红颜"——骊姬。

卜史之忧

晋献公再立夫人的举动在国内激起了强烈反响，这其中反对最为激烈的是一名史官，人称太史苏。

太史苏掌管史书，对过往的历史极为熟悉，他列举了夏桀伐有施氏得妹喜、商纣伐有苏氏得妲己、周幽王伐有褒氏得褒姒的例子，苦口婆心地劝告国君，说娶亡国之女是不吉利的，更不可以立为夫人。否则的话，"有男戎必有女戎"，晋国用男人战胜了骊戎，骊戎一定会凭借女人来战胜晋国。

然而对于史苏的这番忧虑，国内信之者却寥寥无几。

原来，在征伐骊戎之前，献公曾让太史苏占卜吉凶。太史苏算了一卦，按卦象说是"战胜但最终不吉利"，因此不应该前去讨伐。献公以实用主义态度对待鬼神之说，故而对太史苏的预测颇有些不以为然。甚至当太史苏解释说卦象中最忌遇到"口"的时候，他竟然傲慢地说道："哪来的什么'口'！'口'都由寡人控制，寡人不接受，谁敢大放厥词？"

晋献公不顾劝阻执意攻打骊戎，结果大获全胜，还抱得美人归，回国后便宴请众大夫，觥筹交错间颇为怡然自得。可巧就在这个时候，他看到了太史苏，想起了之前占卜的事，便想搞个恶作剧来羞辱这个油盐不进的史官，于是特命司正在招待太史苏的时候，只给他盛酒，却不能上肉吃。

太史苏是"哑巴吃黄连"，因为他原本说的就是"战胜但最终不吉利"，并没有说"无法取胜"。可献公根本没有给他辩解的机会。

与晋献公持相同态度的还大有人在，这其中就包括同样负责"卜祝"事务的大夫郭偃（又称卜偃）。所谓"同行是冤家"，看到太史苏吃了瘪，郭偃颇有些幸灾乐祸的架势，以其"专业主义"精神细细地对太史苏的见解进行了一一驳斥。在他看来，太史苏的解卦和所举的那些例子并不恰当："宠信女子不是祸患的源泉，荒淫惑乱、放纵奢侈才是亡国的真正原因。现在晋国国小地偏、强邻环伺，国君就算是想要犯错，也总有人撸着袖子准备教训他，让他改正错误。"[①]

至于说骊姬是否真的会带来灾难，郭偃似乎并不否认这种可能，他认为假如祸乱真的发生了，那也不过是改立三五次国君的事，离亡国还差得很远。所谓"得道多助，失道寡助"，郭偃同时从礼义、德行等角度进行了深入分析，认为骊姬既没有上天的支持，也没有百姓的顺服，更没有正义的理由，以她个人的这一点智谋，是无论如何也掀不起什么大浪来的。就算是她想要背弃礼法制造混乱，最后也不过是如田间的"隶农"一般，虽然获得了一块良田且勤耕细作，却也终究是为人辛苦为人忙而已。

郭偃的论述着实有些强词夺理，尤其是他在提到"不过是改立三五次国君的事"时，那种云淡风轻的态度更是令人咋舌，太史苏估计都要被他气晕过去了。正当此时，献公的智囊士蒍及时出现，为他们打了个圆场，说："两位大夫说得都很

---

① 见《国语·晋语·史苏论献公伐骊戎胜而不吉》。

有道理！但要我说，与其坚持无用的劝说，还不如提早做好防备，这样一旦真出事了也不至于手忙脚乱。"这才算把一场风波给压了下去。

国君要立夫人，与后世皇帝立后一样，都是极其隆重且严肃的大事。特别是在春秋时期，人们信奉"国之大事，在祀与戎"，宗教和战争是一个国家最重要的两件事，而在这两件事中，宗教又是排在第一位的。宗教生活的具体表现便是祭祀和占卜，但逢国君更立、战事攻守、人事更替等重大活动，都要举行占卜和祭祀的仪式，以从上天和神祇那里得到启示。想立骊姬为夫人，就必须按照传统，通过占卜来征询上天的意见。

在这件事上，晋献公倒也不含糊。他郑重其事地请人用龟甲占卜，可占卜的结果却是不吉。献公铁了心要立骊姬为夫人，一看龟甲不行，又让人用蓍草占卜，终于得到了"吉利"的卦象。有了这样一个结果，晋献公就像是一个找到心爱玩具的孩子一样破涕为笑。他开心地说道："采用蓍草占卜的结果。"

卜人劝道："蓍草的寿命太短，算卦不如龟甲灵验。况且龟甲上的卜辞也说了，'专宠会使人心生不良，将会夺走您的所爱'，'香草和臭草放在一起，十年以后还会有臭气'。说明这个事件的影响还会特别久远，希望您还是慎重考虑一下吧！"[①]

晋献公早已是意乱情迷，最终还是排除万难，如愿把骊姬立为了夫人。不过，这也仅仅是历史大剧开启前的一个花絮而已，真正的故事要到六年后（晋献公十一年，公元前 666 年）才正式揭开帷幕。

轻阴乍起

这一年是晋献公征伐骊戎后的第六年，也是"桓庄之族"覆灭后的第三年。在这六年中，由俘虏登临夫人宝座的骊姬生下了一个儿子，取名叫奚齐[②]，并开始

---

① 见《左传·僖公四年》。
② 关于奚齐出生的时间，史料上没有明确的说法。不少人根据《左传》的记载，认为是献公十一年，也即公元前 666 年。《史记》则记为献公十二年。然《左传》只是提到，献公十一年是骊姬开始策划阴谋，并唆使献公外放诸公子的起始年，并没有确切地说奚齐就是出生在这一年。如果要再考虑到古代婴儿的夭折率，骊姬也不可能刚刚生下孩子，在孩子是否能够存活尚未可知的情况下就开始操持夺嫡的事，因此奚齐出生的时间可能要略早。

为儿子争夺储君之位进行谋划。

按照我们当前所掌握的资料，奚齐的主要竞争对手有三个人：首当其冲的是齐姜的儿子太子（大子）申生，其出生的时间大概在献公元年（前 676 年）前后；其次是狐季姬的儿子重耳，出生于献公六年（前 671 年）左右[①]；再次是小戎子的儿子夷吾，出生在重耳之后，大约献公七年（前 670 年）左右。到献公十一年骊姬开始"策划阴谋"的时候，其中最年长的太子申生也不过十一岁，其余诸公子如重耳才六岁，夷吾五岁左右，奚齐则更小。也就是说，晋国此次君位的争夺都是围绕着一群稚气未脱的小孩子展开的。

为了能够有效地打压竞争对手，给奚齐将来的上位铺平道路，骊姬组建了一个强有力的"竞选"班底。这个团队的核心成员叫优施，是一个在宫廷中负责演戏逗乐的演员。优施因职务便利常年在宫中活动，信息渠道通畅，主要负责为骊姬收集信息、出谋划策。具体执行"公关"活动的是梁五和东关五，常被人贬称为"二耦"或者"二五耦"。

优施详细分析了竞争对手，尤其是申生的性格特征，认为其"小心精洁，而大志重，又不忍人"[②]。也就是说申生有三个明显的缺陷：其一是为人过于正直清高，处事小心谨慎且洁身自好，对自己要求甚高，可以说是一个有精神洁癖的人；其二是敦厚木讷，不懂变通；其三是待人宽仁，不忍心谋害别人。

正直孤傲的人都很爱惜羽毛，最受不得羞辱，这便是他最大的软肋。老实持重的人，以至诚之心待人，就没有戒备心，很容易被人牵着鼻子走。而他那颗善良仁慈的心，又使得他即使是受了莫大的委屈，也不愿意去伤害他人，只能戕害自身。

申生有着如此软弱的个性，加之齐姜的早夭，使得他没有母亲和亲族的庇护，自然就应该将其作为重点的攻击对象。

至于如何攻击申生，优施在回答骊姬的疑惑时提出："夫人现在深得国君宠爱，您要是说一个人的好话或者坏话，国君是断然不会怀疑的。"对待申生，要两面出击："在国君面前，就极力说他的好话，而在背地里，大可以散布一些流言蜚语，以不义的罪名羞辱他。这样一来，他还能坐得住吗？"

[①] 关于重耳出生时间，已有不少文章讨论，详见姚磊：《质疑〈史记·晋世家〉所载晋文公年龄》（《东山师范学院学报》2012 年第 10 期）等相关论文。

[②] 《国语·晋语·优施教骊姬远太子》。

看到骊姬还有些不放心的样子,优施继续补充道:"申生虽然精明,但越是精明的人越容易蛮干,越不懂得躲避灾难。"也就是说,即便他知道是您背地里做的也不要紧,国君看到的是您处处维护他,如果他敢于申诉,只能让国君对他更加不信任,这岂不是对您更有利吗?

就这样,骊姬运用攻心之计在舆论上造势,摧毁申生在父亲心目中的地位和形象;又在心理上加压,逐步蚕食申生的防卫边界。在这双重打击之下,才只有十几岁的申生怎么可能想得到破解之法,自然就只能任人摆布了。

一国三公

想要在人的心里种下一颗种子,并不是一件容易的事,如果没有具体的点位渗透,还是无法撼动申生的太子地位。为此,在做好了基本战略规划之后,优施立刻就抛出了一个撒手锏。

这项工作是由梁五和东关五,也就是人们所俗称的"二五耦"来具体执行的。他们向献公提议说:"曲沃是晋国宗庙所在,需要强有力的公子前去镇守,百姓才会畏惧,太子就是最佳的人选。"与此同时,他们也没忘了要敲打一下重耳和夷吾,提出:"蒲城和南北二屈是晋国的边疆要塞,若是没有信得过人前去坐镇,恐怕会让戎狄产生觊觎之心,正好可以让重耳、夷吾两公子前去主事。这样一来,狄人广阔的土地成了晋国的都邑,几名公子也都得到了历练,于公于私岂不都是好事?"

"二五耦"的游说工作做得极好,晋献公当即就同意了这项"提案",并命令大司空(也就是在聚邑之围中扮演重要角色的士师)士蒍带人去修缮宗庙所在的曲沃,以及边防重地蒲城、二屈等邑的城墙。

士蒍是一个头脑极其清醒的政客,他虽然积极主导了聚邑之围这样一场惨绝人寰的大屠杀,可并不意味着就完全没有底线。特别是如今的这件事,是决定未来家国命运走向的大事件,与之前的重压之下不得已做出选择完全不同。在这件事上,国君可以任性,他自己却不能不慎重考虑。

士蒍深知诸公子一旦外放意味着什么,为了避免被动站位,他故意磨磨蹭蹭拖延工期,即便开工了也是偷工减料以次充好,大概是想用消极的态度让这件事自然流产。可只有幼儿园年纪的夷吾似乎并不理解他的良苦用心(又或者是他的师保已经认定此事没有转圜余地，必须要趁此机会为夷吾打造一座坚不可摧的城堡），便跑去找晋献公告士蔿的黑状。

晋献公听了之后勃然大怒，便怒气冲冲地质问士蔿为什么要这么做，士蔿慌忙解释说："臣听说，没有丧事却悲伤不已，忧患必定会接踵而至；没有外患却大兴土木，别有用心的人一定会据此为患。诗中有云：'怀德惟宁，宗子惟城。'如果国君能够修养德行，那么宗室子弟就是城墙，就没有必要劳民伤财。如果这座城池注定要被敌人占据，现在修得越结实，将来的麻烦也就越大。如此一来，若是我不听从您的命令，那便是不敬；若是听从了您的命令，却又是不忠——您是想让我如何抉择啊？"

士蔿的话说得很明白，你无缘无故把有着众多师保私属的公室子弟外放出去，就是要给他们自立反叛的机会，这无异于是在给自己制造潜在的敌人。因此不如把城墙修得差一些，将来万一有了什么事，也不至于太过于被动。

但以晋献公对夷吾控诉的反应来看，他此时显然并没有针对几位公子的意思，也没有意识到事情可能会造成的影响，因此对士蔿的建议未予理睬。

看到自己的逆耳良言没能挽回国君那颗执拗的心，士蔿也只能喟叹："狐裘龙茸，一国三公，吾谁适从？"意思是狐裘的皮毛杂乱无章，一个国家出现了三个主人，我究竟该何去何从呢？

城池修筑完毕，晋献公即令太子申生迁往曲沃，公子重耳守卫蒲邑（今山西蒲州，位于黄河金三角秦晋边界），公子夷吾驻守南北屈邑（今山西吉县吕梁山区，与戎狄相邻），其余年纪稍长的公子们也都外放边邑，只剩下骊姬两姐妹的儿子留在绛都。

君臣之义

让几个小孩子驻守边城，这种事情可以说是史无前例。政令甫出，朝野上下顿时就炸开了锅。那个以预言而闻名的太史苏见人就说："你们可都要小心了，晋国就要出乱子了！"

因为史书读得太多，他对亡国之女有着天然的戒备，因此又旧事重提："国君杀掉了骊姬的父亲，却把骊姬留在身边，还对她言听计从——可是谁又能知道她暗藏了多少祸心呢？"

红颜祸水是太史苏一直以来的论调，这点不奇怪，但是他的另一番论调却真实地反映了此时在晋国国内悄然发生的变革。太史苏说："古代的明君向外征战，都是在为百姓除害，为百姓谋福利，因此百姓才拥戴他，愿意为其尽忠竭力甚至不惜一死。而如今我们的国君外出征伐却只是为满足自己的私欲，打了仗之后百姓没有得到实惠，导致君臣离心，国家就要混乱了。"

从这段话中可以看出，以前的时代里，历代的王朝和诸侯虽实行君主制，但多少还有些贵族民主制的色彩。他这里所说的百姓并不包含庶民，而是指贵族，国君带领贵族出征是有共同利益的，征战成功之后要利益均沾，国君不能独享，国君与贵族之间存在着相互制衡的关系。

但到晋献公所处的时代，诸侯国的势力范围在不断扩张的同时，国君的权力也日益增强。此时的国家制度，已经逐渐从小国寡民的贵族民主制开始向君主集权制过渡了，这是整个东周时代的潮流，也是春秋早期的一股暗流。太史苏虽然史书读了很多，对这种潮流却总是看不透。作为旧制度的忠实拥趸，他看到贵族的权力在国君集权的挤压下日益逼仄，感到了深重的危机感，但却无力做出改变。

与太史苏处于同一时代的大夫们都有着同样的困惑，他们也都无时无刻不处于与国君的博弈中，我们可以从里克、荀息和丕郑三个人在看待太史苏预言的表述中看出一些端倪[①]。

这其中，后来策划"假道伐虢"的荀息，可以说是最早进入状态的。他认为："以臣事君，就应该尽心尽力，不能违抗君命。国君已经决定了的事情，我们只管服从就是了，怎么可以有二心呢？"

丕郑则还抱着固有的观念，认为贵族与国君之间的关系应该存在制衡："民之有君，以治义也。义以生利，利以丰民，若之何其民之与处而弃之也？"所谓的义，就是国君与贵族之间既相互制衡又相互依存的关系，有了这种关系，社会秩序才能运行不悖，才能实现君臣共赢。如果国君一意孤行，这种和谐共存的关系就遭到了破坏。

与此同时，他还强调："事君者，从其义，不阿其惑。"就是说，国君的决策符合双方的共同利益，可以顺从；然当国君的决策出现了偏差，就要坚决反对。如

---

① 见《国语·晋语·献公将黜太子申生而立奚齐》。

果不论国君做出什么样的决策都言听计从，无异于是自废武功。在这一点上，丕郑和太史苏的观念倒是达成了一致。

里克则是一个摇摆派，是这几个人中最感困惑的。他显然意识到了这种潜移默化的改变，既不想认命，也无力反抗，处在两者的缝隙中不知所措，只好什么都不做。

这些都是题外话，我们还是回到太史苏的预言。太史苏之所以看到公子出居就认定晋国会乱，是因为他的忧虑与士䓊的困惑实际上是同源的。国君公子拥有庞大的师保私属团队，属于潜在的不安定因素，这样的不安定因素必须要安置在国都，置于国君的看管之下，否则他们的野心一旦被激发，就一定会酿成祸乱——曲沃桓叔的外放便是一个例子。

关于这一点，春秋晚期的楚国大夫申无宇也曾做过总结，认为国君任用官职要遵循"五大不在边，五细不在庭；亲不在外，羁不在内"的原则，否则就会出现"尾大不掉"的问题。这其中的"五大"就包含太子、母弟、贵宠公子、公孙、累世正卿，太子申生就恰好属于"五大"之首。其他公子或许不属于"五大"之列，但也是"亲"的范畴，显然是不能外放戍边的。晋献公的做法显然更加极端，他一口气就把所有的公子外放了，这个举动给晋国带来的风险可想而知。

烝礼风波

大夫们慷慨激昂的反对浪潮，让骊姬以及她的智囊团都捏了一把汗，生怕计策还没有开始执行就流产了。可万万没想到，晋献公依然是那么执拗，他决定了的事，是任谁都无法轻易改变的，终于还是让骊姬等人遂了愿。惊喜之余，骊姬决定再接再厉，以巩固这来之不易的成果。为此，在他们的鼓动下，晋献公紧接着又下了第二步棋。

按照春秋时的典仪，各国每年都要在宗庙里举行四次重大祭祀活动，分别是春礿、夏禘、秋尝、冬烝（《公羊》《周礼》略有不同，为春祠、夏礿、秋尝、冬烝），以祭享历代先君。

作为国内最高宗教权威和大祭司，国君通常都会亲自主持祭礼，如果国君因故不能出席，也会委派太子代理。不过，这年冬天的烝祭却是个例外。当祭祀日期临近的时候，献公突然称病不能前往，并特意安排骊姬的儿子奚齐从绛都赶到曲沃去主持祭典。

当初献公派太子去往曲沃，提出的借口正是"宗邑不可无主"。如今太子正坐镇曲沃，献公却视而不见，反而是让幼子前往主持，这样的安排实在太过于突兀了。听到这个消息时，不仅太子感到手足无措，朝中上下也全都为之惊诧不已——这明摆着这是要废弃申生尊崇奚齐啊！

太子的私属猛足是个急性子，他显然无法理解献公的用心，便一个劲地在太子面前抱怨：太子您是国之储君，此时又身在曲沃，国君这是何苦要舍近求远让您难堪呢？您难道就一点想法都没有？

想法自然是有的。但作为一名心地纯善的孩子，太子"不惮以最坏的恶意来推测"旁人，也努力"以最大的善意体谅人心"，此时他首先想到的竟然是为自己的父亲辩解。他引用了老师羊舌大夫的话来劝说猛足："国君既是我的主君，也是我的父亲，必须要用'敬'和'孝'来对待他。"而如何才能做到敬和孝呢？申生解释说："君主的命令坚决服从不违逆，这是敬；对他恭敬，顺从他的意愿这就是孝。如果我违抗君命，违背父亲的意愿去做事，你让我将来如何自处？另外，不回报父亲的爱却享受他的赏赐，那是不忠；废了别人（奚齐）成全自己，那是不贞。父亲希望我能孝敬他、对他忠贞，如果我只为了自己的地位而抛弃了这诸多的美德，他老人家如何能安心？"反正父亲什么都是对的，我如今所能做的，也只能是听从他的安排了。

不过正如人们常说的那句话"鱼的记忆只有七秒，人的记忆只有七天"，任何热点事件在舆论场上都不会长盛不衰。在一切都未明朗的情形下，不少人都抱持着"大事化小，小事化了"的态度，秉持着"多一事不如少一事"的观念，遵循着"不要过分解读"的原则，不声不响地就把这样的一个重大政治事件化为了无形。因此尽管在骊姬的鼓动下，献公发出了一个明确的信号，人们也都就此有过争论，可到底还是没起什么波澜，人们依旧把申生当作正牌太子供着，申生也继续战战兢兢地履行太子的职责，好像事情根本未曾发生过。

这个结果倒是让在幕后筹谋的人都大吃一惊，为了尽快改变朝中的风向，骊姬决定再加一把火，于是便有了围绕"太子为卿"而展开的又一场大论争。

第三节　父子离心

太子为卿

这次的论争发生在诸子守边后的第五个年头，也即献公十六年（前661年），申生大概刚到十五六岁的年纪。这一年，晋国用新组建的两军接连灭掉了霍、魏、耿三国，确立了晋国疆域的基本框架，但对于申生来说，这场战争注定将成为决定他今后命运的关键一战。这其中最致命的不是战场上的敌手，而是躲藏在背后的黑手。这一次，骊姬通过晋献公给他抛出的难题是：让他带兵出征，担任下军统帅。

如果你看过一些古装宫斗剧的话，对于这样的计策大概不会陌生，剧中的大反派会特意安排温良淳厚的主人公带兵出征，然后利用各种派系之间的关系，将主人公推入险境。所谓"将欲取之，必先予之"，想要消灭掉一个人，就要把他的地位抬到前所未有的高度，然后让他从高处跌落。

不过，若是你以为骊姬的想法也不过如此的话，那可真就把她想简单了。骊姬之所以要让申生带兵，并不是要借敌人的手去杀掉他，而是要人为地给他制造一个天花板，用"正名"的办法剥夺其君位继承权。

在这里我们需要介绍一下"卿"的由来。在早些时候，各国规模还都很小，一国的军队规模往往是以"师"（也就是 2500 人左右的建制）甚至是"旅"（500人）为单位的。《左传》中经常会提到一个理想的政治模型，将各国的军力规模限定为"天子六军，大国三军，次国二军，小国一军"。不过这样的理想模型，在西周时期并未真正实现过。

当军队规模很小的时候，军队的主帅往往由国君本人担任。到春秋早期，随着兼并战争的推进，国家规模开始不断扩张，才逐渐出现了以"军"为单位的军队建制，比如晋武公统一晋国时，便是以一军为诸侯。同样，随着国家规模的继续扩张，开始出现二军、三军乃至于六军，国君无法直接统率这些军队，习惯上便以卿或上大夫来做辅助，统领其他各军。

国君的公子虽然不是国君，但也是潜在的君位继承者，因此他们的身份对于国内的大夫来说也是"君"，现任国君死后还有权继承国君之位。可如果某位公子一旦接受了某国国君的封地，或者在一国之中担任了重要官职，其身份就会转化这个国君的臣子。这就意味着他的地位已经触及了天花板，从此以后只能充当属地的封君，不再具备竞争储君的资格。除非他们有曲沃桓叔那样的野心和实力，否则就趁早打消了夺嫡的念头。

正因为有这诸多的限制，春秋时期很多在政治斗争中失败的公子，如果还抱有野心，那么他在国外避难时，就不会接受所在国给予的封地和官职。国君的子嗣在还没有正式给予封地，没有分宗立嗣为别氏的时候，就不属于卿或者大夫，因此也就不会带兵出征。

了解了这些，我们再回过头来看献公——或者说骊姬——的诸多决策就不难发现，他们实际上都是抱着这样一个念头，是想用象征性的意义来封堵诸公子向上的野心。

在外放诸子守边的过程中，三位公子尽管获得的并不是实质上的封地，他们的地位也没有发生变化，但这其中却有着很大的想象空间：会让人们误以为他们所守卫的城池就是国君许给他们的"期权"，等他们成年以后就会变成"永久产权"。国君若是同意了这些建议，就可以认为是他默认剥夺了这几位公子的继承权。在这种强烈的心理暗示作用下，那些意志不坚定的投机分子就会打消追随三公子的念头，从而间接地削弱他们师保私属的力量。

可暗示毕竟不是现实，总会有人抱有这样的幻想：让太子驻守曲沃虽然不合情理，可曲沃是宗庙所在，太子打理宗庙也算是职责所在；让奚齐代替太子祭祀先祖，或许可以理解成是国君疼爱自己的幼子，完全不必当真。这些举动都没有明确地表示要给予申生卿或大夫的地位，就没有封堵住他的向上之路，他就还是正宗的储君，这就给那些心存侥幸的人留下了可乘之机。

如果说之前的所有暗示都还留有余地的话，那么让太子作为军队统帅就完全不一样了。这意味着太子拥有了实实在在的官职，而且还是大夫之中地位最高的卿，等于是彻底将申生的地位锁死了。正因为如此，献公的这个举动才让士蒍感到痛心，这位在骊姬发难早期就持有消极态度的大夫，此刻更是压抑不住内心的愤慨，痛心疾首地对旁人说道："太子是国君的继承人，怎么能够担任官职呢？可如今国君不仅把都城分给了他，还给了他卿的职务，地位已经达到了顶点，这分明是把他当外人看待啊！将来又如何能够继承君位呢？"[①]

谗言弥兴

士蒍深感此事万分重大，由不得他视而不见，故而急匆匆地进宫劝谏，谁知晋献公却漫不经心地回答说："下军是上军的辅佐，寡人亲自统领上军，让申生统领下军，这有什么不妥吗？"

士蒍小心地反驳道："下军怎么可以做上军的辅佐呢？这就好比人的上下肢，各有各的作用，双手互相辅助，双脚交替前进，这样人才能顺畅地做事。可如果你让手脚互相辅助，手脚并用地走路或者使用工具，那样的话办什么事情都会不协调，岂不是乱套了吗？"

打完比方后，士蒍又回到正题，说："军队也是一样，上下军各有各的职责，一军内部互相补充协助，才能让敌人找不到缺口，最终取得战争的胜利。如果你只是把下军作为上军的辅助，一旦上军出现了缺口，下军急匆匆地赶来补救，两军之间难以协调就会耽误大事。敌人看到你军队混乱失调，很容易就找到缺口打进来了，这样的军队如何取胜？"

献公决心已定，听士蒍唠唠叨叨说了半天，实在心烦不想再去理会，就干脆

---

① 见《国语·晋语·献公作二军以伐霍》。

吼道:"那是我的儿子,我就是想让他带兵历练历练,这你也要管?"

士苏还真有一股不服输的劲头,眼见国君已经怒不可遏,仍然不肯罢休,继续追问道:"那可是太子啊!太子是储君,是国家栋梁,你让他带兵,就不怕出危险吗?"

献公依旧没好气地回答说:"他迟早是要打仗的,我先让他历练历练,等于是减轻了他以后的负担。即便可能会遇到危险,又能有什么害处?"

士苏被献公的冥顽不灵惊得目瞪口呆,一时说不出话来,只好退了下去。出去以后他再次发出感慨,心情比刚才更加沉重了:"国君改变了太子的身份却不考虑他的困难,说是为他将来着想,却又不顾及他现在的危险。"——这究竟是哪门子的父爱啊?

在宣泄了悲愤情绪之后,士苏缓过劲来,才把他真实的感悟说了出来:"国君现在已经有了二心,太子将来恐怕是无法继承君位了。这次带兵出征如果胜利了,太子会因为得了民心而遭到陷害;如果失败了,更是会因此而获罪。也就是说,无论是否取胜,只要他接受了下军统帅这个职位,就已经在劫难逃了!"

士苏知道事情已经无法挽回,于是便奉劝太子说:"与其辛苦卖命还得不到国君的青睐,倒不如一走了之,逃离晋国外出流亡。这样的话既遂了国君的心愿,你也不至于无路可退。想想吴太伯避位让贤的举动,留下一个美名,既保全了自己,也成全了别人,不是也挺好的吗?更何况,心底无私天地宽,上天若要保佑你,无论走到哪里都会有你一席之地的!"

太子听了士苏的劝说十分感动,但却断然拒绝了士苏的建议。他深情地望着士苏沧桑的老脸,一把鼻涕一把泪地回答说:"子舆(士苏之字)为我的将来谋划,也算是尽力了。但作为儿子,有没有美名并不重要,重要的是要顺从自己的父亲。作为臣子,得失也不重要,重要的是勤恳地侍奉国君。我虽然愚钝,但可以顺从自己的父亲,勤恳地尽心于国事,其他的就不多想了。至于吴太伯那样的精神境界,也不是我该奢求的。"

事情果然如士苏所预料那般,申生伐霍凯旋的消息传来,不但没有弥合父子之间的隔阂,反而给骊姬集团带来了极好的素材,他们抓住机会散布不利于太子的言论,于是很快就"谗言弥兴"。

金钱和权力是腐蚀人性的最佳药方,这是被历史一再证明过的。骊姬集团散布谣言所抛出的无非是子夺父权，这种无中生有的言论尽管经不起推敲，但却直击人性的弱点，总能让身居高位者心惊胆战。历代君主最为忌惮的事情便是大权旁落，无论这个潜在的抢班夺权者究竟是谁，都能够最大限度地激发起他们的求生欲，从而对过去的挚友乃至于血缘上的至亲大开杀戒，身在春秋纷争之世的晋献公更是如此。

当舆论的声势被渲染起来，献公对儿子的猜忌心理也就渐渐地脱离了自己的控制，只等着有人临门一脚帮他做出最后的决断了。在这种微妙的气氛中，在智囊优施的指导下，骊姬决定对献公展开最后的攻势。

骊姬夜哭

这是一个阴云密布的午夜，本该普照万物的皓月也被隐去了娇羞的容颜。在微风婆娑的吹拂下，窗外蟋蟀窸窣的声音让这个世界显得格外寂静。

约到夜半时分，睡梦中的晋献公隐约听到了一阵啜泣声，醒来后正看到昏黄灯火的映照下，骊姬柔弱的身影不断地起伏。他轻轻地披了一件衣服走到骊姬身旁，询问她如此伤心的缘故，可骊姬却始终不肯说。

看着往日里娇羞的美娘子哭红的双眼，国君的心都碎了，在他的一再许诺下，骊姬才欲言又止吐露了实情："最近外面都在传言，说国君已经被我迷惑了，如果再让我这么迷惑下去，这个国家就会乱了。申生一向宽厚仁义、爱民如子，最近又新立了战功，势力越来越大了——我实在担心他们会以此为借口对你用武，让百姓遭受动乱，不如趁现在祸乱还没有开始把我杀了吧！"[①]

听到爱人的这番话，献公心中不免为她的"柔弱"感到哭笑不得，刚刚忐忑不安的心情也松懈下来。他轻柔地抚摸着骊姬的头发微笑道："既然你说他爱民如子，难道就不爱他的父亲吗？"

骊姬早就准备好了话术，不等献公问完，她就继续说道："我害怕的就是这个。我听说，仁义和爱国是不一样的：如果他更注重仁义，就会把爱护自己的亲人作为最大的信仰；可是如果他更注重爱国，就会把国家的安定放在第一位。所以人

---

① 见《国语·晋语·优施教骊姬谮申生》。

们才说，若想做一个伟大的君主，就不会顾念私亲，而是把对亲人的爱转移到对百姓的爱上去。如果他认为对大局有利，能让国内的民众都支持他，就算是让他弑君又能算得了什么？为了大多数人的利益而抛弃亲情，只会让人更加拥戴。即便是一开始大家会嫌恶他的弑君之举，可只要他继续兢兢业业克俭奉公，为自己争得忠于国家的美名，过去的罪行统统都可以掩盖掉的！"

骊姬继续嘤嘤而泣，几度哽咽之后才终于缓过气来："老百姓总是追求利益的！杀了国君虽然不怎么光彩，可如果能够让百姓得到丰厚的回报，谁还会在乎事情做得对不对呢？杀了自己的父亲，却能让大家都得到好处，人们欢喜还来不及呢，难道还会背叛他吗？他得到了君位，百姓们也得到了好处，这是皆大欢喜的事情。就算是有人还顾念着你的恩情，可在实实在在的利益面前，又有几个人能够把持得住呢？"

骊姬稍稍顿了顿，并悄悄地用余光观察着他的一举一动。见国君突然陷入了沉思，她又加了把火："看来你还是不相信，我就给你举个例子吧！假如商纣王有个好儿子，这个好儿子把他给杀了，这样他就能免于罪恶被张扬并招来武王的讨伐。同样是死，但结果却大相径庭。纣王没有死于周武王之手，商朝的国祚会一直延续下去，他们祖宗到现在还在享受祭祀。这个时候，我们怎么才能知道纣王究竟是善是恶呢？我也知道你对儿子很疼爱，谁也不希望这样的事情发生，可总得以防万一啊。你也知道，从你的曾祖桓叔到现在，有谁是顾虑私亲的？正是因为不爱私亲，所以你今天才能坐到晋君的位置上。对于申生来说也是一样，他若是真想成为一名伟大的君主，就很难保证他不会这么做。你现在不做准备，等到事情来临的时候再去做，可就真的晚了！"

献公此时满怀忧虑，嗫嚅了几次都没有发出声来，过了很久才又问道："可是又能怎么办呢？难道……"紧接着他又叹了口气。

骊姬宽慰道："不如现在就把国政交给太子，太子掌握了国政，一切都能按照他的意愿来。他得到了梦寐以求的东西，你也能图个轻松自在，这也是皆大欢喜的事情！"

听了这些，献公马上回绝道："绝对不行！现在晋国还是依靠着寡人的武功和威势，才能威慑诸侯。寡人还没死就把国政交了出去，这要让人知道了，会说你连自己的儿子都制服不了，还谈什么武功威势！寡人若真把国政交给他，诸侯必定会跟我们断绝关系，甚至会加害于晋国。如此一来，国政丢了，国家也深受其害，这种事情寡人岂能容忍？你也不必担心了，寡人自会想办法的！"

骊姬此时又抛出一计："你有没有考虑过让申生再带兵出征一次？我听说，赤狄皋落氏日夜侵扰晋国边境，搞得边境百姓都不敢到田野里放牧了。现在国家刚打完仗，本来就府库空虚，他们要是趁机侵略岂不是雪上加霜了？你何不让申生带兵去讨伐皋落氏，一方面可以检验出他是不是真的能带兵，另一方面还可以试探一下民众的态度。如果不能战胜皋落氏，自然随时都可以给他治罪；如果他胜了，说明他的确很善于笼络民心，也就是说他的野心不小，以后就要想办法防备了。当然了，这样做还有一个好处：如果我们把狄人打败了，诸侯一定会震惊甚至害怕的！到时候边境不用设防、国库更加充裕、四邻纷纷服膺、封疆更加稳固——有这么多好处，为什么不试试呢？"

偏衣金玦

为了向申生表明态度，晋献公决定不再亲自出征，而是让申生亲自统领上军。与此同时，他还特意赠给申生两件物品，一件左右颜色不同的偏衣，和一块金玦（用青铜铸造的带有缺口的环形器物，可以戴在右手拇指上辅助拉弓弦，玦在后世常有"绝交"的意思），并告诉他："杀不完狄人就不要回来了！"

嗅觉敏锐的国人很快就从这次安排中觉察到了怪异的气息，其中就有一个名叫赞的家仆，口无遮拦地跟旁人议论道："太子危险了！国君赐给他这么奇怪的东西，也太反常了，明摆着是不准备传位于他了！偏衣和金玦象征冷淡和离心，就是要加害他的信号，让他内外都不得安宁。国君还让他把狄人杀尽了再回来，问题是杀尽了又怎样？国内流言四起，还是没办法应付。现在这局面，算计来自宫中，太子想要摆脱危险，不好办啊！"

这些议论很快就传到了太子的耳朵里，让太子感到万分焦虑，急忙去找里克商量对策。里克听了之后也是怒不可遏，一向行事谨慎、左右摇摆的他终于忍无可忍，怒气冲冲地闯到宫里向献公质问道："我听说皋落氏已经应战了……国君还是不要让申生去冒险了吧！"

献公知道来者不善，故而也只冷冷地反问了一句："大夫何出此言？"

里克极力控制自己的情绪:"这不符合常例。太子之所以叫冢子,就是因为他肩负着祭祀宗庙、社稷以及照顾国君饮食的重任。但凡出兵打仗,一直以来都是国君出征,让太子留守监国,即便是要随军出征,也只是安抚军心,这才是自古以来的制度。之前您已经违制让太子带兵了,现在更是破例,自己留守国内,让太子独自领兵出征。我倒想知道,这究竟是什么道理?"

里克说得嗓子都冒烟了,献公依旧不为所动。里克清了清嗓子,又苦口婆心地劝说道:"带兵打仗是需要做出决断并发号施令的,这本来就是国君和卿大夫的事,太子又怎么能够做这些呢?您让太子领兵打仗,遇到难以决断的事情该如何处理?他好歹也是储君,如果遇事需要向您请示,那么他的威严何在?如果他不经请示擅自发号施令,那就是陷他于不孝啊!您违背礼制任命太子为卿,而太子统率军队也没有威严,这是两败俱伤的决策,您又是何必呢?"

看他的怒气也释放得差不多了,晋献公这才缓缓地说道:"寡人有这么多儿子,将来要传位给谁还不一定呢!"

里克立时就被这句话给噎住了,他知道献公或许早有这样的心思,却没想到他竟然这么直截了当地就说了出来,一时哑口无言。献公也没有给他说话的机会,而是加重了语气一字一顿地说道:"既然你提到了礼制,那寡人就跟你说说礼制。寡人听说立太子有三个原则:德行相同的要根据年龄长幼来决定,年龄相同的要根据国君的喜好来决定,喜好难以确定的就根据卜筮的结果来决定。你可曾听说过?"

看到里克手足无措的样子,献公知道自己的目的已经达到了,于是便说道:"寡人现在也不知道更喜欢哪一个儿子,所以才要让太子出征,就是想考察一下他的能力,看他是否适合接任。这都是寡人的家事,大夫平日里事务繁杂,就不必为我们父子操心了吧?"

说罢他便把目光从里克身上移开,看向门外。里克知道国君是在下逐客令了,也不答话,径直退下了。

太子正在宫外候着,看见里克出了宫门,马上哭丧着脸迎上去问道:"国君赐给我偏衣、金玦,到底是什么意思啊?我难道要被废掉了吗?"

看着这个稚气未脱的孩子正恭敬地向自己请教,里克的心里很不是滋味。可他也只能强作镇定,温和地问道:"你害怕了吗?"

太子早已是魂不守舍，带着哭腔回答说："我怎么可能不怕啊！"

里克夹在他们父子中间进退两难，实在也不好说什么，便宽慰道："国君让你在曲沃学习治理，又让你亲上战阵去学习军事，是担心未来你不能胜任，有什么理由把你废掉呢？"

这句话显然不能打消太子内心的恐惧，还未等他说完，太子便又追问道："可是又为什么送给我偏衣和金玦呢？"

里克违心地回答说："他怕你不能威慑众人，便用这些信物来帮助你，让你令行决断。这有什么好担心的？作为国君之子，不要太在意自己是不是被立为储君，而是要问自己是不是真的做到了'孝'。我听说，恭敬胜于请求，你要努力地修养自己，而不是一味地责备别人，这样才能免于祸患。"说罢便黯然离开了。

出征东山

话虽如此，太子还是从里克的眼神中看出了一丝不安。在出征的路上，他又向随行的大夫们询问，想听听他们的看法。

此次出征，太子申生统领上军，狐突御戎，先友为车右；原本该辅助太子统领下军的里克称病不出，故而以罕夷为下军统帅，梁余子养为其御戎，先丹木为车右；羊舌大夫（羊舌突）担任军尉。这几个人都针对国君的安排，分别表达了自己的见解。

最先发言的是车右先友，他对此比较乐观，或者说是和里克一样假装乐观。他说："国君赠给你的偏衣有一半是国君的服饰，代表着已经授予你一半的君权了。金玦代表你掌握了作战的决定权，可以自谋决断，不必事事请示，这是对你的信任啊！国君对你如此亲近，并没有什么恶意，有什么可怕的？成败在此一举，太子只管放手去干吧！"

担任御戎的狐突则持悲观态度，他叹息道："时令是农事的指征，衣服是身份的象征，佩饰是心志的标志。对于重视的事情要在一年开始的时候发布命令，若要表征你的身份就要赐给纯色的衣服，鼓励你的志向就会让你佩戴符合礼制的饰品。而国君却反其道而行之：在年末给你发布命令，就是不想让事情顺利完成；赐给你杂色的衣服，就是想要疏远你；让你佩戴象征着寒凉离心的器物，表示要丢弃你。用意都这么明显了，就不要再抱有不切实际的期望了。就算你拼尽全力去杀敌，狄人能被杀得尽吗？"

下军御戎梁余子养更是直接奉劝太子放弃幻想："素来带兵出征都有相应的礼仪，要在太庙受命，在神社祭祀，服饰也有特别的规定。现在完全是反着来，足见国君的用意！就算是战死了也要落下个不孝的罪名，还不如趁早逃亡去呢！"

罕夷和先丹木都同意梁余子养的看法：国君赐给你的东西都是要暗示你离开，狄人也杀不尽，就算杀尽了还有国内的各种流言蜚语。国君的心思如此，你回去还有什么用？

各人各表心志，让本来就担惊受怕的太子更加惊惧了。看到太子踌躇不决的样子，狐突便想帮他做出决定，却被担任军尉的羊舌突给拦住了。他说："违背父命是不孝，抛弃职责是不忠，就算国君待人凉薄，也不能背弃本心去作恶。战死事小，失节事大，君子宁折不弯，就算是死也要死得堂堂正正，决不能因为贪生怕死而一走了之！"

羊舌突可以说是一个守旧派的代表，尽管其态度与先友一致，但出发点却有着本质的区别。先友反对太子出奔，不过是站在自身的立场上，不愿为太子的事情担责，而羊舌突则是从心底里就认同敬孝为大的观念。他的这种观念对于后代产生了极为深远的影响，从羊舌突开始一直到后来羊舌氏被灭门，羊舌家族虽然在政坛上声望不高，但却出了不少文化名人和忠直之士。

不过羊舌突在太子申生一事上所起到的作用，绝对可以用"猪队友"来形容。在早年的烝礼一事上，猛足急欲给太子讨个说法，太子就是搬出了羊舌突的话来劝阻猛足。而这一回太子出征，在大家意见已经基本取得一致的情况下，太子本来已经被说动了，他是有机会出逃的，但正是在羊舌突的阻止下，才又打消了这个念头，从而使得一场原本可以避免的悲剧，最终成为现实。

军队在抵达稷桑（皋落氏属地，位于今垣曲县皋落乡附近）之后与狄人相遇。狐突不希望太子枉送性命，于是便在出战前郑重其事、语重心长地进行了最后一次劝说："您还是再好好考虑一下吧！国君喜欢宠臣宠妾，庶子与嫡子可以争位，大城和国都相当，这些都是国家祸乱的根源。现在您以身犯险与狄人作战，国内却处处都是针对您的阴谋，祸乱的征兆已经形成，您觉得自己还有机会顺利继位吗？既然不能，倒不如干脆把储君之位让给奚齐，这样既能顺从您父亲的意愿且留下一条性命，又能顺从百姓的意愿而利国利民，岂不比冒险拼杀却因此获罪好得多？"

申生含着泪回绝道："不会的，君父不会就这么抛弃我的！他让我讨伐皋落氏，临行前赐给我偏衣、金玦，还不断地嘱咐我，说了不少的话，他的内心一定很痛苦。是因为有人进了谗言，所以君父才对我生二心的，这种时候我怎么能逃避呢？倒不如战死沙场，还能留下一个孝事父亲的名声，如果我逃了，就什么都没有了。"

第四节　骊姬之乱

暗潮汹涌

此时正是公元前660年，晋献公在位的第十七个年头。申生讨伐皋落氏之后还是没有离开，而是带着缴获的战利品和战俘回到了绛都。而狐突则心如死灰，他实在不忍心眼睁睁地看着申生一步步走入陷阱，回去之后便闭门不出，从此不再过问朝政。

大军班师之后，绛都城内流言四起，一时间朝野物议纷纷，再次将申生推到了风口浪尖之上。不过尽管如此，骊姬一心想要除掉申生，却还是没找到什么机会。

一方面申生新立军功，骊姬就算是到处散布流言，短时间内也很难找到陷害的借口。另一方面，尽管很多政治嗅觉敏感的大夫，比如狐突，知道申生将要穷途末路，纷纷避难而去，可仍然有很多不明就里的以及像羊舌突一样认死理的大夫围绕在申生的左右。更重要的是，还有以士蒍为代表的杜氏家族，尽心尽力保护申生周全；而里克虽然对申生很是失望，但作为朝中重臣，对申生依旧负有难以推卸的保护之责。这些都让骊姬无从下手，只能在舆论造势上继续兴风作浪，以期在潜移默化中影响献公的决策。

这种局面一直持续了五年，直到献公的重臣、申生的保护者士蔿去世之后，骊姬感到机会已经悄然降临，于是便再次鼓动献公杀掉申生，以早日立奚齐为太子："最近我听说申生谋权的打算更成熟了。以前他年纪小的时候，就很懂得笼络人心，要不是因为给了民众好处，他小小年纪怎么可能打败狄人？如今他更是屡立战功，便常常夸耀自己善于用兵，野心也越来越大了。我实在担心他会对您不利啊！别的不说，狐突您总是相信的吧？他为什么闭门不出？还不是因为他不想顺从申生做犯上作乱的事情，所以才称病的？"

一提到申生，献公的胸口就像是被什么堵上了一样，心里有种说不出的难受。尽管他不相信申生会背叛自己，可每每听到对申生的种种非议，又难免会起疑心。此时听到骊姬的话，心中更是左右彷徨，于是便有心回护道："申生平日里对我挺恭敬的呀，我让他干什么他都百依百顺，总觉得没有传说中那么不堪啊！"

看到丈夫不以为然的表情，骊姬又靠近了一些，加重了语气说道："申生素来重信守诺。就算他碍于父子之间的关系不好发作，可那些他曾经许诺过的人呢？他已经把夺位的野心透露了出来，假如突然终止了，那些被他许诺的人也是不会罢休的。既然不得不做，他就会把事情计划得滴水不漏，免得给自己留下后患。这种时候，您也该做出决断了，否则就真的要大难临头了！"

"寡人终究还是要这么做吗？"

献公长叹一声，心中百感交集，再次陷入了持续的沉默之中。这注定将是一个无眠的夜，晋献公在无边的夜色中仔细回想，却始终都想不起究竟是从什么时候开始，自己就产生了要废弃申生的念头了。

按理说，申生也是一个苦命的孩子。在襁褓之中便失去了母亲的关爱，此后又被寄养在大夫家中，从未体察过父爱如山的真切含义。每当看到这个孩子闪着泪光的双眼，献公总是心生爱怜，不忍心让他再受煎熬。可世事就是如此吊诡，越是互相关爱的人，似乎越是纠葛不断，不知不觉间便走到了今天这父子对立的地步。

这个时候，献公难免会怀念起齐姜——那个曾让他魂牵梦萦的女子，以及后来在一起度过的短暂而快乐的甜蜜时光。他犹记得申生刚刚出生时，自己心中洋溢着的满满的幸福感，也曾记得当年许下的诺言，更难忘记的是在齐姜去世后，他立誓要让申生继承自己的衣钵，将他培养成一名有为的国君。

可人总是善变的，当他在战场上见到了那个出身于"蛮夷"的女子，便深深地被她身上所散发出来的青春气息所吸引了，从此便移情别恋，把对齐姜的感情全都倾注到了骊姬的身上，奋不顾身地投入了另一段旷世的爱恋之中。

心意难平

爱一个人就要给她想要的一切，给她最为尊贵的地位，给她最美好的愿景，就要让全天下人都知道，这个女人就是他拼尽一生要去保护的人。或许正是出于这样一种初心，晋献公决定要将骊姬立为夫人。

然而，他的这份执着，他的全情投入，于骊姬而言或许是爱的关怀，可对于敏感的国人来说，却无异于是一个危险的信号：在国君的内心中，太子的地位早已动摇了。

在嗅到危险的气息之后，一些有危机感的大夫们便坐不住了，他们纷纷出面反对这个荒唐的举动。然而晋献公却并不理会这些反对的声浪，或者说，他就像是一个陷入热恋的情种，越是有人反对他们的爱情，越是会激起他的叛逆情绪，从而让他们的感情更加稳固。

喜新厌旧是人之本性，更是古代帝王的通病，君主很容易因为有了新欢而见异思迁，因为宠信新欢爱屋及乌而偏爱她的儿子。其他的贵族也会因为这个原因，在决定是否侍奉太子的事情上有所顾虑。尤其是在这样一个强烈的暗示之下，不少投机者也向骊姬频频示好，开始挖太子的墙脚。一时间关于太子的流言四起，又使得这个信号得到了正反馈，最终在整个国家系统中被层层传导、逐渐放大，形成了一股巨大的洪流。随着时间的流转，事态的发展渐渐偏离了轨道，以至于连献公本人也被裹挟其中，对过去的种种决策和判断产生了无法弥合的认知失调。

也许从一开始，他并没有想过要废黜申生，可当整个社会的舆论都指向同一个方向的时候，就连他自己都开始产生了怀疑，总认为废弃申生或许就是自己的初心。既然如此，他就必须要为这个选择找出合理的依据，从而在内心里为自己的行为辩护，以批判的角度审视这个儿子。

起初，他将申生描摹成一个个性懦弱、行事优柔寡断的庸人，怎么看都不应该是自己心目中理想的储君人选。在骊姬的推动下，他不断地试探、不断地暗示，希望能让申生知难而退。

然而事实与想象再次背道而驰，申生不但经受住了自己施加的考验，而且还以其幼弱的臂膀，在充满了血色杀戮的战场上屡立功勋。申生这令人惊奇的表现，并没有让他感到欣慰，反而产生了更多的疑虑。起初他并不知道自己在疑虑什么，直到听到了骊姬的那句话，他才突然意识到：那个在自己面前唯唯诺诺的太子，难道是装出来的？

要知道，出征皋落氏的时候，申生还只是一个十五六岁的孩子。出征在外能杀伐决断、破敌立功，回到国内能翻云覆雨、勾连人心，谣言起时波澜不惊，风暴来时临危不惧——究竟什么样的人才能够在十几岁的时候就将这些手段运用到如此炉火纯青的地步？

他不知道这个儿子是真的愚钝，还是有什么不可告人的心机。这些年来，他一直都在用各种明示和暗示的手段让申生知难而退，可以说是已经把该释放的信号都释放出来了。一个人只要头脑还有那么一丝清醒，大概都能看出其中的冷淡，难道申生就这么愚钝看不出来吗？就算他看不出来，他身旁的那些师保私属难道还不清楚吗？

倘若他对此知根知底，可为什么还一直表现得对自己百依百顺呢？一直都诚惶诚恐地为自己尽忠尽孝？这究竟是内心淳朴与世无争，还是大智若愚另有所图？

申生或许是个纯孝的孩子，但他的用意恐怕很难为他的父亲所理解，而他的固执，却真真地把父亲推到了两难的境地。说申生没有心机，只知道愚忠愚孝，申生自己相信，羊舌突和杜原款相信，里克和狐突也相信，但是献公，他是想相信却不敢相信。

如果申生真的这么善于韬光养晦，或者是有高人指点的话，那究竟意味着什么？对于南面称孤的国君来说，最难忍受的就是这种摸不着的威胁——而这个威胁竟然就来自于一直都被自己看作是生性懦弱的太子。

对于献公这样心思缜密的君主来说，对手表现得越简单，他只能想得越复杂。这就像是"黑暗森林"理论所描述的那样，谁也无法预知对方是如何想的，也无法预知对方认为自己是如何想的，更无法预知对方认为自己是如何猜测对方所想的……这简直是一个永远都无解的难题。猜疑链一旦形成，就很难轻易地抹除。因此尽管骊姬的话并非滴水不漏，但还是像压垮骆驼的最后一根稻草，足以让献公那颗脆弱的心为之惊惧不已。

更何况申生代表的并不只是他一个人，更代表着暗潮汹涌之下那些看不见的、具有潜在共同利益的集团在和自己博弈。就算是他相信申生不会反叛，可也难保申生的私属不会为了个人利益而怂恿甚至胁迫申生反叛。这世间有太多的事情，是不以人的意志为转移的，即便是人们虔诚供养的神祇，也并非是全知全能的。如果反叛注定会发生，就绝对不会因为自己的不情愿而自然消止。

他不知道该如何处置这个不知是愚钝还是精明的太子，他既不愿意直接废掉申生让他难堪，更不忍心杀掉这个一直以来都对自己温顺恭敬的孩子。他的内心陷入了疯狂的斗争中，这其中既有亲情的纠葛，也有人心的博弈。

到了这种地步，献公若要保证自己的安全，唯一的办法就是除掉对手：不管对方是简单还是复杂，只要对方不存在了，自己才能绝对安全。因此，尽管对申生有太多的不舍，现在似乎也是时候做出决断了。

想到这里，他转头望向骊姬，若有所思地说了一句话："现在也没有什么定罪的理由，还是从长计议吧。"

里克中立

骊姬等的就是这句话。

尽管他说的是"未有以致罪"，可这足以表明他已经默许了这个想法。骊姬既得了这个态度，自然是欢喜得无以复加，接下来要做的便是该如何施行计划了。而在接下来的行动中，最有可能形成阻碍的只有一个人，那就是里克。

为此，骊姬特意招来优施商议对策："现在国君已经答应要杀死太子改立奚齐了！可太子的背后还有里克，他可没那么好对付，我该怎么办呢？"

"这有什么难的？"优施胸有成竹地回答道，"给我准备一整套宴席，再辅之以酒水，一天之内保证让他就范！"

骊姬心里总是放心不下，疑惑地还想问些什么，却又不知该从何说起。看到她欲言又止的样子，优施出言又安慰道："放心吧！我不过是个戏子，就算说错话了也没关系！"

骊姬半信半疑，但还是让人去准备酒菜了。到了夜里，优施带着特赐的酒菜去拜访里克，与里克夫妇一起大口喝酒、大口吃肉，一时间其乐融融、甚是热闹。

酒过三巡，大家都喝得有些微醉，优施就趁着酒劲跳起舞来，一边跳还一边对里克的妻子笑道："回头主人若是肯再请我吃一顿的话，我就献丑把侍奉国君的技巧透露些给这位大夫吧！"也没等她答应，优施就开始唱了起来：

暇豫之吾吾，不如乌乌。
人皆集于苑，己独集于枯。

里克听出优施的歌里似乎暗含深意，便警觉地问道："你的歌声婉转而悠扬，让人不禁思逸翩飞。可是我却不懂，那'苑'所指的是什么，'枯'又是什么意思？"

优施带着酒意漫不经心地说道："听说有一位公子，他的母亲是国君的夫人，他也将要成为国君，大家都纷纷聚拢到他周围，可不就是芳草肥美嘛！而另一位公子，他的母亲已经去世了，留下他一个人孤苦伶仃，还处处招人议论，人心凉薄、枯枝败叶，恐怕就要被折断了。"说完就疯疯癫癫地哼着小曲溜达出去了。

优施走后，夫妻俩面面相觑，谁也没有说话，就这么干坐了半宿。优施分明是在暗示他眼前的局面，太子将废，奚齐将要成为储君，可又无法确证这消息是否真实，更不知晓国君究竟是什么态度。

夜深了，里克也实在没有心情，便回到了卧房准备休息。可优施的那些话却一直都在他的脑海里盘旋，让他辗转反侧根本无法入眠。又想了大半个时辰，梳理了最近听到的各种消息，里克还是想不出个所以然来，只是隐隐地感觉到危机正在一步步地逼近。

为了弄清楚优施所要表达的真实含义，到了半夜他特意将优施请了回来，万分警觉地询问道："你刚才所说……是开玩笑呢，还是确实听到了什么风声？"

优施假装很害怕的样子，哆哆嗦嗦地回答道："这事千真万确，我亲耳听到国君对骊姬许诺，要杀掉太子改立奚齐，而且具体的计划都已经定了！"

里克顿时慌了神，一不留神差点栽倒在地。过了半晌，他才恍然问道："若果真如此……让我顺从君命杀掉太子，终究于心不忍；可若是一如往常地和太子交往，我也没有那个胆量。那我……可以保持中立吗？"

"当然可以！"

得到里克中立的保证，优施心满意足地离开了，可里克却更加难以安心了。第二天天刚亮他就找到了丕郑，把优施的话转述了一遍。丕郑惊愕地问道："那你对优施是怎么说的？"

里克说："我告诉他会保持中立。"

丕郑大怒："糊涂啊！你难道不知道优施就是故意来试探你的吗？"丕郑狠狠地跺了跺脚，转身跪坐在几前，拍了拍案几大吼道："如果告诉他你根本不相信这些，骊姬知道后就会有所忌惮而不敢加害太子，只能改变计划。他们的策略一变，就给了我们足够的时间去分化瓦解他们。现在说中立，他们的阴谋就得逞了，你再想做什么也没用了！"

里克此时才恍然大悟："可是我话已经说出去了，该当如何挽回呢？再说了，骊姬这个人你也是了解的，她行事素来肆无忌惮，可没那么好对付。你难道有什么好办法吗？"

丕郑叹息道："能有什么办法？我不过是个替国君办差的，国君怎么吩咐我就怎么做，决定权不在我手里！"

丕郑说罢便起身回房去了，留下里克一个人兀自发愣，他喃喃自语道："要想救太子就只能弑君，可是国君父子之间的事情，我一个外人又有什么资格替人家裁决？如果不管太子，任由事态发展，甚至参与其中……我又怎么能做这样的事情？怎么办呢？怎么办？"

里克就这样迷迷糊糊地想了许久，最后还是决定闭门不出。就这样，太子最后的希望也彻底断绝了，而当这一切发生的时候，他却完全不知情，依旧温顺敦厚地在日日如常的生活中，默默地等待着死神的到来。

祠而归福

骊姬的这些动作尽管是出于她自己的私心，可并不代表献公就完全被蒙在了鼓里。那个外表纯孝的孩子现在让献公感觉到的，更多的是一种难以名状的威胁。尽管他的内心也犹豫过，却还是期望着有人能帮助他下决心，而骊姬的举动正是在一定程度上迎合了他潜藏在内心的那种阴暗需求。

国内的贵族们对此也大都保持沉默，里克如此，丕郑亦然。当里克将骊姬将要发难的讯息传递给他时，他除了在口头上表达愤慨之外，并没有做出任何可能会对申生有利的举动。而他的这种表现，又一定程度上显示出了当时国内贵族的普遍心态：所有人都在观望，却没有一个人插手干预。

这一年是献公二十一年（前656年），太子申生大约21岁，重耳16岁，夷吾大约15岁，骊姬的儿子奚齐也十几岁了。即便是考虑到古代的孩子们在性格上更加早熟，他们也都还没有足够的时间形成自己的威望和稳定的利益集团。因此在国君表达出废弃申生意愿的情况下，那些有着丰富政治经验的精英们，很少有人愿意把赌注放在申生的身上，而是冷眼看着他一步步地走上死亡的道路。

有了这个基础也就能够理解，为什么骊姬这样一个在国内毫无根基的女子，可以明目张胆地陷害太子而畅行无阻。正是在君臣一致的默许之下，骊姬在诱使里克宣布中立一个月后，终于向太子发出了死亡的路引。

这年秋季，献公外出田猎。他前脚刚走，骊姬便与中大夫密谋并传话给太子申生，谎称献公夜里梦到了他的母亲齐姜，起来之后很是伤感，因此出去打猎散心了。身为继母和现任的国君夫人，她表现出了夫人的雍容气度和作为母亲的体贴关怀，言辞恳切地劝告申生：都这么多年过去了，国君对你的母亲还是用情至深，可见他们当年是何等恩爱！国君有伤感之情不敢在外人面前显露，可这份深情却终究是无法释怀的。倒不如你就替国君去祭奠一下，以聊表相思之意。祭祀结束以后带些祭品回来，你的父亲知道你这么体贴，他的心里也会舒服一些。

一想到自己那已逝去的母亲，申生的眼泪便夺眶而出。可以说他从记事起，就几乎没有见过自己的母亲，也许正是因为从小缺乏母爱，让他素来都缺乏安全感，以至于对抚养过自己的大夫都有一种莫名的眷爱。特别是对羊舌突和杜原款，申生对他们从来都是言听计从，不敢有丝毫违逆。

而对于自己的亲生父亲，却全然是另外一副光景，申生从来都不敢对他过于亲近，只敢像庶民对待国君一般充满仰慕。而这种带有怯懦的感情，又在无形中让身为君主的父亲产生了厌弃的想法。

父子关系陷入莫名的低谷，那早已死去的母亲齐姜，也就成了他们之间表现亲近的唯一纽带。因而，当骊姬以夫人和继母的身份嘱托申生祭祀母亲的时候，他心里想到的只有过去的伤心往事；他唯一想做的，就是通过这件事，修复早已布满嫌隙的父子关系，却完全未曾料想，这竟是一个将会把自己拉入火坑的诡计。

几天后，申生按照骊姬的要求虔诚地祭祀了自己的母亲，内心忐忑又满怀希望地从中精挑细选，打算把那些腌制好的祭品送回绛都给父亲享用。可惜这个时候，外出田猎的父亲还没有回来，申生满心失望，只好将祭品交给骊姬存放起来，然后耐心地等待父亲的归来。

太子受诬

晋献公田猎归来是六天以后的事了。

听说了申生的孝心之举，献公心中或许还冒出了一丝感动，于是便决定叫上诸公子一起用餐。有关这次宴会的过程，史料中的记录十分简略，但从这简短的几句话中，我们似乎也能够遥遥体会到，这场发生在两千六百多年前的家庭宴会是何等地惊心动魄。接下来，我们就试图还原一下当时的情景：

宴会开始前，申生遵照骊姬的吩咐将祭品呈了上来，却不知骊姬早已在酒肉中下了毒。彼时的他全然没有多心，只一心幻想着宴会开始后父子之间其乐融融的场面。然而，正当他思绪缥缈之际，一个尖利的嗓音打破了大殿的宁静："太子竟然在酒肉里下毒！"

按照《左传》《国语》的描述，众人在用餐之前似乎要先举行一个"祭地"的仪式，而出人意料的是，献公刚刚将酒洒在地上，地面就崩陷了！

天底下恐怕还没有什么毒药能产生如此恐怖的毒性，因此这或许只是史家在回顾史实的时候，采用了小说家的笔法。但无论如何，这一声不同凡响的尖叫，把在场所有人的注意力都吸引了过来，人们的目光都聚焦到了申生的脸上。申生更是被这一声尖叫吓傻了，霎时间面色苍白，支支吾吾地向父亲辩解道："这不可能！怎……怎……怎么会？"

申生脑中一片空白，正想要跪到阶前解释，谁知刚踉跄着走了几步便被绊倒在地，身子也撞到了门槛上。这时，那个尖利的声音再次响了起来："太子要跑！赶紧把他拦住！"

这个声音就像是命令一般，申生头脑混乱，竟然真的就在它的指引下起身跑了出去。出门之后，申生抢了一辆马车夺路而逃，风声呼啸、车马雷动，内心急促的他根本来不及细想，便直奔曲沃而去。

国君原本压制的情绪也被这个举动彻底引爆，当下便命人将申生抓回来。这时骊姬正端坐在献公一旁，内心不住地窃喜，可在表面上却依旧在为申生开解："国君且不要动怒，申生怎么会给您下毒呢？会不会是弄错了？"

骊姬小心地拉扯他的衣袖，假装好心地辩解道："您消消气，一定是寺人（宦官）搞错了，不如……不如我们就找一条狗来……让它吃一口，不就试出来了吗？"

当即就有一条猎犬在寺人的牵引下进了大殿，见到地上丢的一块肥肉，便扑了上去。只片刻之后，这条体型高大的猎犬便口溢鲜血倒地身亡了。

猎狗的暴毙让他愈发怒不可遏，于是便随手指着一个小臣说道："你！给我吃一口试试。"

这可是实打实的送命题。小臣显然比刚刚倒地的猎狗更能够明白眼前的处境，因此当他看到国君用手指向自己的时候，瞬间就被吓得魂不附体，恐怕都不用等酒肉送进嘴里，就已经口吐白沫了。

经过再三证实，献公终于确信酒肉是被下过毒的。这时骊姬也如突然受到惊吓一般，浑身发抖地啜泣道："想不到太子竟然真的会对自己的父亲下毒手！"

坐在下首的重耳、夷吾及其他诸公子也都像犯了错一般，跪坐在案前低头不语，耳朵里警觉地辨析着父亲粗重的喘气声。虽然在内心里，他们也会为申生的处境担忧，可更多的恐怕还是在快速地检索着对自己最有利的解决方案。

就在诸人各怀心思的时候，派去追赶申生的人都陆陆续续回来了，显然都是两手空空。献公知道自己又养了一帮酒囊饭袋，既然找不回申生问清缘由，便只能认定他的确有罪，于是便拍案道："既然申生跑掉了，杜原款作为太子太傅，有着不可推卸的责任。太子的过失，就让他来承担吧！"

太子驾着马车疯疯癫癫地跑回曲沃，这件事早已满城皆知，杜原款自然也不例外。因此当国君使者赶到时，他正跪坐在几案前，恭恭敬敬地在竹简上书写。使者耐心地等待杜原款写完了书信，看着他将书信交到了小臣圉的手中，这才宣布了他的罪状，并对他处以了极刑。

杀身成仁

申生一溜烟跑回了曲沃，一进城便下令关闭四门，不允许任何人出入。回到了自己的地盘上，刚才的紧绷的神经渐渐松懈下来，他再也无法控制情绪，像一个孩子一般放声大哭起来。

此时的申生是多么孤寂，母亲早夭，父亲猜忌，曾经保护过自己的士芴已经去世，而里克却为了自保闭门不出，如严父一般教导自己的羊舌突，此刻正在北方遥远的封地上，现在的师傅杜原款更是在绛都生死不明。

他不知道自己究竟做错了什么，也不知道究竟该怎么做，才能挽回如今这颓势。眼看着自己陷入了绝境，父亲派来的大军很快就会兵临城下，留在身边的却没有一个能让自己放心倾诉的人，更没有一个人能为如今的艰难局面出谋划策。

申生在万般的纠结与痛苦之下艰难度日，不久后，小臣圉把师傅的临终遗言带给了申生。听说杜原款已死，申生再次放声大哭，他满心忐忑地接过竹简，放在几案上多次跪拜，才将那封倾注了师傅心血的遗书打开。只见上面写道：

太子申生如晤：

　　吾今以此书与君永别了。

　　这些年来，能够成为你的师傅实感荣幸，你我二人以师生之名相处的这段时间，也是我人生中最为美好的时刻。说实话，款自知没有多大的才能，为人处世也太过于愚钝，本来就没有资格做你的老师。正因为如此，当国君对你有厌弃之意时，我却不能够察觉，让你及早地放弃太子之位逃亡国外。

　　这固然是由于我生性愚钝，但更多的还是私心作祟。我太过于追求安稳，谨守本分，不敢和你一起出走。我太过于相信正直的力量，以为清者自清，所以当人们散播关于你的流言时，我听而不闻，不愿为你出头辩解，以为国君自有公断，不会轻易相信那些传言。然而我终究没有料到，因为我的失职，让你落入了骊姬的圈套，陷入了如今这般危难的境地，我实在是愧悔万分。

　　如今我也算是死有余辜。我杜原款并不怕死，只是不知不觉间变成了骊姬的帮凶，还真有些死不瞑目。人之将死，其言也善。不管过去犯过多少错误，还是希望能够得到你的谅解，也希望你能容许我对你做最后的告白。

　　人的一生总要有所追求，不能为自己的信仰而死，才是人生最大的遗憾。不管怎么样，我还是要坚持自己的原则，希望太子也不要因为惧怕死亡，而把仁爱孝敬这样的美德抛诸脑后。君子至死都不丢弃自己的信仰，不会对谗言有所申辩，有了美好名节的护身，即便是遭到谗言陷害而死也不丢人。

一个心志坚强的人，不会因为死亡来临而改变自己的性情；一个尊崇孝敬之人，就算是死也要顺从宽慰自己的君父；一个有仁义之心的人，会用自己的生命来捍卫信仰。以爱民之心而死，死后留下青史美名，这不就是君子应该追求的吗？希望你能够牢记为师的话，这样我也就安心了。

罪臣杜原款　拜谢君恩

看着杜原款留下的这些字句，申生终于收住了扑簌的泪水。师傅的话一字千钧，于他而言称得上是最大的安慰，让他不再惧怕和忧虑，而是决心要从容地面对死亡。故而当仆从张皇失措地为他收拾好行囊劝他出逃的时候，却见他平静地说道："我不走了。"

小臣一下子急了，赶紧跪倒在他面前，急切地问道："为什么？这可是你最后的机会了，现在走还来得及！"

申生很坚定地说道："我不会走了。"

看到他平静的面色，小臣突然感到有些害怕，身体慢慢地向后挪动，似乎是担心申生会猛然发狂伤到自己。可申生依然无动于衷，说道："师傅说得对，我怎么能在这个时候离开呢？假如我要真的走了，这件事的责任就会落在君父的身上，人们就会认为我是在怨恨君父。我的出走就会把君父的过失公布于天下，人们就会取笑我，说我是一个不忠不孝的人，谁还会接纳我？"

"啊？"小臣大感不解，现在面临危险的分明是太子你，怎么你反倒替国君担心起来了？"可是太子你是清白的啊！为什么就不能逃走呢？"

申生没有理会他，而是接着喃喃自语："内不容于父母，外又没有诸侯可以投靠，内外交困，我还跑什么呢？更何况，为了逃避罪责背弃了君父，是可以留下一条命，可这又能如何呢？这只能说明我是一个无智谋、无勇力、无仁德的庸人罢了！有智谋的人就不会落到我今天这样的下场，有勇力就不会因为怕死而逃亡，有仁德的人就不应该怨恨国君，否则让君父留下骂名，这不就是小人的做法吗？"

新城雪月

申生每日沐浴更衣，等待父亲的钧命，却始终都没有等到。此时的他不知是否还存着那份侥幸，但杜原款的话却真切地说动了他，让他宁愿求死也要搏一搏，用父亲的宽厚仁慈来为自己博一个前途——抑或是声名。

事实上，晋献公已经从盛怒之中清醒了过来，他并没有继续派兵围攻曲沃。因为按照《国语》的记载，酒肉中所下的毒分别是乌头和鸩毒。而杜预在注解中则提到，鸩酒乌头盛放一昼夜就会变质，若果真是放了六天，恐怕早就被发现了，因此毒药一定是当日才放进去的。

这一点献公显然是知晓的，因此当他回过神来，便再次陷入了犹豫之中。父子亲情显然让他无法割舍，即便是申生真的有罪，他也会有所犹豫，更何况他已经认识到了事情的真相。但这又的确是一个废立太子的时机，趁这个机会换掉自己一直以来都不很欣赏，而且已经声名狼藉的太子，并非一件难事。

献公一犹豫不要紧，骊姬却一刻都坐不住了。她担心国君发现下毒之事是自己所为，并因此而迁怒于自己。事情一旦开始便没有了回头路，要想在这次的斗争中获胜，就必须不择手段。为此，骊姬急匆匆地从绛都赶到曲沃，以彻底摧毁申生的心理防线。

在空荡荡的新城大殿上，她声泪俱下地斥责申生，让他不要再心存侥幸。这番说教主要是从两个方面下手：首先是一口咬定下毒之事就是申生所为，他的父亲之所以没有讨伐，并不是因为不知晓内情，而是顾念父子亲情不忍心下手罢了。其次是告诉申生，也不要指望国人会对他施以援手："你信誓旦旦地说会为国人谋福利，可一个连亲生父亲都忍心谋害的人，他们又如何相信你会真心地保护他们？相信你会为他们谋利呢？百姓对你恨之入骨，又岂能容你继续逍遥？"

骊姬的一番话让申生心如死灰，他失魂落魄地瘫坐在地上，痛彻心扉的嚎叫声让整个城池都为之震撼。他本已抱定了必死的决心，唯一的奢求就是再见父亲最后一面，可如今连这样的机会都没有了。

可事已至此，还有什么办法？为了一个忠诚孝敬的名声，他连反抗的勇气都没有——更何况，经过了一次次的打击，所有人都已经离他而去，他还有什么力量可以反抗？

不想反抗，不想逃亡，留给他的便只剩下了一条路——一条绝路。万念俱灰之中，申生终于做出了一生中最有勇气的决定：他选择了一条绳索，孤苦伶仃地在这座了无生气的曲沃城里，在下国宗庙冰凉的大殿上，迎着冬日里飘摇纷飞的琼琚，结束了这如雪花飘零的一生。

这一天是献公二十一年（前 656 年）夏历十二月二十七日。①

闭门谢客的狐突，在新年来临之时收到了太子自杀的消息，那是太子最忠心的家人带来的遗书，信中说道：

> 当年伯氏语重心长地劝我离开，可我却没有能理解你的良苦用心，最终落得如此下场，如今回想起来，真的是悔不当初。事情既然已经发展到了如今的地步，我申生不敢贪生，只能对你表示感激。
>
> 如今我要离开了，本已没有什么可留恋的，可想到我年迈的父亲，终究还是有些不舍。如今国家多难，又有那么多小人围绕在他的身边，实在让人放心不下。伯氏如此睿智练达，如果愿意重新出山帮助我的父亲，我将更加感激不尽。父亲有了你的辅佐，我死也瞑目了。

看到这些话语，狐突顿时老泪纵横。一个远离家庭温暖独自长大的孩子，为了获得父亲的认可，为国为家付出了那么多艰辛，如今却落得如此下场，怎不让人痛哭流涕？一个忠诚孝敬的孩子，即便是死到临头了，却还时刻惦记着自己的父亲，又怎能不让人为之动容？可惜他生不逢时，上天给了他太子的尊荣，却又给了他愚忠愚孝的秉性，最后难得善终，可悲可叹啊！

---

① 杨伯峻：《春秋左传注》，中华书局 2018 年版，"晋用夏历，据周历推之，当为周历明年二月之二十七日"。

第五节　祸起何处

祸水之源

"曲沃代翼"和"桓庄之族"的故事还历历在目，所造成的创伤还没有修复，"骊姬之乱"便以一副狰狞的面目血腥上演，终于造成了太子自杀的惨痛结局。不久后，其余两位公子重耳、夷吾也相继出奔，为后来晋国政局的长期动荡埋下了隐患，更让身处其中的人们深感痛楚。晋献公尝到了权力任性的后果，也意识到了原有制度的缺陷，可他已经没有时间，也没有能力再去修补这些弊端了。

"乱世用重典，沉疴下猛药。"此后不久，一项决定了晋国此后命运的法令横空出世，这也就是所谓的"国无公族"制度。晋献公下令，晋国不再蓄养公族，凡未被立为太子的公子要一律送出国门，成年之后也不再给予封地，这项政策也成了晋国此后几百年里不可动摇的基本国策。

至于在其中起到重要作用的骊姬，人们总是不吝于用最恶毒的语言来攻击她，并将这场事变的责任都推到了她的身上，这便是"骊姬之乱"得名的由来。骊姬承担了晋国祸乱的全部责任，终于如太史苏所预测，成为继妹喜、妲己和褒姒之后的又一个"红颜祸水"，自然也遭到了国人的痛恨。

根据汉代刘向《列女传》的描述，骊姬由于扰乱国政，为里克所戮。"戮"在古代刑法中并不仅仅是杀掉了事,还包含有羞辱的意味。电视剧里经常出现的游街示众、公开处死就是"戮"的基本形式。除此之外,为了表达对罪人的深恶痛绝,鞭尸也往往是不可或缺的环节。在重视个人名誉的春秋时代,这种刑罚是对一个人最为残酷的羞辱。

但是如果我们抛开"红颜祸水"的论调,仔细回头来审视这场发生在两千多年前的悲剧,或许就会发现,骊姬虽然在整件事上扮演了不光彩的角色,可若要把所有责任都归咎于她,也有失公平。

在男性掌握多数资源的父权社会里,女子往往要依附于男性——比如父亲、丈夫和儿子——以获取生存资源,即便是那些有着赫赫声名的女性领导者也概莫能外。而在这其中,儿子往往才是宫中女子后半生唯一的依靠,这也是身处宫闱中的女子不得不参与到权势争夺战中的根源所在。

身为一名亡国之女,骊姬除了具有那个时代女性所共有的焦虑外,还同时兼具了由国家破亡所带来的不安全感。为了消除这些无处不在的焦虑,她自然会将希望寄托在奚齐身上,并为他将来的道路谋篇布局。而由废长立幼带来的灾难,显然也不是她能够控制的。

"骊姬之乱"之所以会爆发,很大程度上是晋献公一手导演的悲剧。骊姬在整个事件中如果说起到什么作用的话,最多也只是顺应献公的心思推波助澜,做了一些舆论引导工作,也就是史料上常说的"谗言"。如果献公没有这样的念头,以他这样心志坚定的君主,单靠骊姬一个人不断地进谗言、散流言,恐怕很难起到实质上的作用。也就是说,骊姬不过是晋献公抑或是晋国当时制度缺陷的"背锅侠"罢了。

在当时的制度框架下,有"诸侯不再娶"的说法。一般认为这主要是与当时普遍实行的"媵婚制"有关。《公羊传》有云:"诸侯娶一国,则二国往媵之,以侄娣从。"诸侯嫡女出嫁,不仅要有本国的侄女和庶妹作为媵妾陪嫁,还要有两个同姓诸侯送出同样数量的媵女,加起来共有九女同嫁。但从更深层次分析,"诸侯不再娶"的根本目的恐怕还是为了确定尊卑,以确保嫡长子继承制能够得到贯彻。

本书开篇时就提到过,商王朝的灭亡以及周初"三监"的叛乱,继承制度的不确定性在其中起到了很大的作用。周公旦制礼作乐,正是以这些教训为蓝本,将嫡长子继承制确立为周王朝的基本制度,用完全的确定性消除不确定性带来的潜在风险，用严格的制度约束为后人开辟出一条通往和平稳定的康庄大道。而在这诸多的确定性规则中，"诸侯不再娶"的规定，正是在为这种唯一继承制度保驾护航。

比如杜预在注解《春秋》"考仲子之宫"时便提到"诸侯无二嫡"，也即诸侯国君一生只能娶一名正妻。就拿晋献公来说，既然他已经立过夫人，且将夫人齐姜的儿子申生确立为第一顺位继承人，就不应该轻易改弦更张。即便是齐姜已经亡故，在她之后进门的，无论德行多么高尚，都不能再立为夫人。否则的话，就必然会给当时的礼法专家提出一个巨大的难题：申生是否还是嫡长子？或者说，骊姬生子之后，她的儿子奚齐和齐姜的儿子申生究竟谁才是嫡长子？谁才是合法的第一顺位继承人？如果申生将来不再是嫡长子，那么他如今太子的地位是否还能得到保留呢？

晋国大夫无论是唱起"红颜祸水"的论调也好，通过占卜来表明态度也罢，他们阻止献公立夫人的根本原因就在于此。既然太子的地位已定，若不想动摇太子的地位，就不能再立夫人了，以免使得太子无所适从，从而将晋国再次拉回到战乱的旋涡之中。

但在春秋这样一个礼崩乐坏的时代，一切旧制度旧观念都已被摧残得不像样子了，若是固执地坚守过去的原则，晋国就不可能取得今日的成就。越是卓有成就的君主，往往也是破除旧观念最为彻底的人，譬如当时称霸中原的齐桓公，不但一股脑儿地立了三位夫人，还同时并行着六位如夫人。在这位有着赫赫声名的霸主面前，晋献公的出格举动简直是小巫见大巫，根本不值一提。

但正如我们之前所说，在制度变革的过程中，新旧制度和观念的冲突总是无可避免的。于晋献公而言，他再立骊姬为夫人或许只是一时任性，可对国内大夫来说，传达的却是另外的信号。世间所有的故事都有因果，而在"骊姬之乱"的故事中，申生的悲剧，恐怕是从一开始就已经注定了。

观念之争

前文[①]我们通过分析晋献公的心路历程，对这对君臣父子关系逐渐走向恶化的

[①] 见本章第四节"心意难平"相关内容。

过程进行了推测和还原。尚未提及的一点是，晋献公与申生之间的冲突，还隐含着的观念冲突的影子。

晋献公是一个极富野心的政治家，这种野心不仅仅体现在"并国十七、服国三十八"的功业上，更体现在他对旧有制度的"大破大立"之上。

晋献公对旧制度的"破"，在前述"聚邑之围"和"骊姬之乱"中已经体现得淋漓尽致。周礼倡导"诸侯不再娶"，可晋献公偏要顶住压力，将骊姬再立为夫人。当时的人们倡导同姓不婚，所谓"男女同姓，其生不蕃"[①]，偏偏晋献公就娶了一堆同姓的女子：贾君，贾国公室，姬姓；狐季姬，狐氏大戎，姬姓；骊姬两姐妹，姬姓。周礼倡导爱亲尊贵，他偏偏不信任自己的亲戚，用尽残忍的手段屠戮亲族、摒弃公族，从而连续制造出两桩血案。

而在"立"的方面，晋献公也颇有些冒天下之大不韪的气概。首先，是在制造了"聚邑之围"将"桓庄之族"屠戮殆尽之后，他坚决摒弃了"亲亲尊尊"的原则，启用了大批异姓、异氏大夫，这在整个春秋时代都是独一份的。

比如一手导演了"聚邑之围"并被任命为大司空的士蒍，以及太子申生的大傅杜原款，都属于祁姓唐杜氏后裔。在讨伐霍、魏、耿三国时担任御戎和车右，并因此获封耿、魏两邑的赵夙和毕万，分别是嬴姓赵氏和姬姓毕国后裔。随同太子出征的梁余子养，以及"二五耦"中的梁五，都是嬴姓梁氏出身。在"假道伐虢"战争中献出奇谋的荀息，其本名叫原氏黯，虽同为姬姓，但族源应该与王畿内的原公国有关，与晋国公室并无亲缘。在"骊姬之乱"中倾向于申生的里克和丕郑，大抵上也都是异姓、异氏出身。

在献公时期受到重用的也有一些出自晋氏公族的大夫，比如在讨伐狄柤国的战斗中献计并"被羽先登"的郤叔虎，以及讨伐东山"皋落氏"时随同太子出征的狐突、先丹木、先友，据称都有公族身份，但其与公室之间的血缘关系已经相当疏远，严格来说也应当归于"异氏"之列了。

不仅如此，晋献公在选人用人之时，对个人的出身也并不挑剔。在刘向编撰的《说苑》一书中，就讲了一个《东郊祖朝上书》的故事。故事说的是一个名叫祖朝的东郊百姓，有一天他上书请求与闻国家大事，晋献公答复说："肉食者已经考

---

① 《左传·僖公二十三年》。

虑周全，藿食者又何必干预呢？"没承想祖朝却以御戎和车右的关系举了个例子，说"肉食者"在庙堂上一旦失策，"藿食者"在原野上就会有性命之忧，自然是要关切的。晋献公闻听此言，急忙将祖朝请了进来，与他长谈三日，甚至还将其视为自己的老师。

此外，我们还应该注意到，晋献公为实现君主集权，在重用异姓大夫的同时，还在晋国边境地区率先推行县制，试图以国君任命边境官员的方式，取代过去封建亲戚的旧制度。这其中，献公十六年时赵夙受封的耿、毕万受封的魏便是晋国设立的第一批县级行政单位。

从这个角度出发，我们似乎可以做出这样一个推测：献公十一年时将申生、重耳、夷吾外放边城的举动，未见得就一定是厌弃了三公子，也未见得自那时起，他就动了要立奚齐为太子的心思。恰恰相反，或许正是因为三公子身份尊贵，他希望借此将曲沃、蒲城、南北二屈变成国君直辖的领地，并以此为样板将县制改革推行开来。历史上并不缺乏与之类似的例证，比如战国初年魏国攻取中山，魏文侯将自己的太子魏击派到中山，其本意就是不希望将中山封给建有战功的乐羊，这与晋献公的做法可谓是异曲同工。

然而，春秋初年的思想观念毕竟没有战国时期那么开明，其结果自然也就大相径庭了。正如早年再立夫人的举动被人误读，在各种因素的综合作用下，晋献公时期所推行的县制改革似乎并未取得成功，反而是外放公子的举动在各种势力的推动下走了样。随着时间的流转，整个剧情完全脱离了预设的轨道，演变为制造动乱的根源。

作为一名有着赫赫武功的君主，晋献公在短短十几年的时间里就将晋国从一个处处受制于人的区域性国家演变成了一个可以影响中原政治格局的重要参与者，这样的成就也的确太过瞩目，使得他身上被赋予了太多的光环，以至于失去了自省的能力，从而变得比其他的君主更加膨胀。这种超级自信，让他总以为一切都能在他的控制之下按照预定的轨道走下去，却全然意识不到人作为一种社会性动物的局限性，这也是他的一个悲剧。

与晋献公"大破大立"和集权主义的风格截然相反，从十几年来的种种表现来看，申生却是一个极端守旧的代表。申生并不是一个贪恋权位的人，他之所以在献公频繁的暗示下岿然不动，很大程度上是受到了羊舌突、杜原款的教导，谨守敬、孝、忠、贞的观念，毫无底线地维护父亲的权威。

申生和他的父亲恰好处在新旧时代、新旧观念的两端。观念的差异导致了思维方式的差异，申生以极简的方式去看待周围的每一个人，以最为良善的态度去对待自己的父亲。而他的父亲则是以最大的恶意看待每一个可能威胁自己权力的人，因此申生的这种极简主义就很难为献公所理解。观念截然相反的两个人注定无法共存，这种错位逐渐积累起来，就会酿成巨大的矛盾和冲突，申生之死正是这一冲突必然会导致的结局。

晋献公是一个矛盾的综合体，他杀伐决断、冷血异常，在征讨兄弟之国的时候不择手段，诛杀桓庄之族的时候心狠手辣，很多做法都大大地超越了底线，为世人所不容。但在对待申生时，他又是个顾念亲情的人，终究还是保留了一些温情。从即位五年左右确立骊姬夫人身份开始，一直到二十一年申生自尽，这十几年间他从未对自己的儿子下过狠手，只是一直在用各种手段暗示申生知难而退。甚至到下毒事件发生后，他也没有趁机逼迫，而是给足了申生逃亡的时间，足见其舐犊之情。

只是他的良苦用心难以为申生所理解，申生最终没有如其所愿逃出国外，反而是以在宗庙中自尽这种悲惨而壮烈的方式将自己的父亲推向绝境，同时也使得本来只是局限于申生与奚齐两个"嫡子"之间的争斗，变成了诸公子共同的战场。这大概是晋献公无论如何都预料不到的结果吧！

献公遗恨

申生的故事就到此结束了。不管怎么说，逝者已矣，太阳总会照常升起，活着的人还要把路继续走下去。然而对于操盘了整个事件的献公来说，短短几个月的时间，一场变故就让他的家庭变得支离破碎，父子亲情也变成了蚀骨之痛。更让他痛心的是，骊姬之乱爆发后，诸公子夺嫡的斗争开始浮上水面，派系之间已经势同水火、剑拔弩张，国中上下各怀异心，都在为自己的前途做打算。整个国家积极进取的风尚也一去不返，使得他韬光养晦所要寻求的集权之路戛然而止，更打断了他孜孜以求的霸主之梦。

尽管如此，晋献公寻求参与中原大事的雄心始终未死，他还是想到中原去会一会诸侯列国的君主们。于是在即位第二十六年（前651年）时，他不顾老弱的躯体，坚持要去参加齐桓公在葵丘（今河南兰考、民权附近）举行的会盟。

途中，献公路遇周襄王派往葵丘参加会盟的太宰周公孔（又称宰周公，宰孔），问明来意之后，宰周公对献公说："历来齐侯的会盟你都没有参加，这次的会盟也不必去了。"

献公不知其故，宰周公耐心地解释道："齐侯生性爱炫耀，爱表现，更爱施恩，注重武力但却缺乏真正让人心悦诚服的德行。为了让归顺者受到鼓励，让背叛者羡慕嫉妒，齐侯从来不吝于施加最丰厚的赏赐。他所举行的历次会盟，不过是不断重申过去的誓约，简化会议的仪式，并尽量给诸侯施以好处。诸侯对此心向往之，以至于不少人来参会的时候，往往只需要象征性地带一些礼品过来，但却可以满载而归。"

在武力方面，宰周公说："齐侯主持了三次会盟，挽救了三个即将灭亡的国家（指的是齐桓公'救邢、安鲁、存卫'的三大功业），向这些有危难的国家施加恩惠。他邀集诸侯向北讨伐山戎，向南攻服楚国，向西则是举行此次会盟。"

这些作为表面上看大家都心悦诚服，实则是暗藏危机。齐桓公并不是无偿地在做好事，而是"像放债一样遍施恩惠"，是需要人们回报的。可得到帮助的人不知道该怎么回报他，最后难免会因此结下怨仇。

最后，宰周公得出一个明确的结论：从这种种迹象来看，齐桓公的霸业已经到顶了——"这就好比是盖房子，栋梁之上的屋顶都已经建好了，又如何再加盖楼层？"即便是还能延续几年霸业，他的影响力也只限于东方诸侯，对晋国产生不了什么影响。与其耗费精力去参加这样的一个会盟，倒不如回去好好想想，将来果真需要你出力的时候究竟该做些什么吧！

听了宰周公的这一番分析，晋献公深以为然，于是便终止了这次行程折返回国，他一生中唯一一次参与中原事务的冲动也就此打消。望着献公远去的背影，宰周公突然喟叹一声，对自己的御戎说道："晋侯命不久矣！晋国有霍太山作为城墙，有汾水、黄河、涑水、浍水作护城河，周围更是有数不清的戎狄环卫。如此表里山河，只要不违背天道，又有谁能撼动呢？他明知齐侯霸业不久，不关起门来治理国家，却轻率地坚持参加会盟，可见他内心是有多着急。心理如此失衡，恐怕很快就会死了！[1]"

　　宰周公所言非虚。晋献公之所以如此心急，正是因为他的身体早已江河日下，使得他急迫地想在有生之年实现心中夙愿。然而宰周公的话却点醒了他，让他明白成就霸业并非是一朝一夕的事情。他如今的当务之急，恐怕还是要趁着自己健在的时候，尽早为嗣君的地位做出安排。

　　然而，亡羊补牢显然有些太晚了。不管献公多么雄才大略，身后的事情终究还是他无法操控的。公元前651年夏历九月，在位二十六年的晋献公撒手人寰，仅仅一个月后，一直暗藏心机的里克便发动了政变，献公穷尽一生都试图消除的公族内乱，终究还是以"五世昏乱"的形式爆发了。

　　所谓"成也萧何，败也萧何"。晋献公征伐一世，大大地扩展了晋国的领土，但最后却因为手段太过激进，将自己一手壮大的国家拖入了内乱的泥潭，更中断了他梦寐以求的霸主之路。而由他一手缔造的"国无公族"政策更像一把双刃剑，影响的不仅仅是他自己一朝，更是后来晋国的国运。晋国先是称霸中原，而最后又被强卿所瓜分，都能从中看到端倪。

---

[1] 见《国语·晋语·宰周公论晋侯将死》。

第四章
"五世昏乱"与"秦晋之好"

第一节　二子争政

里克之乱

公元前651年夏历九月，参加葵丘会盟中途折返的晋献公自知时日无多，便将他最信赖的大夫荀息叫到了榻前，郑重其事地将骊姬的儿子奚齐托付给他，让他担任奚齐的老师，辅佐其成为一名合格的君主。

这位荀息大夫旧名原氏黯，晋武公晚年时因功勋卓著受封于荀国故地，从此以后便以荀为氏。晋献公在位时期，荀息一直兢兢业业，为国家征伐大业出谋划策，著名的"假道伐虢"之计便是他的手笔。

可尽管有如此智谋，荀息却也是一个愚忠之人。当许多大夫都卷入到骊姬之乱中并先后表明立场的时候，我们却从未看到荀息对此做出过任何有倾向性的表态。他始终坚守着"君立臣从，何贰之有"的人生信条，凡事以君主的喜好为上，即便他明知国君的决策是错的。正因为其脾性如此，献公对荀息的为人深信不疑，故而才在临终前将一个人人避之而不及的烫手山芋交付于他。

此时距离申生之死已经过去了五年。在这五年间，尽管有骊姬羽翼的护佑，奚齐在国内的根基终究还是不够稳固。相反，那些原本效忠于太子的党羽纷纷转投到重耳、夷吾二公子门下，誓与骊姬周旋到底，反而使得奚齐的地位更加岌岌可危。

荀息正是在这样的背景下接受了托孤重责。他深知奚齐幼弱，两个兄长又虎视眈眈，辅佐奚齐的事业终究会走向失败，却还是无法拒绝，不得不接受了这份使命。当献公问起，如何才能保证兑现诺言的时候，荀息给出的答案是："唯有忠贞二字。"

献公不解地问道："何为忠贞？"

荀息不假思索地回应说："只要是对公室有利的事情，在我能力范围之内尽力去做，这就是忠；埋葬逝者，侍奉生者，即便您从坟墓里爬出来，看到我的做法也不会埋怨，这就是贞。"

言至于此，献公突然流出两行清泪，随后无奈地摇了摇头不再作声。初十日，晋献公带着对未来的忧虑与世长辞，而荀息也信守诺言，与骊姬及二五耦等人合力扶植奚齐为君。

大约就是从这一刻起，那个在先君面前唯唯诺诺、态度左右摇摆的里克，终于压抑不住本心，决定召集申生、重耳、夷吾三公子之党发动一场政变。

政变之前，里克念及同僚之宜，曾旁敲侧击征询过荀息的意见："三公子的追随者想要杀掉奚齐，秦、晋两国各方势力都将支持他们发难，你究竟是何立场？"

荀息面色凝重，掷地有声地吐出了四个字："以死相报！"

里克十分关切地问道："你这又是何必呢？如果你的死能换来奚齐地位的安定还则罢了，可你明知道以一己之力无法改变局面，又何必非要送死呢？"

荀息坦诚回答道："我已经向先君许下了诺言，就要以死来践行，岂能因为爱惜己身而食言呢？就算是死得毫无意义，也绝不后退！"

往日里是亲密的战友，如今却因为立场不同成为对手，这让里克不禁感慨万千。他含着泪看着荀息视死如归的脸庞，心中暗暗地为之惋惜。

事后里克又找到了丕郑，询问他对此事的看法。丕郑听了之后如连珠炮一般，把想法全抖搂了出来："你就带着公子党羽和七舆大夫放手去做吧，事情只要谋划得当就一定能成功。这件事我会从侧面协助你，若是还不放心，我可以引狄人和秦国的力量来干扰公室。事成之后你我就立一个人望差的做国君，人望好的就不让他回来了，也好让天下人看看，这晋国究竟是谁说了算！"

丕郑的想法简单粗暴，让里克脑子一时有些转不过弯，急忙劝阻道："万万不可！即便是不成功也绝不能行此不义之举！我们之所以要杀掉奚齐，并不是因为他这么一个小孩子能有多大罪过，而是因为骊姬蛊惑君主欺骗国人，逼杀了无辜的申生，又赶跑了诸位公子，使得民众皆心怀怨憎。我担心百姓的怒火会像壅塞的大河一样一触即溃，所以才要杀掉奚齐，为的只是团结国人、一致对外，以免让晋国遭受祸乱。只要我们的做法符合公义，天下诸侯就会主动前来协助。可要是为了贪图利益引狼入室，这就是违背道义的行为了，就算是成功了也会失去主动、任人宰割。更何况，如果杀掉新君仅仅是为了给个人谋私利的话，只能招致民众的怨恨，就算是成功了也会遗臭万年，我们怎么能这么做呢？"

丕郑听了汗颜不已，急忙向里克道歉："你说得没错，都怪我急糊涂了，差点犯下了弥天大错！"

有了丕郑的支持，里克便伺机率领三公子私属武装包围公宫，在献公灵前将奚齐杀死。眼见先君灵柩未葬、尸骨未寒，嗣君就死于非命，荀息自觉失职，对不起献公的嘱托，便想要以死谢罪。这时有人从旁劝阻，说还可以立骊姬妹妹的儿子卓子为君，荀息无可奈何，只好硬着头皮又立了卓子。为了防止里克再次图乱，他对卓子进行了严密的保护。然而卓子还是没能撑过一个月，很快就被里克所策反的东关五门客、大力士屠岸夷杀死在朝堂之上。

里克连弑二君，又杀掉了骊姬，逼得荀息无路可走，只能自裁以报君恩。而君位的空缺，又使得晋国上下的空气顿时紧张了起来，原本有着共同目标团结一致的贵族们，自然而然地分野为两个阵营：以里克、丕郑为首的一派选择支持公子重耳，郤称、吕甥则另立山头，选择支持公子夷吾。两派之间剑拔弩张，争先恐后地派出信使前往两公子驻地进行联络，以期自己所支持的公子能够尽快回国夺位。

柏谷之谋

说起重耳和夷吾这几年的下落，我们还需要把视线再拉回到五年前，也即公元前 656 年的那场宴会。彼时骊姬假意让太子申生祭祀齐姜，随后又在他带回的祭品中动了手脚，从而成功嫁祸申生，迫使其奔守曲沃，并于当年冬天悬梁自尽。申生的死讯迅速传遍了晋国的大小城邑，但人们对这件事情丝毫都不感到意外，反而是静静地盯着公宫的动静，等待着另一只靴子的落地。

这只靴子倒也没有悬多久，就在申生死后不久，在宴会上亲眼看到了事变全过程的两公子也如惊弓之鸟，纷纷逃到了他们所驻守的边邑，这倒是帮了骊姬的大忙。不久后，她再次向献公进言说："申生下毒之事暴露之后，两位公子不告而别，显然是与申生合谋，一定要把他们抓回来审问！"

献公本来就对申生下毒一事抱有疑虑，对重耳和夷吾与之合谋的说法自然也很难说就深信不疑。无论他有多么心狠手辣，也断然不会忍心因为骊姬的几句挑唆，就轻易地在短短几个月的时间里连续杀掉三个儿子。

可问题是，身处历史旋涡中的个人，最难逃脱的莫过于"不得已"这三个字，哪怕是手握宝器的国君也概莫能外。人人都爱惜羽毛，没有谁会情愿将自己推到风口浪尖之上，可到了情非得已的地步，总会有一股强大的力量推动着，让你无力反抗、无法自主。

事情发展到这个地步，于晋献公而言，已经不是他想不想、愿不愿的事了，而是究竟该怎么做才能将影响降到最低。尤其是当重耳、夷吾出逃以后，当初为士芳所忧心的"一国三公"局面已经形成，战乱一触即发，由不得他有半点犹豫。因此，新年刚过（前655年，假道伐虢之年），晋献公就借着这个理由发兵蒲、屈，去攻打自己的儿子。

伐蒲城的是一个叫寺人披（又称阉楚、勃鞮、履鞮）的宦官。此人得了国君的命令，兵贵神速，不日就抵达了蒲城之下。重耳刚刚逃到蒲城，还没来得及喘口气，就被"天降神兵"打了个猝不及防。重耳在蒲城内与对方短兵相接，无奈年纪太小武力不济，在对方的强攻之下只能越墙逃跑。寺人披武功可真真了得，他一直追到了城墙边上，手起刀落就砍掉了重耳的一只袖子——要不是寺人披当时手持的是青铜短剑，后来雄霸天下的晋文公恐怕早就成了"独臂侠"了。

这件事情让后来登位称公的晋文公感到十分尴尬，因此在回忆起这段逃亡生涯时，他并不承认是自己失策，反而辩解说，当时自己还念着"君为臣纲、父为子纲"的原则，不愿意违抗父亲的命令，因此特别下令："谁要敢反抗，谁就是我的敌人。"

这套说辞尽管可以维护其"伟光正"的形象，却并不怎么经得起推敲。若其如此，当申生事发之时，他就不应该不告而别；当寺人披抵达蒲城之时，也应该束手就擒接受君父处置才是，为何又屡屡逃避呢？

可不管怎么说，重耳还是摆脱了寺人披的追杀，仓皇间跑到了黄河南岸的柏谷（今河南灵宝西南朱阳镇）。不久之后，他的部众也陆陆续续赶到，这其中就包括晋文公所谓的"五贤士"——狐偃、赵衰、胥臣、贾佗、魏犫等忠臣良将。

重耳出逃之时，虚岁只有十七岁，对大势的认识还十分粗浅，只知道齐、楚两国势力颇大，于是就想占卜一下以确定究竟该投奔何方。但他的舅舅狐偃（字子犯，又称舅犯，是狐突次子）似乎早就打定了主意，摆了摆手说道："不用占卜了。齐、楚两国离晋国太远，一旦国内有事再往回赶就来不及了。"此外，狐偃还指出："齐、楚两国野心太大，在你困厄之时前去投奔，才不会出手相助呢！"

狐偃的分析不无道理。自故太子申生死后，太子之位虽已落入奚齐彀中，但谁都知道，仅凭骊姬在国内的人望，很难稳固奚齐的地位。一旦国内发生变故，想要回国争位，时间就是决定一切的关键因素，其中的逻辑从齐桓公与公子纠争夺君位的故事中可见一斑。从某种意义上说，君位的最终归属并不取决于个人能力，而是要看谁跑得快，先入为主者往往能够占据主动权。

狐偃对齐、楚两国态度的分析，与周室大夫宰周公对齐国的论断不谋而合。两国对于国际政治都有着非凡的野心，他们对诸侯的封赏或帮助，根本目的都是为了巩固自身的国际地位。倘若你的到来不能为他们带来实在的利益与声望，就很难让他们产生帮助你的动力。更何况，当下两国交锋的主战场在东方，晋国僻处西方，与他们利益并无太多交集，这就使得他们很难产生干预晋国内政的强烈意愿，又怎么会帮助一个流亡公子回国夺位呢？

不过，在分析完局势之后，狐偃走了先手，却下出了一步臭棋：他建议重耳转道到狄国去。

据坊间传言，重耳所投奔的狄国似乎正是重耳的母国，位于吕梁山区的狐氏大戎，也就是狐偃的老家。不过狐偃在分析中并没有提到这一点，只单纯地提到狄国具有"近晋而不通，愚陋而多怨，走之易达"的诸多优势。也就是说，狄国与晋国距离适当，但却与晋人素无往来，国内无事时便于隐藏行踪，当大事将临之时，也能够快速反应；而与周边各国结怨甚多，又使得他们愿意与流亡团队结成同生死共进退的利益联盟。

从当下的情形来看，狐偃的分析也不能说完全没有道理，相比于距离遥远且欲求不满的齐、楚两国，狄国的确是个不错的选项。但当我们看到夷吾接下来的选择后，便不免会对狐偃的论断产生疑问，两者决策的高下也就隐然显现了。

夷吾奔梁

晋献公在派人攻打重耳的同时，还派贾华去攻打驻守屈邑的夷吾。或许是因为山高路远，有充分的时间做准备，夷吾在支持者的保护下拼死抵抗，挡住了第一波攻击。但到第二年（前654年），贾华重整旗鼓再次带兵攻打时，夷吾也无法坚守，只好与当地军民盟誓后匆匆弃城出逃。

夷吾出奔之时，早就听闻重耳正居住在"狄国"，就也打算跟着去，但却被他的智囊郤芮（冀芮，字子公）断然制止："你出逃在后，但却与重耳落脚到同一个地方，就坐实了你们合谋的罪名。"当然了，更重要的是，郤芮有扶植夷吾争夺君位的野心，假如跟重耳逃奔一处，将来国内一旦有事，两个人都想回国夺位，势必会让夷吾陷入危险之中。

在诸多选项当中，郤芮最终选择了梁国作为夷吾的落脚地。其优于狄国的原因有三：首先是从地理位置上看，梁国地处黄河以西（今陕西韩城境内），与晋国的韩原隔河相望，距离要比狄国近许多；其次是从政治关系上考量，梁国与秦国同属于嬴姓诸侯，且是鸡犬相闻的友好邻邦。投奔梁国，会给骊姬造成夷吾已经取得秦国支持的假象，使之不敢前来讨伐，甚至还会迫于压力主动寻求和解；再次，是郤芮的话语中没有提到但也十分重要的因素，那就是能够与秦国保持适当距离，避免因其"望大"而对夷吾将来争夺君位产生消极影响。

郤芮的判断是准确的。在他们抵达梁国的第二年，骊姬就不得不派寺人披带着上好的玉环与夷吾结盟。君位的争夺还没有开始，夷吾就占尽了先机，而反观重耳的局势，就很不乐观了。

重耳投靠狄国之后，由于交通闭塞、文化落后，在各方面都很难得到有力的支持。为了打击重耳，打消其夺嫡的念头，骊姬鼓动献公于二十五年（前652年）派人讨伐狄国，在采桑（今山西交城）打败狄军，着实给了重耳一个下马威。

好在此次统兵的将领不是别人，正是后来发动政变的里克。我们无法揣测申生遇难之后，里克是如何在悔恨中煎熬度日的，更无法揣测是什么原因促使他这样一个意志飘忽的政客，有朝一日会突然鼓起勇气发动政变。但至少可以肯定，在有望争夺君位的三位公子之中，里克更倾向于支持公子重耳。因此在奉命讨伐狄国之时，就留下了相当的余地，并不想将敌人赶尽杀绝。而当担任御戎的梁由靡想趁敌人败逃之际掩杀之时，里克更是一口回绝道："我们只需要吓唬他们一下就行了，不要因为追击招来更多的狄人。"

倒是担任车右的虢射自以为聪明，在一旁随声附和道："对啊，我们不追击，是故意向他们示弱，这样狄人就一定会卷土重来。"后来狄人果然前来报复采桑之败，虢射自以为预言了这场战事，但在里克的心里，恐怕早就有了更大的筹谋，这些显然不是虢射能够预知的。

信仁为亲

里克之乱爆发后，里克、丕郑旋即派刺杀卓子的大力士屠岸夷往狄国与公子重耳接头，郤称、吕甥则派蒲城午前往梁国寻找公子夷吾。

重耳和夷吾得知国内消息，都知此事关涉重大，若是不能及时回国即位，君位恐会被对方抢去。但与当年齐桓公争夺君位的态势有所不同，晋国内部矛盾要比齐国的局势复杂得多，又使得两位公子谁都不敢"先入为主"。

里克之乱爆发之前，重耳和夷吾虽志向不同，但至少在申生一事上立场是一致的。可当他们把目标都放在君位争夺上时，就不免会产生嫌隙甚至是敌对情绪。当此之时，二位公子支持者势均力敌，谁也无法完全占据上风，无论是谁率先回国即位，都会面临一个反对势力坐大的问题。

国内派系分化严重，斗争形势不容乐观。在这种局面下，速度固然重要，但已经不是决定性因素，真正能够决定君位归属的力量只能来自外部。于是，众人纷纷把目光投向了秦国，而秦国此时的君主秦穆公，也就成了他们心目中的"大救星"。

按照《国语》的说法，为了尽快解决争端，避免君位悬而不决引发动荡，夷吾的支持者吕甥（字子金）率先提出了请秦国介入晋国嗣君之争的提议。在取得国内贵族的同意之后，他便委派梁由靡出使秦国，而巧合的是，秦国人也恰好有干涉晋国内政的强烈意愿。

接到调停两公子纷争的邀约，秦穆公召集大夫孟明视和公孙枝商议对策。孟明视认为公子絷"敏且知礼,敬以知微",在外事活动中不仅能做到有理有利有节,而且有洞察入微的智慧,最是适合担当这次的外交使命。

公子絷以吊丧的名义外出考察,首先来到了狄国,向公子重耳郑重提出:"得国常于丧,失国常于丧。时不可失,丧不可久,公子其图之!"其意是在表明,争夺国君之位的时机通常都是在国丧期间,这是再正常不过的事情了,并不关乎个人道德水平的高低。而且这样的机会转瞬即逝,公子若是因为有所顾虑而放弃争夺,将来可就没有后悔药可吃了。

可怜公子絷一番真情流露,重耳却不怎么领情,反而态度坚决地推托道:"父亲的丧礼没能参加,已经是不孝了,现在父亲尸骨未寒,怎么敢有其他的想法以玷污您的义举呢?"说完之后,重耳恭恭敬敬地向公子絷行了个再拜之礼,然后就哭哭啼啼地离开了,此后也没有对他进行回访,以表示自己在感谢吊丧之外,并不想提其他要求。

不过,公子絷并不是头一个吃闭门羹的,早先屠岸夷受里克委派,前来邀请重耳回国,就曾说过"得国在乱,治民在扰"的话,这与公子絷提到的"得国常于丧,失国常于丧"表达的是同样的意思。

但屠岸夷的提议却遭到了狐偃断然拒绝。在他看来,要想坐稳国君之位,必须要先强基固本,基础不牢靠,即便是坐上了国君之位也难得善终。为人君者,必须要谨守礼节,才能够训导民众。倘若在国家丧乱期间夺取君位,就会把国丧当成乐事,把祸乱视为喜庆,做出违背礼仪的事情。这样还如何教导民众,又如何当得好国君呢?

狐偃的高论违背了常理,因此就连重耳都表示不理解:"自古以来新君即位哪个不是在先君的丧期之内?如果不是因为国家动乱,也不可能有人来接纳我啊!"

然而狐偃照旧态度坚决:"所谓丧乱也有大小之分,父母之死为大丧,兄弟相争为大乱,此等锋芒绝对不可以冒犯。如今正值大丧大乱期间,贸然回国是很难取得成功的!"

这套说辞并没有完全化解重耳的疑虑。但重耳对舅舅的信任显然是不打折扣的,因此便依着狐偃的吩咐,对屠岸夷说道:"君子能惠顾到流亡之人,重耳不胜感激!但我听说,能够安定国家的人,要懂得亲近民众、和睦邻邦,还能因民而顺之。若是能获得民众的支持、得到邻邦的扶助和大夫的效忠,重耳自是不敢违背。可如今重耳却是一个不忠不孝之人，父亲在世的时候未能在他身旁尽忠尽孝，父亲去世后又不敢回去操办丧事。身负如此罪过，自知无法做到亲众而善邻，恐怕是要辜负各位大夫的期许了！"

如今公子絷再来考察，重耳依旧不改初衷，在狐偃"亡人无亲，信仁以为亲"思想的指导下，又一次推托了秦穆公的好意。

当机会来临之际，重耳两番推辞君位，素来被当作仁德的典范为人所称颂，但如此典范却很难经得住推敲。正如重耳在反驳狐偃时所提出的疑问，自古以来，新任国君大都是在父母之丧或兄弟阋墙的大丧大乱期间即位的，狐偃即便再迂腐，也不可能连这最基础的常识都不具备。既然如此，他们又为何要做出此等姿态呢？

我们不妨回顾一下之前重耳与屠岸夷的谈话："夫固国者，在亲众而善邻，在因民而顺之。苟众所利，邻国所立，大夫其从之，重耳不敢违。"这句话看似是在谢绝里克的邀请，但也表露出了当时局势下回国即位所需的三样条件——民众的支持、邻国的扶助和大夫的效忠。或许在狐偃看来，在大丧大乱期间表现所谓的"仁德"恰恰是获取这三个条件的手段。至少从当下的情景来看，公子絷名义上是来考察两公子德行的，那么在他面前表现至仁至信，似乎才是最有力的武器。

然而，政治运行的逻辑从来都是残酷的，在现实利益面前，道德教条从来都只是手段，而不是目的。即便公子絷有意依照"德行"观念来做出评价，可最后的选择却必须符合秦国统治阶层的整体利益。因此，从这些表现中我们很难看到重耳的德行有多高尚，狐偃的谋略有多机智，相反，恰恰表明重耳和他的舅舅在政治上很不成熟。他们在选择逃亡地点失误之后，再次犯下了一个重大的错误，直接导致与君位失之交臂，最终不得不继续流亡。

而与狐偃处处标榜"信"与"仁"的姿态截然相反，夷吾团队的表现则处处透露着强烈的功利主义气息。

早在公子絷出访之前，吕甥和郤称便已派出使者蒲城午来告知，希望夷吾能对秦国施以重贿。当时夷吾的智囊郤芮就直截了当地劝说道："国乱民扰，大夫无常"，这样的机会可千万不能错失！在如今这个节骨眼上，吝惜财货土地是最要不得的。因为这就是一个赢家通吃的游戏，一旦让别人抢了先，那么晋国所有的土地和百姓就都跟你没关系了。与其如此，倒不如倾尽国力来收买内外各方势力，就算是闹到国库空虚也无所谓。只要能够得到君位，还怕不能重新聚敛财富吗？

如今公子絷告别重耳，马不停蹄地赶往梁国拜会夷吾，谋臣郤芮更是敏锐地洞察到了秦国的真实目的，于是再接再厉继续劝道：流亡之人无所谓洁身自好，洁身自好者往往办不成大事。如今我们有求于人，就应该适当地放低身段，用贵重的礼物来回报别人的恩惠。现在仰人鼻息并不丢人，能够得到真的实惠才是最重要的。

在郤芮的动员和安排下，夷吾盛情接待了来访的公子絷。双方就未来晋君归属问题进行了深入而友好的会谈，并在一系列共同关注的问题上达成了共识。会议在热烈的气氛中圆满结束，在送别公子絷时，夷吾特意赠送了大量的财礼，其中包括黄金八百两、白玉制作的装饰品六双，以表达对两国君主友好关系的美好祝愿。此外，为了趁热打铁，尽快促成与秦穆公之间的交易，他还特别委派郤芮为全权大使，对秦国进行了回访。那么他们之间究竟做了哪些交易呢？

崤函谷地

春秋战国时期，大凡出现君位更替或公子夺嫡事件，于邻国而言都是从中获利的绝佳时机。秦国人不是"活雷锋"，公子絷也不是"教导处主任"，他在访查两公子态度的时候，身上肩负的最大使命并不是人们通常所认为的"德行"考察，而是要提出一个会严重损害晋国利益的条件：割让河外列城五。

"河外列城五"具体是哪五座城池，史书上没有给出详细说明，不过我们可以根据一些零碎的记载来探求大概。比如在《左传·烛之武退秦师》的段落中提到，晋国曾将焦、瑕两邑许诺给秦穆公，可见这两座城池是包含在内的。《左传》也提到"河外列城五"的大致方位，"东尽虢略，南及华山，内及解梁城"。

根据现在的考证[①]，解梁城位于今山西临猗、永济之间，正位于黄河以东、中条山以北的核心区域，向西可控蒲城渡口，向南则纵览崤函通道，是一座具有战略枢纽价值的城池。焦邑位置在虢都上阳附近，也就是现在的三门峡市陕州区境内，是"河外列城五"的最东端。瑕的位置在今天的陕西省潼关以东，河南省灵宝市境内，地处"虢略"与华山的中间位置。以焦邑作为起点沿着黄河一路向西，经

---

① 详见马保春：《晋国地名考》。

瑕邑抵达华山，需经过秦岭、中条山之间一条狭长的谷地，就是历史上著名的崤函谷地。

只要对战国历史有所了解，就能够理解崤山、函谷关在地缘政治上的重要地位。尤其是扼守崤山谷地东端的函谷关，无论是秦国东进中原，还是六国合纵攻秦，都是一个很难绕开的关口。尽管春秋早期的国家形态大都是以都鄙构成的城邦联合体，国家之间的战争也没有据守关隘的习惯，但控制崤函谷地，无论是对秦国还是对晋国，都有着极高的战略价值。

具体到晋国而言，其素来有"表里山河"之称，莽莽太行、浩浩黄河形成的天然屏障，将其与东方列国阻隔开来。当晋国实力弱小之时，山河险固便是一种天然优势，使得东方的野心家很难踏足晋地对其构成致命威胁；然当其逐渐发展壮大，试图向中原进军一争雄长时，雄壮的高山大河便又如愚公面前的王屋、太行二山，成为制约自身发展的瓶颈。

经武公、献公时期的长期经营，晋国基本实现了临汾、运城盆地内政权的统一，其外延似乎也已扩张到太行山东麓的华北平原，但其对晋东南地区以及太行山区的控制却并不充分。在战国时期具有极高战略价值的上党高地，以及古代兵家熟稔于心的"太行八陉"，后来大都进入了晋国的版图，但在献公晚年时，这些战略要地和雄关险隘却依旧控制在"戎狄"部族手中。

比如素有"太行第一陉"之称的轵关陉，从晋国都城附近直通中原，是其经略东方最为便捷的通道。晋献公曾于在位十七年时派申生攻打盘踞于此的皋落氏，但并未完全肃清其中的"戎狄"部族。在其去世十几年后的晋楚争霸前夜，晋文公为争取时间抢先平定王子带之乱，还不得不贿赂"革中之戎"和"丽土之狄"才得以通行此地。

在轵关陉未能打通之前，位于太行山和中条山衔接处的虞坂古道和茅津渡，以及由此延伸出来的崤函谷地东段，就成了晋国沟通中原并进一步阻遏秦国东进的必由之路，而占据这条重要通道的虞、虢两国自然也就难以幸免——这也是晋国急于实施"假道伐虢"之计的内在因素。

崤函谷地于秦国而言同样意义非凡。我们知道，秦国原本只是周朝的附庸，得益于骊山烽火造成的混乱局面，平王东迁时将周人赖以兴盛的丰饶之地打包成一张"空头支票"许给了秦襄公，秦人由此立国。最晚到曲沃代翼内战的中期，秦国就已经在宗周站稳了脚跟，并进一步扩展生存空间，将势力范围扩张到了黄河沿岸。如在公元前708年，也就是晋小子侯在位的那段时间里，秦国就曾先后侵袭并干预芮国和魏国的内政，其兵锋所指，与晋国的传统势力范围已经有所重叠了。

秦国在西陲戎狄混杂的环境中艰难求存，如今终于成为雄霸一方的强国，免不了也会产生东进参与中原事务的野心。但由于他们的土地都在黄河以西，东进中原的道路被秦岭、黄河所阻绝，若要想突破地理限制东进，打通秦岭与中条山之间狭长的黄河通道就成了不二之选——而这恰好又对晋国的利益构成了挑战，从而使得秦晋之间的冲突成了必然。

秦晋之间的第一次交锋发生在晋献公即位五年（前672年），也即晋国讨伐骊戎的同一年。彼时秦国已然是第一梯队的大国，可晋国却只是一个所谓的"偏侯"，战争自然也就以晋国的战败告终了。

此后十几年间，秦晋之间并无直接交锋，但战略上的冲突却已经隐隐显现。他们都秉持着"只争朝夕"的劲头，铆足了劲在崤函谷地布局，使得这场竞赛从某种意义上讲，可以视作是两国争夺中原霸权的一场预选赛。

晋献公十六年（前661年），晋国作二军伐霍、魏、耿，其中的魏国正位于崤山通道的北侧。而秦国也不甘落后，晋献公十八年，秦穆公刚刚即位便不辞辛劳，亲自攻灭位于北虢附近的"茅津之戎"。或许也正是受此影响，使得晋献公产生了时不我待的紧迫感，从而不得不在虞虢联盟尚未完全分化时候，就冒险于次年发动了第一次假道伐虢战争。

三年后，这场注定会决定两国未来命运的竞赛，以晋国伐虢灭虞抢占先机而暂告一段落。而为了规避可能发生的冲突，晋献公不失时机地把自己的大女儿，也即太子申生的同母姐姐伯姬嫁给了秦穆公，以期通过联姻的方式缓和两国之间的关系。与此同时，包括井伯（百里奚）在内的虞国大夫，也被一并作为嫁妆送给了秦国。秦穆公尽管心有不甘，却只能虚与委蛇与晋国维持表面上的和气，算是为"秦晋之好"的千古佳话开了一个好头。

然而，"秦晋之好"是在妥协基础上建立的一桩并不稳固的政治联姻，很容易被突发情况所动摇。四年之后爆发的里克之乱，就是撼动"秦晋之好"的第一颗"重磅炸弹"。当晋国的两公子纷纷求助于秦国的时候，秦穆公不禁喜出望外，因为他知道，夺取崤函通道的机会终于来了——这恐怕才是秦穆公与晋国两公子交涉时的核心诉求所在。

尘埃落定

秦穆公的这些诉求，晋国两公子心知肚明。在与秦国使者的对话中，夷吾的一席话就已经道出了其中的关键："君实有郡县，且入河外列城五。岂谓君无有，亦为君之东游津梁之上，无有难急也。"秦穆公最不缺的就是土地，他之所以着急忙慌地介入晋国内争，为的就是以后东游黄河的时候，没有什么能让他跳脚的难事——而解决这个问题的关键便是取得"河外列城五"的主权。

这样的条件显然太苛刻了，恐怕不仅仅是重耳，就连夷吾也会感到为难。尤其是秦国对解梁城的诉求，就等于是在晋国的腹心中插入了一把刀子，此后晋国不仅会失去对崤函通道的控制，就连内地的一举一动都会受其节制，这是无论谁都不可能爽快答应的条件。这或许也有助于解释，为什么重耳要在公子絷面前表演苦情戏码，其用意大概就是想以仁德堵住公子絷的嘴，以免他当场提出这样一个让大家都尴尬的条件。而夷吾后来对秦穆公的背信弃义，也就是可以预想的结果了。

可问题一旦出现，就必须要出实招主动化解，消极等待是最要不得的。尤其是当两个卖家争夺一个主顾的时候，这个市场就会变成买方市场，作为卖家的两公子自然也就失去了议价权。重耳的失算之处就在于此，他不仅仅低估了买家志在必得的决心，也明显低估了夷吾的无耻程度。经过不怎么艰难的谈判，夷吾十分爽快地答应了秦国方面提出的要求，甚至按照儒家对其黑化的人设，这个条件都是他主动提出的。既然如此，秦国还有什么理由不支持呢？

公子絷回到秦国以后，把自己的谈判成果和所见所想都做了汇报。《国语》在这件事情上对秦穆公颇为"体贴"，将其塑造成了一个助人为乐且不求回报的老好人。在听了公子絷的汇报后，秦穆公对重耳的仁德感到十分钦佩，认为只有这样的人才能担当得起晋君的重担。

这个时候，公子絷才算是露出了他的本来面目，他慢条斯理地回应道：重耳的确仁德。假如我们扶立晋君的目的就是为了成全晋国，他的确是最佳人选。可倘若我们为的是成就秦国的威名，恐怕立一个缺少仁德的君主才方便驾驭啊！

当然了，秦穆公之所以最终选择支持夷吾，公子絷所提出的"仁置德，武置服"的确是一个重要因素,但以当时的局势而论,恐怕并不是唯一的因素。真正促使他做出选择的,恐怕还有夷吾在交涉过程中所制造出的紧张感,以及东方霸主齐国所带来的巨大压力。

当公子絷在梁国访问之时,夷吾就向他透露了一个重要的信息,说他已经重贿国内的贵族,策反了不少重耳的支持者,其中就包括制造事变的核心人物里克和丕郑。在取得国内支持这件事上,夷吾也绝对不是放空炮,如果公子絷愿意留心打听一下,会发现他真的将这些事情付诸实施了。

有吕甥、郤称两个智囊在国内调查分析,夷吾对国内大夫的秉性和诉求可谓了如指掌,自然也能有的放矢地将其各个击破。在这方面,夷吾同样不吝惜财货土地,为了策反里克、丕郑为己所用,可以说是下了血本:只要他们改变立场支持自己回国即位,就同意封给里克数以百万计的汾阳之田,封给丕郑以七十万的负蔡之田。

丕郑这个人就不用说了,之前被里克拉拢的时候,就很明确地表达了追逐荣华富贵的愿望,根本就没有自己的原则和立场,夷吾的贿赂可谓正合他的心意。至于里克,在早年骊姬之乱的一系列事件中,都表现出了优柔寡断和易被人左右的性格特征。里克对于诸公子有没有什么特殊的感情我们很难判断,但从常理推断,他选择支持重耳很可能只是出于对"立嫡立长"观念的执守,因此态度并不坚决。正因为丕郑的贪婪和里克的摇摆,让夷吾看到了可乘之机,用区区百万的田土就轻而易举地瓦解了重耳背后的势力,真真地切中了对手的要害。

在攻破国内防线的同时,夷吾的智囊郤芮在出使秦国期间,对秦国君臣也展开了凌厉的攻势。在一次公开会谈中,秦穆公询问道:"公子在晋国可有什么依靠?"

郤芮的回答十分巧妙:"我听说'亡人无党,有党必有仇'。夷吾自小就不喜欢游戏,有争斗的能力但从不过分报复,即使是发怒了也不会给人脸色看,长大后依然不改本色。正因为如此,他虽在外流亡多年,国人对其毫无怨恨之心,百姓也能安然待之。"

夷吾有意将敏感消息透露给秦国使者,郤芮在秦穆公面前顾左右而言他,都是想以国内局势的突变,倒逼秦穆公尽快做出选择。

前文重耳在辞谢屠岸夷时曾提出回国稳固君位必需的三个要件,分别是民众的支持、邻国的扶助和大夫的效忠。此时夷吾和郤芮想要向秦国君臣传达的也正是这样一个讯息：夷吾既有大夫的效忠，又有百姓的支持，三分要件已有其二，回国已经是板上钉钉的事了。如今来争取秦国的支持，不过是寻个锦上添花，如果秦国还想要从中渔利，倒不如"因民而顺之"。假如仍然执迷不悟非要支持重耳，或者为了提高谈判价码故意拖而不决，很可能会弄巧成拙，丧失即将到手的利益。

秦国君臣显然接收到了其中微妙的讯息，因此当秦穆公再向大夫们询问时，公孙枝便对夷吾的作为表达了强烈不满。从种种的表现来看，夷吾为人诡诈而好强，出手咄咄逼人，与郤芮所塑造的形象截然相反，且根本不是一个好控制的人。秦国倘若果真扶持他做晋国的国君，那才真是弄巧成拙了！

与晋人打交道多了，秦穆公对诸公子的秉性也多少有了些了解，对公孙枝的观点心中也深表认同。然而此时此刻，他已经别无选择。

一方面，秦国之所以能够左右盘桓，是因为两公子的支持者水火不容，亟须有外部势力前来调停。可如今夷吾已经通过贿赂手段取得了国内表面上的团结，这就使得秦国作为调停人的话语权、议价权都显著降低。

另一方面，齐桓公打着"尊王攘夷"的旗号称霸中原，有一项很重要的任务就是要消灭弑君犯上的"乱臣贼子"。恰好里克发动政变的时候，齐桓公刚刚在距离晋国不远的葵丘举行盛大的会盟，而此次选择葵丘作为会盟地点的一个重要原因，便是有意要向西方扩展自己的影响力。在盟会上，齐桓公一再向诸侯强调组织纪律，偏巧话音未落，里克、丕郑就为其奉上了介入西方事务的借口，他又岂能放过这样的机会？为了争取时间，齐桓公甚至都等不及盟友聚齐，便于献公二十六年（前651年）冬带领诸侯大军登太行、过王屋，兵锋直指晋国而来。

这未免就会给秦穆公造成时不我待的紧迫感。在夷吾的努力之下，重耳入主晋国的可能性已经微乎其微，这个时候若是再闯入一个外部力量，那么整个博弈的规则就会出现巨大的反转。以齐桓公"好示务施"的性情，难保他不会以稳固晋君来邀买人心。果真如此的话，那秦穆公岂不是便宜没有捞着，反而惹了一身腥臊？

时至今日，秦穆公才恍然发现，介入晋国内争或许是他一生中犯下的最大错误。从一开始，他就太过于轻视对手，生生把一副好牌给打烂了，以至于处处陷入被动，甚至是被夷吾牵着鼻子走。可事已至此，也只能将错就错，故而当公孙枝做出无法安定晋国的判断时，秦穆公不禁喟然叹道："猜忌心强必然会多树怨恨，又如何能克敌制胜，这对我们也未见得就是坏事吧！"

此时距离晋献公的去世已经过去了五个多月。重耳还在等待着秦穆公的垂青，等待着里克为他摆平国内乱局。哪知局势早已发生了翻天覆地的变化，夷吾以迅雷不及掩耳之势取得了国内国外的一致支持，扫平了回国的一切障碍。

公元前650年四月，秦穆公和齐国大夫隰朋护送夷吾归国即位为晋惠公，王室大夫宰周公（忌父）、王子党等人也特地前来赐命。一场硝烟弥漫的君位危机，在夷吾等人的周旋下终于尘埃落定，而重耳也在君位的第一轮争夺中宣告落败。

第二节　惠公当国

欲加之罪

　　能够顺利取得国君之位，自然是可喜可贺的事情，可对晋惠公夷吾来说，还远没有到摆功庆宴的时候。当此之时，外有重耳煽风点火，内有群公子党羽四处活动，水面之下暗潮汹涌，使得他来之不易的地位时刻都有倾覆之危。而在这其中最让他感到忌惮的，莫过于辅佐其上位的权臣——里克和丕郑。

　　里克其人族源不详，据一些无法确定来源的说法，似乎与赵氏、秦国族同为嬴姓。据《国语》记载，早先献公初年讨伐骊戎之时，里克便已位列大夫，曾参与太史苏关于"红颜祸水"的论争，并一度承担对太子申生的保护职责。到献公后期里克已位居卿列，以上军主帅的名义伐灭虞、虢，并在采桑击败来犯的"狄人"。

　　相比于里克，有关丕郑的记载更是寥寥，不过依照里克选择盟友的次序来看，应当也是一个举足轻重的人物。从《国语》记载的言行来看，丕郑算是一名高度的功利主义者，对国君的种种出格举动大都旗帜鲜明地表示反对，而对申生也谈不上有太多感情。

　　献公去世后，二人联合七舆大夫以及三公子的私属，一举铲除了骊姬一党，这对于太子申生的故旧来说，绝对是振奋人心的好消息。也正因如此，不少贵族都对里、丕的为人赞许有加，让他们在短时间内集聚了可观的人望，从而成为晋国政坛上炙手可热的权臣。惠公若不是取得了他们的支持，是断然不可能回国即位的，而当他一朝权位在手，里、丕二人可翻云覆雨的权势又令其感到十分忌惮。

所谓"前事不忘，后事之师"。惠公如果耳聪目明，应该对半个世纪前郑大夫祭仲连立四君的故事不会感到陌生。如今里、丕心腹党羽遍布朝野，权势熏天远胜当年的祭仲，他们既然有迎立惠公的能力，自然也就有将其拉下君位的权势。尤其是惠公回国前为取得他们的支持，又许之以汾阳和负蔡的百万田土，若是将这些许诺全部兑现，更是会增加他们左右朝局的资本；可如果不能兑现先前的许诺，难保他们不会向祭仲学习。

晋惠公显然不愿意看到这种局面的出现。在处理这些棘手的难题时，他也算是继承了其父嗜杀的执政风格，当机立断选择了一个一劳永逸的办法——斩草除根。

在封建土地制度盛行的时代，擅杀权臣并非一件容易的事情。就算你是一国之君，杀人也要按照"基本法"，想要除掉卧榻之侧鼾睡的权臣，总得有个像样的借口，而晋惠公抬出的挡箭牌，便是天子的法度和霸主的威势。

为了避免因诛杀里克、丕郑而造成动荡，晋惠公首先使出了一招调虎离山之计。他将丕郑支到秦国去，令其以国内政局未稳、大夫意见不一为由，要求暂缓割地。

丕郑前脚刚刚离开国境，惠公后脚就踹开了里克的家门。里克深知自己已在劫难逃，但还是满怀愤懑地质问道："如果没有我带人杀死了奚齐和卓子，你怎么可能坐到今天的位置上？"

很快就有人带来了惠公的答复："你说得没错，没有你我就做不了国君。可你有没有想过，只短短的两个月，你就先后杀死了两任国君，一名受命托孤的大夫也被你逼迫至死。做你的国君也太难了吧！"

里克听罢冷笑一声："欲加之罪，其无辞乎？臣闻命矣。"[①]说罢伏剑自杀——这就是成语"欲加之罪，何患无辞"的来历。

为了平息民怨，更为了稳住反对派，晋惠公在除掉里克后，又上演了一出苦

[①]《左传·僖公十年》。

情戏。他做出一副后悔的姿态，表示自己并不是真的想让里克死，而且还埋怨郤芮说："都是你的错啊！里克是寡人的社稷重臣，寡人一犯糊涂就把他给杀了，你当时怎么就不阻拦一下呢？"

郤芮毕竟是惠公的智囊，他很是知趣地替国君背下了这口"黑锅"，国人也大都因此放下了警觉。但如此故作姿态，也不是每个人都能接受的，郭偃对此就很不以为然，他说："郤芮不能为国家长远打算致使国君错杀里克，这就是不忠，他必然会受到国君的惩罚。"同时他对惠公的举措也颇有怨言："国君不经深思熟虑就胡乱杀人，这是不祥的征兆，必会遭受天谴、断子绝孙，祸乱恐怕就要来临了！"

丕郑之死

无论郭偃如何义愤填膺，至少在眼下，祸乱还轮不到惠公和郤芮身上。除掉里克之后，与里克"同罪"的丕郑，自然也就成了下一个目标。

里克被杀之时，丕郑正在秦国出访，身上背负的是惠公请求暂缓割让土地的使命。

前往秦国的路途漫长而乏味，丕郑难免会多思多想，怀疑惠公是否也会依样画葫芦，赖掉许诺给自己的七十万田土。尽管他不知道惠公接下来究竟会怎么做，可疑心一起，便很难消除了。

他带着疑虑赶到雍城，在把晋惠公缓贿河外之地的要求转述给秦穆公的同时，也阐明了自己对这件事的理解。在他看来，依如今的情形判断，晋惠公显然不会轻易将"河外列城五"割让给秦国，秦国若不想再被玩弄于股掌间，就必须要驱逐晋惠公，迎立公子重耳回国。

至于具体的方略，丕郑早有打算：惠公最为倚重的智囊，莫过于郤芮、郤称和吕甥三人。郤芮一直随从惠公在外流亡，郤称和吕甥则是惠公的内主，长期为惠公出谋划策，正是有他们的存在，才使得交割土地的事务变得波折起来。为今之计，秦国应下重金将此三人诱至秦国，只要除掉他们，晋惠公必定孤掌难鸣，届时丕郑发动国人与秦军里应外合，驱逐惠公也就是轻而易举的事情了。

心中纵有万千怨念，此时也只能直面现实。秦穆公得知自己苦苦筹谋的成果就要泡汤，顿时如鲠在喉，他冷眼看着丕郑在朝堂之上慷慨陈词，心中万分焦虑却又想不到更好的办法，只得按照丕郑的计划，派大夫泠至随其一同回晋国复命。

行至绛都郊外时，丕郑才听说了里克被杀的消息。为防万一，他先是找到七舆大夫中的共华询问局势。里克之死令共华也感到了阵阵寒意，但当惠公对里克之死表达了忏悔之意后，他又天真地以为晋惠公只是迫于齐桓公的压力才出此下策，想必也是有不得已的苦衷，因而劝告丕郑说："国君只杀掉了里克一人，我等留在国内的人都没有受到牵连。你奉命出使秦国，想必国君也不会责难于你的。"

可令丕郑和七舆大夫都没想到的是，惠公的智囊团果然还是技高一筹。他们之所以留着七舆大夫不杀，还做出悔过的姿态，就是为了麻痹众人，以引丕郑上钩。而当丕郑携秦使回国之时，郤芮便已经有了决断："秦国使者言辞恳切，所携带的礼物比之丕郑带去的更为丰厚，显然是有所图谋！"于是便在朝堂上果断出击，一举擒杀丕郑。

在小说家冯梦龙的戏说中，丕郑的死据说又与屠岸夷有关。屠岸夷本是东关五的门客，里克图谋弑君时被策反，在朝堂上杀死了卓子，成为里、丕之党的重要人物，并被委派与重耳接头。里克死后，屠岸夷看到风向不对，又迅速调转枪口与惠公合谋暗算丕郑。丕郑本打算里应外合再次发动政变，却不料寒冬料峭之中"机关算尽太聪明，反误了卿卿性命"，计谋还未成行，就追随里克去了。

丕郑之死，让共华深感内疚。他原以为国君并没有要杀丕郑的意思，这才劝他放心入朝，谁知正是受到自己的误导，丕郑才葬送了一条性命，这不禁让他黯然神伤。

事发之后惠公图穷匕见，作为里、丕二人的重要盟友，七舆大夫显然也无法幸免了。然而共华有着重义轻生死的君子之风，当共赐劝他及早逃亡时，他却断然回绝道："既然夫子因我之谋而死，我又岂能独活？此时若是选择逃亡，便是自陷于不智、不信、不勇，有此三恶，又当去往何处呢？"

所谓的"七舆大夫"，主要是贴身护卫国君并充当仪仗队的贵族。当时的国君出行时，除了自己乘坐的戎车之外，还有七乘副车跟随，七舆大夫就是负责这七乘副车的官员。彼时担任七舆大夫的除左行共华外，还有骊姬之乱时曾奉命攻打夷吾的右行贾华，以及叔坚、骓歂、累虎、特宫、山祁等人。

因为其身份特殊而敏感，里克和丕郑在发动政变时就率先策反了七舆大夫，以便于谋刺国君。尽管七舆大夫最终并未直接参与刺杀行动，可他们的背叛终究还是让惠公如芒在背，必欲除之而后快。

丕郑死后，他的儿子丕豹逃往秦国并进行游说，说如今晋侯民心尽失，正是拉他下马的大好时机。尽管秦穆公也为河外列城被赖掉而心怀不满，但丕郑之死却为他敲响了警钟，让他愈发深切地认识到，如今的晋君并没有那么好对付。故而当丕豹再三请求出兵伐晋的时候，秦穆公却反问道："如果晋侯夷吾真的不得人心，真的没有民众的拥护，他怎么可能杀掉里克、丕郑这些人而不引起反叛呢？"

这话问得丕豹哑口无言。看到丕豹哀痛的表情，穆公也不想失去这样一颗棋子，于是便安慰道："现在晋国局势稳定，反对者不是被杀就是逃亡，单凭秦国的力量是无法驱逐他的，我们还是从长计议吧！"

晋惠公以其声名为赌注，仅用了短短半年时间，就荡平了献公去世后的纷扰与混乱，令晋国重新回到了和平安定的大好局面。如今人心思定，人们对于这来之不易的稳定局面都倍感珍惜，都不想再生枝节。

然而，这些手段毕竟悖逆了世道人心，难免又会令人心不安，从而衍生出新的不安定因素，使得刚刚回归稳定的晋国又将面临新的危机。《国语》中记载了一段当时的"舆人之诵"，也即老百姓编造的讽刺诗，诗曰：

"佞之见佞，果丧其田。诈之见诈，果丧其赂。得国而狃，终逢其咎。丧田不惩，祸乱其兴。"

意思是说："讨好的人被捉弄，到底没有得到田地。欺诈的人被欺诈，终究没有得到好处。那贪心得国的人，到头来将要遭到灾殃。那丢了田地而不去报复的人，祸乱就要临头了。"诗歌讽刺了秦穆公和里克、丕郑这些在乱中取利的人，同时对晋惠公的作为也有颇多不满，在这场纷乱的历史大剧中，没有一个参与者是无辜的。

初入中原

晋惠公夷吾以口头许诺割让"河外列城五"为条件，得到了秦穆公的支持，回国夺取了君位，可屁股还没坐稳就赖掉了与秦国达成的协议，这让秦穆公大为恼火。但看到晋惠公短短数月就以雷霆之势消灭了国内的反对势力，将晋国原先的分裂局面恢复稳定，他又不免讶异于其高明的政治手腕，从此再也不敢轻视自己这个小舅子了。无奈之下，他也只好先放下成见，与晋惠公在一种貌合神离的状态下，共同携手走向中原，从而维持了两国数年的和睦局面。

恰在此时，中原的王室发生了一场叛乱。这场叛乱的起因颇有些俗套，又是因为后妈不喜欢嫡长子，想废长立幼造成的——考虑到这个时代的女性经常被用来"背锅"，其真实性还需要谨慎对待。如果要严格追溯起来，这件事虽是天子家事，却与称霸中原的齐桓公有着莫大的关系。

作为通常意义上春秋时代的首位霸主，齐桓公从王室手中接过了征讨不臣的大旗，带领诸侯南征北讨、屡兴盟会，这在周王室看来，很有些喧宾夺主的意味。尽管在管仲的约束下，齐桓公在行为举止上对天子颇多恭敬，但其内心的膨胀却是无法掩饰的。

公元前655年，也即晋国灭虢、重耳出奔的同一年，齐桓公在首止举行会盟。会盟期间，当时还是太子的周襄王因感受到了危机，害怕自己会像晋太子那样落个凄惨的下场，便跑去向齐桓公求助。作为天子的属臣，哪怕是地位再尊崇，也不该过问天家大事，可齐桓公偏偏就答应了太子的请求，还将其安置在会盟地的一处行宫里，让诸侯以天子之礼遇之。

得知这个消息后，周惠王（襄王的父亲）暴跳如雷。但由于不敢直接挑战霸主的权威，便只好在背后要要手段，破坏齐桓公所统领的诸侯联盟。不久之后，原本还对霸主恭敬有加的郑文公就在天子的唆使下，连声招呼都不打就从会盟现场溜掉了。

此事激化了天子与霸主之间的矛盾，更让天子与太子之间的关系愈发紧张起来。但不管怎么说，周襄王还是顺利继承了王位，原本被惠后寄予厚望的王子带，则因为没能如愿，一直都对自己的兄长心存不满。几年后，王子带召集了盘踞在扬、拒、泉、皋、伊、洛的"戎族"一同反叛，大军攻入王城，并将王城的东门烧毁。

叛乱发生在晋惠公即位的第二年，也即公元前649年的夏天。为了展现秦晋两国坚不可摧的友谊，晋惠公和秦穆公共同出兵讨伐叛乱，介入了王室的纷争。到了这年秋天，在晋惠公的主持下，周王室和"戎族"讲和。但或许是由于王子带居中挑唆，调停未能取得成功，倒是让晋惠公跟"戎狄"也翻了脸。

到了次年（前648年），处于霸业末期的齐桓公也参与了进来。他一方面调停周襄王和王子带的关系，另一方面又劝和以晋国为主的秦晋联盟与"戎狄"。晋惠公因为初入中原，还没有齐桓公的号召力，同时也由于国内发生了连年的饥荒自顾不暇，只能服从齐桓公的调停，晋国第一次出兵中原的努力就此画上了句号。

泛舟之役

这次灾荒来得很不是时候。经过晋献公一世的征战，晋国已经具备了在中原争雄的实力，若是没有这次灾荒，或许惠公就能早几年开始冲击霸主的桂冠。可偏偏事与愿违，正当他想要在中原大展拳脚的时候，老天爷却给降下来连年的饥荒。无奈之下，晋惠公只好派人到秦国去买粮食，如此一来就又给秦穆公出了一个巨大的难题。

因丕郑受难而流落秦国的丕豹情绪最为激愤，他一心想为父报仇，不仅不愿意卖粮食给晋国，相反还建议秦穆公趁火打劫，出兵灭掉夷吾这无信无义之人。

丕豹的观点刚一出口，便遭到了公孙枝的反对："晋君对百姓不施恩德，百姓早已厌憎了他。此时晋国出现灾荒前来购买粮食，若是我们不卖给他，他就有借口让百姓将怒火发泄到秦国身上。倒不如把粮食卖给他们，让晋国老百姓看清楚谁对他们更好。这样一来，假如晋君不肯听命，我们前去讨伐晋国，老百姓也不会帮助他的。"

公孙枝的观点得到了百里奚老前辈的赞许："对于任何国家天灾都无法避免，如今晋国会发生灾荒，将来秦国也难保不会。救援灾荒、周济邻国是符合道义的行为，按照天道行事总是没有错的！"

百里奚的观点透露出了先秦政治一个隐含的密码。救灾恤邻、守望相助不仅是一项美德，更是中原各国必须互尽的义务。尽管过去几年秦晋两国因"河外列城五"产生龃龉，但当晋国出现灾荒向秦国求救时，秦国也必须要履行义务施以援手。秦国若是对晋国的苦难视而不见，就必定会被中原诸侯所诟病，这不仅会损害秦穆公的"人设"，更会对秦国在中原的声望地位造成影响。

这也就意味着，卖粮给晋国是符合秦国利益的举措。只不过作为道德表率的秦穆公，话说得更加冠冕堂皇一些："君是君，民是民，晋君固然可恶，可老百姓是无辜的，还是把粮食卖给他们吧！"

计议已定，秦国人做起事来也毫不含糊，他们不仅同意了晋国的请求，还一定要加码，让这件事产生轰动效应。几千艘运粮船浩浩荡荡地从秦国的雍都出发，沿着渭水、黄河以及汾水绵延数百里，一直抵达绛都城下。由于这次的运粮行动发动的人力物力规模都极其庞大，场面蔚为壮观，人们还特意给它起了个名字，叫"泛舟之役"。

后来事情的发展果然如百里奚所言，灾荒也是风水轮流转，去年在晋国，今年就轮到了秦国。泛舟之役的第二年，也就是晋惠公五年（前646年），秦国也发生了灾荒，于是也派出了使者向晋国求援。

晋惠公接到秦国求援信息，首先想到的，也是本着礼尚往来的精神，把粮食卖给秦国了事。但一名叫虢射的大夫却极力劝阻，他说："赖掉了许诺给他们的土地，却要给他们输送粮食，这并不会减轻他们对我们的怨恨，反而增强了他们的实力，倒不如这次也不给了吧？"

听了虢射的话，晋惠公深以为然，于是决定不再卖粮给秦国。大夫庆郑急忙出面劝阻说："赖掉秦国的土地已经理亏了，如今又不肯卖粮给他们，更是背弃了他们的恩德。如果我是秦国人，也一定会报复的。"

虢射反驳庆郑的观点时创造了一个成语："皮之不存，毛将安傅？"[①]其内涵大抵是在说，秦晋关系已经从根上腐坏了，再去添枝加叶也毫无益处，又何必多此一举呢？

庆郑坚守大义，痛沉其害："他人发生灾荒的时候吝惜粮食不肯相救，甚至还要幸灾乐祸惹怒邻邦，这些都是无德无信的表现，不仅会为百姓所唾弃，甚至可能会导致国家败亡。"

但在虢射的提示下，晋惠公似乎早已打定主意，因此对庆郑的苦心劝说充耳不闻，庆郑大怒道："背信弃义，失去正道，总有国君后悔的时候！"

---

① 《左传·僖公十四年》。

第三节　韩原之战

山雨欲来

在人们固有的印象中，秦穆公是一名急公好义的老好人，一位助人为乐的美君子。他一而再再而三地帮助别人，却一次又一次地被伤害，却总能以广阔的胸怀谅解对方，用伟大的德行操守去感化对方。与之相对的，晋惠公则是一个忘恩背义的大恶人，一个不择手段的真小人。在想要利用他人的时候会毫无原则地空许诺言，在想要获取利益的时候又会毫不犹豫地背信弃义，甚至恩将仇报。这两个人总是相对而行，如果没有晋惠公的卑鄙，就不足以衬托秦穆公的伟大；如果没有秦穆公的善良面目，就无法映照出晋惠公的丑恶嘴脸。

然而事实上，在刀光剑影的政治舞台上，没有绝对的好人，也没有绝对的坏人。晋惠公始终有人拥护，必有其可取之处；在道德光辉掩藏之下，秦穆公同样是一个工于心计的政治高手。

关于"河外列城五"的争端，在前文已经有过详细的分析。这五座城池贯通崤函通道，是关乎秦晋两国未来发展的核心利益所在。这就使得无论晋惠公有没有兑现承诺，有关"河外列城五"归属的争端，最终都只能通过战争的方式来解决。晋惠公与秦穆公的几轮斗法，归根结底是一场利益争斗。但与晋惠公善用阴谋和诡道不同，秦穆公是打舆论战的高手，最擅长的是以"阳谋"取胜。他从始至终都很注重舆论引导工作，明知道"河外列城五"不会那么容易获取，却还是要让晋惠公做出承诺，从而在道义上战胜对手。在借粮这件事上，也同样能看到他的政治手腕。

关于这年冬天发生在晋国的饥荒，《左传》用了一个特别的词汇，叫"荐饥"。孔颖达疏引李巡注释说，"连岁不熟曰荐"，所谓"荐饥"，指的就是连年灾荒。也就是说，发生在晋国的这场灾荒并不仅仅是惠公三年这一年发生歉收，而是连续多年出现饥荒，使得晋国不得不向秦国买粮。

秦穆公在发扬"人道主义精神"将粮食卖给晋国的同时，心中恐怕早就有了盘算。因此到第二年，当秦国出现歉收迹象之后，便迫不及待地给晋惠公出了一道难题。

史料中并没有阐明秦国发生灾荒的这一年，晋国粮食是否获得了丰收。但考虑到过去几年的连续歉收，即便当年粮食实现丰产，也很难说他们就已经摆脱了天灾的影响，又怎么可能有多余的粮食救济秦国呢？秦穆公明知对方手头并不宽裕，却还是急不可耐地去讨要欠下的人情，这与齐桓公"像放债一样施惠于诸侯"又有什么区别呢？

秦穆公的高明之处就在于此。他将一个烫手的山芋丢到了对方的手里，让惠公在道德的拷问中艰难抉择。在这种情况下，晋国如果同意卖粮给秦国，其实力就会被间接地削弱；如果不同意卖粮，那便是不履行道义上的责任，正好给了秦国宣战的借口。

与此同时，这还会加深人们对于晋惠公"背信弃义"的印象。晋国的百姓会因此而耻于与之为伍，秦国的民众更是会因为真实的饥饿感而群情激愤、斗志倍增——这种切肤之痛比一场有渲染力的演讲管用一万倍。

但晋惠公似乎并不关心这些。或许在他看来，既然秦晋之间的利益冲突不可调和，既然这种表面上和平共处的关系不可能永远保持下去，与其和秦国半推半就地凑合着过，还不如痛痛快快地打一架。只有打败了秦国，断了他觊觎河外通道的念想，晋国的南部边境才能彻底安定下来，晋国在中原的利益才能得到稳固的保障。

晋惠公之所以敢这么做，是有底气在的。从史料中的种种迹象来看，在献公早期，秦国的总体实力的确强于晋国。但正当晋国在献公的领导下大力扩张疆域的时候，秦国的政局却很不稳定，终于使得晋国后来居上，实现了对秦国的反超。

秦穆公即位后，得益于晋献公去世后的分裂局面，给了他干预晋国内政的机会，可一旦晋国复归统一，秦国就仍然不是晋国的对手。这也是为什么两年前秦晋联合勤王的时候，晋国在两国组成的联盟之中居于首位，秦穆公尽管有恩于晋，却也只能做晋惠公的陪衬。

整体实力的强盛，让晋惠公不免会有些膨胀，在处理政务时也就没有秦穆公那般深谋远虑。当秦国的使者到晋国来借粮的时候，经虢射那么稍一点拨，晋惠公马上就意识到这是一个挑起战争的机会。这场战争注定会成为秦晋两国争夺西方霸权的关键一战，胜出者不仅能够在西方政治秩序中占据主导地位，还能通过稳固河外走廊的控制权，进一步获得争夺中原霸权的入场券，其重要性自是不言而喻。

然而晋惠公终究还是过于自负了，过度的傲慢让他对即将来临的战争缺乏充足的准备，也让他失去了对政治逻辑的深刻洞察。当灾难来临之际，互相扶助、共度时艰是所有诸侯国都应肩负的义务，更是霸主竞争者所应当具备的基本修养。无论你处于何种情形，如若对邻国面临的苦难熟视无睹，都是犯了大忌，不仅会在外招来口诛笔伐，在内同样不得人心。

挑起战争的借口有很多，晋惠公却选择了一种最不得人心的方式。可以说，战争还没有开始，晋惠公就已经在无形的战场上落了下风。那么当真正的战争来临的时候，他的表现又当如何呢？

幸而得囚

晋惠公六年（前645年），秦国终于发动了对晋国的战争。为了在敌我对比不利的情况下获得更大的胜算，秦穆公对这场战争进行了充分的预演，从战略调度、战术布局、舆论宣传等各个方面都进行了全面细致的谋划。

秦晋之间有两道重要的关口，其中偏北的一道是位于陕西韩城与山西河津之间的龙门渡口，其得名来源于"大禹凿山导河，鲤鱼竟跃龙门"的传说。此地素有"华北入陕第一镇"之名，是沟通晋秦的重要通道，后来三分晋国的韩氏、赵氏，其最初的封地韩、耿就是扼守这一通道的重要都邑。此地与"白狄"相邻，河西又有梁国作为秦晋之间的屏障，晋国在此地的防御主要是针对"戎狄"部族，因此力量相对薄弱。

第二个通道是位于陕西大荔的王城与山西永济蒲邑之间的黄河渡口蒲津渡，从此地出发向南不远，便是有"鸡鸣一声听三省"的风陵渡口。从风陵渡往东几十公里，又可抵达魏国始祖毕万的始封地——魏邑。当年骊姬劝献公派重耳守卫蒲城，就是要让其抵御可能来自秦国的袭击。这一带黄河流速减缓，有不少可供船只穿梭的水面，防御体系也更加复杂。春秋时期秦晋之间的大多数战争，都是在王城、蒲城周边渡河作战的，晋国防御秦国的主要精力也大都投放到了这里。

然而让人感到意外的是，秦穆公对晋国的第一次攻击，却并没有选择传统的南线渡口作战，而是绕道北上，从敌军防御力量相对薄弱的龙门渡口跨越黄河进入晋地。晋国边防部队本来只肩负着守备"戎狄"的任务，如今却突然来了秦国的正规部队，自然是打不过的。于是他们一边派人回去送信，一边延缓敌军的步伐，最后退守韩原（今山西河津与万荣之间）与秦军相拒。

秦军来势汹汹，晋惠公却只能仓促上阵。当秦军"三败及韩"，前方告急的士兵汹涌而至的时候，晋惠公才感到情况有些不妙。韩原到绛都的距离只有不到一百公里，且地势平坦，极利车辆驰骋，留给晋国方面的时间并不多。

这年九月（周历十一月），晋惠公自领上军，以郤步扬为御戎，家仆徒为车右；下军统帅由韩原当地的封君韩简担任，梁由靡为其御戎，虢射为车右；大军整顿完毕，匆匆赶往韩原应战。

战争开始前，晋惠公派韩简前去视察敌情。看到秦军个个都咬牙切齿的样子，韩简知道对方决心很大，回来之后就对惠公说："秦军虽然人数不及我们，但斗士却比我们多，实在不好对付。"

见惠公面露诧异之色，韩简毫不客气地解释说："您出亡的时候受过秦国的资助，回国的时候依靠过秦国的帮助，受灾的时候又接受过秦国的援助。秦国多次施恩于国君，却始终都没有得到回报，这让秦国人都认为国君是一个忘恩负义的人，因此个个都义愤填膺，斗志昂扬。反观晋国则是军心懈怠，说斗志仅是秦国的一半都已经很乐观了！"

晋惠公慨叹一声道："普通人尚不能轻易侮辱，更何况一个国家呢！"

不过饶是如此，晋惠公派韩简前去约战时，口气依然充满了傲慢。他说："寡人不才,能集结军队却不能解救他们。君若不肯收兵回去,你我只有一战了!"

秦穆公听了之后十分冷静,派公孙枝前去应答:"晋君还没有回国的时候,寡人曾为你担惊受怕;回国之后国内局势不稳,寡人也曾为你辗转反侧。现在你地位稳固了,寡人敢不接受作战的命令?"

韩简在两个国君之间来回传话,既看到了秦穆公的决心,也看到晋惠公的傲慢,不免为战争的结局担忧起来:"但愿这次战争之后我还能活着回来。"

军队的士气和主将的态度可以在一定程度上决定战争的胜负,但主要还是看实力。特别是在春秋早期,一切战事都要遵循既定的规则,诡诈之道还很少为人们所采用,因此军队人数的多寡和器械的精良与否在战争中的作用尤为显著。

当时秦国大夫公孙枝就对此战持悲观态度,他在战场上仍不忘劝谏穆公,说:"过去您不接纳重耳而立了夷吾,已经是铸成大错了。如今立了晋君不如意就举兵讨伐,假如此战失利,岂不是更加让人耻笑吗?何不等着他自己败亡呢?"

秦穆公反驳说:"当年我之所以未能扶植重耳,的确存有私心,但重耳一再推辞,我也是没有办法。如今夷吾对内诛杀里克、丕郑,对我国则背弃盟约,他如此背信弃义,上天必定会帮我战胜他!"

惠公被俘

尽管秦穆公笃信上天会主持公道,但在战争初期,战事的发展却明显对秦国不利。晋国凭借人数和武器的优势处于上风。下军主将韩简也一度将秦军团团围住,秦穆公左冲右撞无法突围,身上的六层皮甲都被射穿,眼看着就要被晋人给抓住了,可偏巧这时意想不到的事情发生了。

当此韩简围攻秦穆公之时,晋惠公拉车的一匹小驷却陷在泥潭里出不来了。这时刚好庆郑的战车从旁边经过,晋惠公赶紧喊他过来帮忙,庆郑却幸灾乐祸起来。

原来从惠公不听庆郑之言拒绝卖粮给秦国那时起,两人就有了矛盾。

本次出征前占卜国君车右的人选,结果是庆郑最合适。晋惠公认为庆郑过于不逊,就没有让他来,而是选了家仆徒做自己车右。庆郑认为国君对自己存有偏见,心里很不痛快。

之前郑国曾献给惠公一匹马（小驷），身材小巧，鬃毛润滑有光泽，走起路来也步履安稳，很得惠公的疼爱。此次迎战秦国，晋惠公想用这匹马拉战车，庆郑就嘲讽说："自古以来打仗所用的马都是本国产的，本国的马匹熟悉水土道路，且受主人调教，熟悉彼此的习性也好操控。外国产的马则刚好相反，一旦发生什么危险，互相之间不熟悉，着急起来进也不是，退也不是，到时候可有您后悔的！"

庆郑这尖酸刻薄的话把惠公气得不行，不过由于大战在即，也没有跟他生这个气。可事情就是这么巧，还真让庆郑这个乌鸦嘴给说着了，仗打到一半，果然这宝贝宠物马就陷到了泥坑里。

现在看到自己的话果然应验了，庆郑心中得意，忍不住出言讥讽道："忘恩负义、不听劝谏、违背占卜，本来就是自求身败，如今还逃什么呢？"说完竟自顾自地驾车走了。

玩笑虽然开得有些过，可总算也无碍大局，但接下来庆郑却犯了一个致命的错误。他兴冲冲地扑到战场上，猛然间看到韩简正在围攻秦穆公，就大喝一声："别打了，国君正陷在泥地里出不来呢，你还不赶紧去救！"

这一声吼惹出了大麻烦。韩简当时已经快要擒住秦穆公了，可听闻国君有危险，便一刻也不敢耽搁，急忙放弃包围带着部属去救援国君。更要命的是，听到庆郑呼叫的可不止韩简一人，何况即便秦人没有听到呼叫的具体内容，看到韩简回撤，他们也会一窝蜂地上前追赶。

庆郑这一嗓子喊得不是时候，韩简这一撤军也犯了兵家大忌。早年士芬在劝说献公的时候就举例子说，上下军各有各的作用，下军是不可以作为上军辅助之用的。只有当两军作为独立的单元，在内部互相补充协助时，才能让敌人找不到缺口，最终取得战争的胜利。如果两军互为辅助，一旦上军出现了缺口，下军急匆匆地赶来补救，两军之间难以协调，就会耽误大事。士芬的担心在献公时期没有应验，却不幸在惠公身上应验了。

韩简自己知道回撤的目的何在，但晋军其余各部却并不知晓。看到此情此景，他们只会误以为韩简战败了，由此就形成了多米诺骨牌效应。经过这么一番折腾，战场上的局面发生了惊天逆转，其结果是晋军溃散，而晋惠公本人也因为没有得到及时施救而做了秦人的俘虏。本来胜券在握的一场战争让庆郑这么一搅和，结果完全改变，秦国就这么稀里糊涂地来了一次以弱胜强，这也太出乎意料了！

眼看着国君被秦人俘虏，晋国的大夫也都放下了武器，披头散发、拉着帐篷，准备要跟着国君去秦国吃牢饭。秦穆公见众意汹汹，忙派人劝说道："大家何必如此忧愁呢？寡人与贵国国君西去秦国，只不过是实现晋国那个妖梦罢了，难道敢做得太过分吗？"

大夫们听到这个答复，都三拜稽首回答说："秦君头顶皇天，脚踏后土，您说的话皇天后土可都听着呢，我们就等着您的消息了，希望您能够履行诺言！"

那么这个劝退晋国大夫们的"妖梦"究竟是什么呢？晋惠公此去秦国又会有什么样的遭遇呢？

狐氏妖梦

晋惠公"初登大宝"之时，为了扫清敌对派系，先后杀掉了支持重耳的里克、丕郑和七舆大夫，而对于原本属于太子申生的私属，则完全采用怀柔的政策。

为了安抚申生党人，惠公于即位当年（前 650 年）秋天，按照国君的礼节重新安葬共太子（申生谥号共，又称恭太子）的遗体。但由于申生去世已五年有余，尸体早已腐烂，因此改葬之时棺椁中散发出阵阵恶臭。这本来是再正常不过的事，但却被人借题发挥，不久国内便流传起一首讽刺晋惠公德行的诗歌《恭世子诵》，诗曰：

贞之无报也。孰是人斯，而有是臭也？
贞为不听，信为不诚。
国斯无刑，输居幸生。
不更厥贞，大命其倾。
威兮怀兮，各聚尔有，以待所归兮。
猗兮违兮，心之哀兮。
岁之二七，其靡有徽兮。
若翟公子，吾是之依兮。
镇抚国家，为王妃兮。

诗的大意是说：晋惠公想要补救过去的葬礼，可无奈他无德无信，盗取君位，反而使臭气逸出。有他这样的人在，晋国注定会走向沉沦。我们讨厌这样的国君，对未来的日子感到恐惧，想要离开国家远走他乡，可无奈故土难离，内心哀伤。多怀念身处狄国的温润公子，十四年后他就会回来，驱逐这个令人讨厌的人，镇抚国家、辅佐天子，成为我们的依傍。

从后半段的内容看，诗歌精准预言了重耳回国的时间，显然不是当时人的作品，因而这起舆论事件所产生的效果恐怕就要大打折扣了。重耳的外公狐突还不死心，于是便进一步发挥，专门策划了一次"妖梦"事件来煽动舆论。

据狐突自己的说法，有一次他到曲沃下国（下国、新城皆指曲沃）的时候，遇到了太子申生的鬼魂。大概是由于在讨伐皋落氏的时候，狐突曾经担任过御戎，并劝他及早逃离，鬼魂对这段往事念念不忘，就还让他为自己驾车。车辆行驶途中，申生悲愤地说道："夷吾对我太无礼了，我已经请求上帝允许，把晋国并入秦国，让秦国人来祭祀我。"

狐突虽同情申生也痛恨夷吾，但却并不希望灭绝晋国的社稷，因此就劝说道："我听说神明不能享受其他宗族的祭品，百姓也不能祭祀其他宗族的鬼神。如果晋国归秦，恐怕你就得不到祭祀了，要不再好好考虑一下？"

申生迟疑了一会儿，说道："好吧，那我就再去找上帝问问。至于结果，七天以后你到新城西边，会有一名巫师把我询问的结果告诉你的！"说罢就消失不见了。

七天之后，狐突若有其事地去到新城西面，果然见到了一名巫师。双方会面以后，巫师以申生的口吻说道："上帝已经允许我惩戒有罪之人了，处罚的地点就在韩原。"

这次的见鬼事件虽说设计得很精巧，但也有不少漏洞。比如，既然申生已经见到了上帝，却为何连"神不歆非类，民不祀非族"[①]这样的"常识"都需要狐突来提醒？既然狐突能够见到申生的鬼魂一次，那么为什么就不能再见第二次，还非要让巫师来转达意见呢？

这就是狐突制造舆论的策略了。他之所以要让巫师转达，而不是申生的鬼魂再

---

① 语出《左传·僖公十年》。

次降临，其目的就是为了让人知道并且为此做见证。如果没有人见证第二次的会面，光凭狐突的一张嘴说自己见了申生两次，人们显然不会相信。可如此一来就会出现另外一个问题：如何保证第二次的会面不穿帮呢？

这其中有许多技术难题需要处理。狐突不是大魔术师，也没有那么多"专项经费"来支持他的行动，没有办法让第二次会面所见到的"申生"掌握鬼魂突然出现又凭空消失的技能，于是就只能另辟蹊径，指定了巫师的出场以取信于人。

至于说狐突所制造的舆论事件究竟起到了多大的作用，我们无法臆测，但仅凭这些显然无法动摇晋惠公的地位。可也不知为何，这个"妖梦"流传甚远，竟然传到了秦穆公的耳朵里。更加巧合的是，后来秦穆公也果真是从北方通道出兵，与晋国在韩原展开决战，还真的就把晋惠公给擒获了。这么多的巧合凑在一起，还真让人们怀疑，这狐突是不是真的见过申生的鬼魂，这件事是不是真的就是上天的旨意呢？

当晋惠公兵败被俘之时，晋国大夫一齐向秦穆公施压，就是要让他知道：我们的国君德行再坏，可也毕竟是一国的主君，你杀掉他一个人容易，却很难将整个晋国连根拔起。

晋国贵族空前团结一致的态度，使得秦穆公心存不安，只好把战事附会到"妖梦"上。而那个"妖梦"并没有提到要杀掉国君，因此晋惠公或许本来就没有性命之忧。

归君质子

晋惠公兵败被俘的消息传到雍都，秦国上下皆欢欣鼓舞，但唯有一人却为此忧心不已，这个人就是晋献公的女儿秦穆姬。

秦穆姬也叫伯姬，是共太子申生同父同母的姐姐，也是夷吾和重耳的长姐。在她大约二十岁的时候，亲弟弟申生被陷害自尽，其余兄弟四处逃散，自己也在不久后被嫁到了异域他乡，成了政治联姻的工具，其中的苦楚不言而喻。穆夫人在秦国生活了十年时间，一共生了四子，分别是太子罃、公子弘、公子简和公子璧。

穆夫人与晋惠公之间曾经闹过不愉快。原来早先晋惠公回国时，穆夫人曾嘱咐他要善待贾君（据推测应为申生之妻），并且要把流亡在外的兄弟们都召回国内。

可晋惠公回国以后却没有顺从姐姐的心愿，非但没有把兄弟们收罗回来，还因照顾得太过热心，竟把贾君收入房中，这让穆夫人对他颇有怨言。

可当晋国兵败的消息传来，那些许怨意到底敌不过姐弟情深。他们这一群姐弟从小就陷入了政治纷争当中，从来都是聚少离多，如今与父母早已天人永隔，群公子在外流亡，穆夫人在这个世界上能够依靠的娘家人，也只有夷吾这个不靠谱的弟弟了。

她深知秦人对夷吾怨恨之深，明白一旦夷吾到了雍都，群情激奋之下谁也难保他的周全。为了逼迫秦穆公允诺，她甚至带着孩子登上高台，做出要自焚的架势，同时派人捧着丧服给秦穆公带话说：上天降下灾祸让两国刀兵相见，如果国君你敢把我弟弟带到雍都来，我马上就自焚。请国君裁夺！

这可让秦穆公犯了难。他听从夫人的指示，在半路上停了下来，并将夷吾囚禁在灵台（雍都以东，今陕西鄠邑区），然后聚拢了一众大夫，商量该怎么处置这个已沦为阶下囚的小舅子。不少人联合起来提出要把晋惠公带回雍都向国人宣示。

秦穆公当然不能同意："你们这不是存心让寡人难堪吗？我们俘虏晋侯是为了获得丰厚的回报，倘若带着他回去，却要让寡人承受丧妻之痛，那我们所做的一切还有什么意义？"

见众大夫都闭口不言，大概是气儿还没有理顺，秦穆公又晓之以理、动之以情："别忘了我们回国之前晋人的态度，他们一起向寡人施压，用皇天后土来警告寡人，寡人也亲口答应会履行诺言。倘若我们只顾着发泄自己的愤怒，一点都不考虑晋人的情绪，就会加深他们对秦国的仇恨啊！"

曾经"考察"过晋惠公的公子䌨献上一计："放逐会引起诸侯的愤怒，送还则是会留下祸患……至于恢复他的地位，又难免会让他们君臣同心，也不合适。所以我的建议是直接把他杀掉，这样就可以避免邪恶在晋国聚集！"

公孙枝急忙劝阻道："万万不可啊！我们这次打败了晋国，晋国的贵族们深以为耻，如果再杀掉他们的国君，恐怕更会激起他们的愤怒。到时候儿子想给父亲报仇，臣子想给国君报仇，这种情绪一旦激发出来，别说是秦国了，天底下又有谁不感到害怕呢？"

公子䌨傲然回应道："这些我当然知道了。所以我的意思是，我们不仅仅是要把夷吾杀掉，还要在晋人之前抢先立公子重耳为君。夷吾的无道无人不知，重耳的仁德也是天下皆知。我们战胜了大国，是威武；杀无道而立有道，是仁德；还不给自己留下后患，是智慧。这有什么不好？"

公孙枝厉声反驳道："羞辱了一国的士人，却告诉他们我们要立有道之君来管理他们，你觉得这样的事情能行得通吗？假如行不通，就难免为诸侯所耻笑，这算不得是威武。再说杀了弟弟立哥哥，难道做哥哥的就会对我们感恩戴德吗？他若感恩戴德，还能称得上是仁义吗？可若他不感恩戴德，那又意味着我们再次施恩却没有取得成功，这如何称得上是智慧？"

听到这里，秦穆公也有些不耐烦，于是便问道："那究竟该如何呢？"

公孙枝回答说："史佚曾说过，不要首先发动祸患，不要依靠动乱谋利，也不要加重别人的愤怒。在晋国还没有灭亡的时候杀掉他们的国君，并不是明智之举。倒不如把晋侯放回去恢复他的地位，同时与晋国缔结盟约，让他们将太子送来作为人质，这样岂不是更为周全？"

第四节　惠公之惠

朝于国人

听闻秦国通过了与晋国进行谈判的决议，沦为阶下囚的晋惠公终于松了一口气，急忙派自己的心腹郤乞回国，去请吕甥前来主持与秦国的谈判。

吕甥听了秦国的情况也稍稍释怀，但他又深知，若是无法取得国人的支持，难免还会生出变数来。为了确保国君能顺利归来，他决定召开一次国人大会。

大会上，郤乞按照吕甥提前准备好的说辞，以国君的名义给众人以赏赐，同时声泪俱下地说道："回来之前，国君让我务必把他的话带给各位。他说：'孤虽然侥幸能够回国，但此行已然辱没了宗庙社稷，实在无颜面对国人。希望大家能够体谅我这个罪人的用心，卜选一个良辰吉日，让太子接替我继任国君吧！'"

郤乞代表国君又是封赏又是认罪，一番煽情下来竟然让在场的人无不热泪盈眶。吕甥在台下继续鼓动道："国君自己在秦国受苦，不但不为自己的命运担忧，反而在考虑大家的苦衷，如此深情厚谊，我们该如何回报他呢？"

此言一出，就连惠公的反对派都不好意思再说什么了。众人议论纷纷："我们该怎么做呢？"

看到时机已经成熟，吕甥便登上台去，用嘶哑的声音喊道："韩原之战使我们兵甲尽毁，但我们可以招募士卒、修缮甲兵，辅助太子即位，以为国君后援。诸侯听说我们有新君即位，如今君臣和睦，还有了强大军力的保障，必定不敢有所觊觎！他们会和我们站到一起，支持和勉励我们！那些仇视我们的国家，看到我们这么快就重整旗鼓了，也一定会有所忌惮！秦国人迫于压力，难道说还敢为难我们的国君吗？"

在这次的朝国人大会上，吕甥提出了两项重要的改革措施：作爰田、作州兵。关于这两项措施的具体内容，史书上没有详细的说明，一直以来人们也都是针对当时的历史细节进行推测，其中有很多争议至今都没有定论，在这里我们也只是做一个简单的说明。①

所谓的"作爰田"，有时也写作"制辕田"，一般来说就是拿出大量的公田以赏赐国人，这与当年贿赂里克、丕郑以求回国在本质上并无区别。但由于此番韩原战败，国内贵族并未建立功勋，以此来赏赐国人未免显得名不正而言不顺。为此，吕甥特意采取了一个变通的做法，就是将土地与爵位脱钩，在剥离其政治属性后，以单纯的财产属性赏赐群臣，以激励他们建立功劳。

这种在危急关头采取的变通做法，无意中促进了晋国土地制度的一次革命性转变，还误打误撞地拉开了春秋列国体制改革的序幕。这些举措极大地调动了人们的生产积极性，由天灾人祸以及生产力与生产关系不相适应带来的经济危机得到极大缓解。在此基础上经过长期的发展，原先井田衰败的集体农庄开始向小地主经济过渡，初步形成了土地私有制的雏形。

到战国时期，商鞅借鉴魏国已经实行了三百年的"爰田"制，在秦国大力推行"制辕田、开阡陌"的政令，为秦国经济振兴奠定了坚实基础。此后在中国持续了两千多年的小农经济体系也由此拉开序幕，而这一切的根源皆肇始于此。

所谓的"作州兵"，吕甥的本意是考虑到韩原战败之后兵员大幅减少的情况，希望能将征兵的范围从原来的"国人"群体扩展到"州"的范围内，以诱使各地封

---

① 详见金景芳：《由周的彻法谈到"作州兵""作丘甲"等问题》(《吉林大学社会科学学报》1962年第1期)、薛柏成：《〈左传〉中所表现的春秋时期井田制的衰变》[《吉林师范大学学报（人文社会科学版）》2003年第3期]、李忠林：《春秋时期军赋制度改革辨析》[《南开大学学报》（哲学社会科学版）2019年第5期] 等文章。更为通俗的阐述可参考李明：《一说春秋之惊蛰》(中国社会科学出版社2019年版) 相关说明。

君缴纳更多的贡赋、提供更多的兵员，从而为惠公的顺利回国保驾护航，但也在无意中带来了军事上的巨大变革。

一直以来，晋国的军事制度都是沿袭西周小国寡民时的习惯，遇到有外敌入侵或者需要对外征战的时候，国家都会在"国"的范围内征召士兵。但伴随着国家规模的日益扩大，落后的征兵制度便与现实需要不相适应，从而成为阻碍国家进一步发展的绊脚石。

到晋献公时期，为了应对国家规模扩大后边防问题突出的新形势，晋国开始在靠近重要关口的地区设置县级行政单位。① 这里需要指出的是，周朝诸侯国土都有国、野的区分，距离都城百里之内称为"国"，居住其间的民众被称为"国人"，其概念可以与希腊、罗马的"公民"相类比，享有一定的政治权利。"国"之外有"郊"，"郊"之外有"野"，居住在这里的居民就被称为"野人"，通常既不享有政治权利，也无法应征入伍。

与"国""野"的区分类似，所谓"州""县"也是处于不同地区同一等级行政区划的不同称谓，晋国所设置的县便是从都鄙制中的"县"演变而来的。按照通常的解释，县的本意是"悬"，由于这些地区大都位于边境，列国互相征讨或间有"戎狄"入侵很容易让这些土地得而复失，人们通常都不愿意领取这些土地作为自己的封地。而公室也正是利用这一点，将这些"县"划为国君的直辖区，并委派大夫前去管理。

为了应对不时之需，"县"所在的地方通常都会有独立的武装；而"州"内各邑的封君虽享有土地的治权，但却并无集结兵力的权力。因此当有外敌入侵的时候，有设"县"的地方通常还能进行抵御，可一旦边境防线被突破，敌人进入了"州"的范围之内，就再也无法组织有效防御了。

就拿韩原之战来说，晋国在龙门渡口附近就设置了一些"县"，这种地方上的武装用来抵御"戎狄"小规模的袭击倒是不成问题，但当秦国这么大体量的国家举全国之力倾巢来犯的时候，其中的弊端也就显现了出来。

战争初期，边防县邑的兵力无法应付来犯的正规军，防线也一再被突破，用

---

① 详见周书灿：《春秋时期"县"的组织形式和管理形态》(《江海学刊》2003年第3期)、周苏平：《春秋时期晋国的县制》[《山西师大学报》(社会科学版)1992年第4期]、衣保中：《春秋时期晋国县制的形成及特点》(《吉林师范学院学报》1995年第2期)。

书中的原话说便是"三败及韩"。假如韩、耿两地的最后防线也被突破，那么从韩原到绛都之间便是一马平川任驰骋，再也无力组织有效的防御。而在这个过程中，预警消息以缓慢的速度传到国都，国君临时征召士兵百里驰援，很可能会贻误战机。

如今吕甥将征兵的权力进一步拓展到"州"的范围内，在扩大了公室征兵范围的同时，也在信息传输系统无法快速健全的前提下弥补了原有军事制度的缺陷，无形中推动了晋国整体军事力量的发展壮大，为后来晋文公时期的称霸大业提供了良好的制度基础。

王城之盟

安顿好国内局面之后，吕甥于当年十月（前 645 年周历腊月）前往秦国，在王城（今陕西大荔）与秦人展开了谈判。谈判的具体细节已经不得而知了，史书上只记载了秦穆公和吕甥之间的一段对话。当时秦穆公试探性地问道："晋国国内和睦吗？"

吕甥故意叹了一口气说道："唉！现在国内的民众都各持己见，怎么可能和睦啊？"

秦穆公听了微微有些得意，谁知吕甥接着又说道："小人（底层的士）们不知道国君的罪过，只是以国君被俘为耻。再加上他们在战争中失去了亲人，所以都很痛恨秦国，宁愿抛家弃产也要立公子圉为国君，极力要求公子圉重整军队找秦国报仇。为了能够报仇，就算是闹得国破家亡甚至投身于'戎狄'也在所不惜。君子（贵族）们懂得忠信礼仪，知道是因为国君犯了错，所以才招致这样的后果。他们都说，秦公对我们有恩德，我们怎么能对他有二心呢？所以都厉兵秣马等待着秦君的答复。双方一直都较着劲，所以闹得很不和睦。为了能够调和他们的矛盾，不得已耽搁了这么久才来。"

吕甥这一席话看似是自我贬低，故意抬高吹捧秦穆公，但实际上却是一种警告。言外之意是晋国的底层民众都摩拳擦掌，就想找你报仇，可全是我们的君子压着呢！君子们都在等你的答复，可也不是空等，他们也是在修缮兵甲的。大家对你的信任是有前提的，你之前答应了我们只是对国君稍做惩戒而不下杀手，如果你出尔反尔，那小人们请战的热情可就压不住了！

秦穆公早就见识过吕、郤二人的口舌之能，故而也不多加分辩，只谦辞道："就算你不来，我也会把你们的国君送回去的。只是不知道，你们国人是如何看待这件事的？"

吕甥继续用两分的方法回答说："小人们情绪悲观，认为国君得罪了秦国，肯定是回不来了。但是君子们识大体，知道您是一位忠厚的长者，当初我们的国君能够回国继承君位，就是因为受了您的恩赐。您能够接纳他，能俘虏他，如今他已经认罪了，自然也能释放他。您的德行是如此宽厚，您的刑罚是如此威严，天下心怀不轨的人都会感到害怕，而那些尊敬服从你的人也都怀念您的恩德。"

眼见自己的一番吹捧触到了秦穆公的兴奋点，吕甥随即趁热打铁："通过这一战，您已经打出了称霸天下的威名。倘若您接纳我们的国君却不能安定他，甚而还要废掉他的君位，只能将恩惠变成怨恨。如此因小失大，我想您也不会这么做的吧？"

这一席话句句都碰到了秦穆公的心坎上。要不是想做中原霸主，秦国就不会向东发展，与比自己强大的晋国死磕而赌上自己的国运。这次的军事大捷，让秦穆公的霸主梦更近了一步，于是他便点头说道："君子言之有理！"

因为韩战的失利，晋惠公做了一个多月的阶下囚。如今谈判胜利结束，秦穆公便用七牢的待遇来款待他。古代三牲备为一牢，所谓的三牲指的是猪、牛、羊三种牲畜。七牢是侯伯之礼，也就是说，为了宴请诸侯国君，就要杀掉七头猪、七头牛和七只羊。秦穆公以七牢之礼招待夷吾，就表明已经恢复了他的国君身份。当年夏历十一月，晋惠公终于结束了客居生活，回到了他心心念念的晋国。

庆郑之死

这次的秦国之行，是晋惠公一生的耻辱，除了成为阶下囚带来的痛苦与羞辱之外，最大的损失莫过于霸业之路从此止步，以及自献公以来晋国集权化政策的失败。这一战拼光了晋国自献公以来积累的军力和财富，使得锋芒毕露的晋惠公不得不从头开始积蓄力量。而战争造成的心理和生理的创伤让他知道，哪怕拼尽全力，自己恐怕也等不到晋国成就霸业的那一天了。

而这一切的罪魁祸首，就是那个一直与自己作对的庆郑。过去庆郑屡次出言不逊，晋惠公都没有太放在心上，最多故意冷落他也就罢了。然而庆郑却不知收敛，竟然在战争最关键的时候不听调令，造成丧师辱国的严重后果，这是永远都不能饶恕的。因此当他回到晋国，要做的第一件事就是拿庆郑开刀，以洗刷自己的耻辱。

话分两头，我们再来说说庆郑。

庆郑言语狂悖，跟晋惠公合不来，这是众所周知的事情。但若说他完全不顾大局、不考虑国君安危，却也不尽然。无论是从心理认同上，还是利益诉求上，庆郑都没有让晋国打败仗的理由，更不希望晋惠公真的出事。之所以在战场上跟惠公闹别扭，不过是想借机发泄一下不满情绪罢了。

晋惠公陷入泥淖的时候，晋军对秦军正占据着绝对优势，韩简带着人马亲自围攻秦穆公，只要再坚持那么一会儿，基本上就可以锁定胜局了。在此情形之下，庆郑本以为开一个无碍大局的玩笑，让一直都看不惯自己的国君吃那么一点苦头也不会有什么差池。然而当晋军因为自己的一声呼啸出现溃退的那一刻，他就知道自己犯下了一个不可饶恕的错误，而这个错误也必须要用生命做出补偿。

战争结束后，庆郑一直都焦躁不安地留意着吕甥在秦国谈判的动静。他早就打定了主意，假如谈判失败了，就亲自带家人去讨伐秦国，誓死也要把国君救回来。

一个多月后，惠公要回国的消息终于传了回来，庆郑一颗悬着的心才总算踏实了。此时有大夫蛾析劝他："国君就要平安回来了，你也该放心了吧？既然他已经无事，现在也该是考虑你自己问题的时候了，还是趁早出国避难去吧！"

国君回来之后自己将要面临的是什么结局，庆郑心知肚明，但出于内心深深的自责，他还是决心要耐心等待，并且大义凛然地回应说："因为我的错误让国君陷于失败，失败了又不能自裁以谢罪，是让国君丧失法度，这不是臣子该做的事。臣子的举动不合于臣道，又能逃到哪里去呢？"蛾析看他心志如此坚定，也只能言尽于此了。

十一月底，惠公到了绛都郊外，听说庆郑竟然没有跑，就在城外停了下来，让家仆徒去召他前来问话。庆郑到了之后，惠公咬牙切齿地问道："你难道不害怕吗？怎么还有脸留在这里！"

庆郑回答说："这些年所发生的桩桩件件，都是由于国君不懂得知恩图报，不知道听取劝谏、选用良将造成的。如果战败了又不能处死有罪的人，今后还如何管理国家？我庆郑在此恭候，就是为了让国君明正典刑，也算是成全国君并为我自己赎罪吧！即便国君宽容不杀我，我也会自杀的。"

惠公早就气得咬牙切齿了，听了这番话更是气愤难平，当即下令要将其处死。蛾析急忙劝道："庆郑已经认罪了，还请国君开恩，放过他这一次！好让他戴罪立功，日后找秦国复仇来洗刷国君的耻辱！"

听闻此言，为惠公驾驭战车的梁由靡不答应了。在当时能够成为国君的贴身御戎，不仅是莫大的荣耀，更意味着无限远大的前途。想当年，赵夙、毕万因随献公出征立功而封疆裂土，成为多少异姓大夫心目中的偶像和榜样，鼓动着他们勇往直前、建功立业。

梁由靡也怀着同样的愿景，自他被选中为国君御戎的那一刻，他就对自己的未来充满了想象，而这一切却都因庆郑的失误而被无情击碎，变成了梦幻泡影，他怎能不大动肝火？庆郑贻误战机导致的溃败，损害的不仅仅是国君一个人的利益，更有晋国上下众多贵族的利益。梁由靡作为利益受损最为严重的贵族，自然也对其恨之入骨，坚决不同意赦免庆郑。

家仆徒在一旁心中犯难，他知道惠公对庆郑的恨意有多深，可也知道杀掉一个庆郑容易，但要再收拢人心就不那么容易了。家仆徒本想调和一下，建议让庆郑自裁以谢罪，国君还可以博得一个宽宏大量的名声。可惠公仍然坚持己见，怒道："绝对不允许庆郑自杀，必须将他当场处死！"

司马说只好领了惠公的旨意，召集军士宣读了庆郑的四条罪状："韩之战前全军宣誓，扰乱军阵违抗军令者死，主将被俘部下没有拼死相救者死，散布谣言惑乱军心者死！今庆郑扰乱军阵、违抗军令，其罪一；擅自进退，不听调遣，其罪二；贻误战机，放跑秦君，其罪三；国君被俘，不拼死营救，其罪四。"

罪状宣读完毕之后，庆郑被当场斩首示众，晋惠公在亲眼看到这一切之后才安心进入都城——这一天是惠公六年夏历十一月二十九日。

惠公施政

晋惠公回国后所面临的首要问题还是天灾。惠公即位初年，晋国经历了持续多年的自然灾害，因此才须向秦国买粮。而秦国在公开表示慷慨的同时，又趁晋国尚未恢复的时机，借口自己遭遇天灾向晋国买粮，最后导致了韩之战的爆发。

战争结束后，晋国持续多年的天灾似乎并没有结束，如今又逢人祸，境况自然是雪上加霜。晋惠公"巧妇难为无米之炊"，只好又向老恩主买粮。秦穆公如今名利双收，自然也就更大方了，同时还颇有些感慨地说道："我虽怨恨他们的国君，却也怜悯他们的百姓。而且我还听说，当初唐叔虞受封之时，箕子就曾说过，他的后代一定会昌盛的。晋国恐怕不是我们可以图谋的，还是姑且树立恩惠，等待有才能的人吧！"

为了摆脱危机带来的长期影响，晋惠公这次没有再失信于民，而是认真兑现了吕甥做出的许诺，即"作爰田、作州兵"政策，使得晋国很快就走出了天灾人祸的阴影。

史料中对晋惠公后来的为政举措没有太多的记载，这固然是因为晋惠公屡次失信，不符合儒家仁义君主的形象，但更多的可能还是受到两个政敌的影响。人们为了吹捧秦穆公、尊崇闪耀着霸业光辉的晋文公，总要选择一个反面教材来做对比。晋惠公同时遭遇了两位身披光环的主角，其所作所为自然就被全面否定，其创造的功绩也被彻底掩盖了。当史家以"成王败寇"和朴素的"因果报应论"为基调来回顾历史，自然会有针对性地摘选史料，晋惠公被脸谱化几乎是在所难免的。

但若要仔细推敲，晋文公重耳在即位第五年就打败楚国成就了霸业，如果没有惠公时期的准备，单靠那几年的励精图治，恐怕也无法把晋国引向了霸主之路。

除天灾之外，晋惠公面临的还有一个顽固的老问题，那就是重耳势力的反扑。

晋惠公初即位的几年间，以铁腕手段治理国家，迅速凝聚起人心，也让敌对势力销声匿迹，从而稳固了自身的统治。但随着战争的失败和自身权威的扫地，躲在"狄国"的公子重耳难免就会幸灾乐祸，甚至是落井下石。

惠公回国的第二年（前644年），就有"狄人"从吕梁山区出兵在绛都以北地区横冲直撞，先后扫荡了今临汾市境内、汾河以西的狐厨、受铎，随后又向东渡过汾河夺取昆都，斩断了晋国本部与北方霍、杨、贾等地的联系。

惠公虽然权势不振，可对付这些没有组织纪律的"狄人"还是有一套的。因此这次的侵略行动并没有给晋国造成太大的损失，反而让惠公再次意识到这个兄长实在是太不让人省心了。于是到次年（前643年），晋惠公再次委派寺人披乔装打扮混入"戎狄"去刺杀重耳。这次的刺杀行动虽然又没有成功，但却迫使重耳慌不择路再次流亡，也算是暂时清除了时刻潜伏在自己身旁的威胁，使其得以安心梳理内政外交事务。

韩之战后，秦穆公如愿以偿以国家外交盟约的形式，确定了秦国对"河外列城五"无可争议的主权。另外《史记》中还经常出现河西八城的记载，不少人都以河西八城和河外列城五为同一区域的指称，但此说并无依据。

如前所述[1]，"河外列城五"地处中条山以南的崤函谷地，是秦国一直觊觎的战略通道，其地虽在"河外"但并不在"河西"，因此并不能简单地与"河西八城"画上等号。

秦晋两国在黄河西岸、陕西省东部有不少相互重叠的统治区域，这些土地犬牙交错，多年来也一直是两国之间的缓冲区。晋国拥有这些城池可以作为遏制秦国东进、维护晋国西垂安定的前哨阵地；而秦国一旦得到河西列城，就可以将晋国的势力彻底赶出河西。

韩之战前，秦国多次打败晋国的边境军队，到了韩原才与晋军主力决战。因此，"河西八城"的提法倘若真实存在的话，也极有可能是通过战争手段获取的。在这次谈判中，晋国因为战败受制于秦，不得不承认了秦对此地的实际占有权，这与"河外列城五"并不能等而论之。

值得注意的是，此次交割给秦国的土地中还有一座位于晋国腹地的城池解梁城，其重要性在前文也有论述[2]。秦国由此获得了在晋国腹地驻军，并派官吏征收赋税的权力，足见秦穆公野心之大。

但或许是由于受到了晋人的抵制，秦国并未在河东站稳脚跟。韩之战两年后（前643年），晋惠公如约将太子圉送往秦国为质，秦穆公便做了个顺水人情，将河东之地悉数交还晋国，有关这次战事的后续事务也就算告一段落了。

陆浑之戎

秦国以正义之名发动战争，又以战争的胜利名正言顺地得到了土地，且再次施恩于晋，使得秦穆公的形象愈发高大。但战后这几年，秦穆公显然感受到了扩张

---

[1] 详见本章第一节"崤函谷地"相关内容。
[2] 详见本章第一节"尘埃落定"相关内容。

过快带来的副作用，于是便将秦国势力从晋国腹地退出，专心地巩固其在河西及河外所取得的利益。

晋惠公十年（前641年），晋惠公曾避居的梁国被秦国吞并。据《春秋》三传所述，梁国君主梁伯是个沉湎酒色、荒淫无道的昏君，他喜欢大兴土木，经常会以各种借口修筑城池，或者增修防御工事。但由于没有那么多的人口来充实新城，这就使得梁国的土地上出现了许多无人居住的"鬼城"。国人对梁伯的好大喜功苦不堪言，不愿意替他出力，他就自己散播流言，说"有人要来攻打我们了"，人为地制造紧张感。

晋惠公九年（前642年），梁伯修建的"鬼城"新里被秦国占据，这大约是给他带来了新的灵感，于是在第二年的土木工程中，他就使用了"秦将袭我"的借口。然而，他显然低估了人们对秦国的恐惧程度，消息一经传出马上就引起了全城恐慌，老百姓扶老携幼纷纷逃难，生生地把都城也变成了一座"鬼城"——梁国就这么亡了！

春秋时期但凡出兵伐国都要有合理的借口，秦国灭同姓梁国自然也不能例外。梁国作为一个依附于秦晋的小国，无论在当时还是在后世都没有话语权，自然就只能任由胜利者来编排了。

但在这里，我们需要关注的重点是，据《秦本纪》记载，秦国在灭掉梁国的同时，还灭掉了位于今陕西大荔县境内的芮国。梁国与晋国的韩、耿之地相望，而芮国又与魏、蒲之地相望，都是控扼黄河渡口的重要据点。可见秦穆公之灭梁、芮，与晋献公之灭耿、魏有异曲同工之妙，其目的恐怕也是为了巩固其已经占据的河西之地，并为进一步经略河东做好准备。

这些频繁的军事行动不仅给晋国造成了极大的压力，也让生活在秦晋之间的"戎狄"苦不堪言，这其中就有一支被称为"瓜州之戎"的部族。

"瓜州之戎"据称是晋惠公的母族所在，因受到秦国的压迫，不得不向晋惠公求救。但彼时晋惠公受制于韩原之战的失败，无力帮助他们抵制秦国的讨伐，于是便着手组织了一次规模浩大的"迁戎"行动。晋惠公十三年（前638年），在秦国的协助下，晋国将这些"戎狄"迁移到黄河以南、洛阳以西的伊川（也就是陆浑，今天的河南嵩县附近）地区。此后，这些部族便被冠以新的名号，也即"陆浑之戎"，又因陆浑地处黄河以南、秦岭北麓，故而又叫作"阴戎"。时至今日，在嵩县境内还有很多以"陆浑"命名的地方。

"陆浑之戎"是一支非常强悍的部族，他们初到伊川之时，那里还是一片"狐狸所居，豺狼所嗥"的原始森林，周边更有扬、拒、泉、皋和伊、洛之戎四处活动，生存环境极其恶劣。但他们硬是"除翦其荆棘，驱其狐狸豺狼"[①]，在秦岭地区扎根立足。

不过，晋国的"迁戎"行动在当时曾招致一些负面评论。比如《左传·僖公二十二年》就追述了一段往事，说是在平王东迁的时候，周朝大夫辛有路过伊川，看见这里田地荒芜、文明颓败，居住其间的人们不得不披头散发在野外祭祀，心中莫名悲伤。于是便叹息道：这里原本是被礼仪浸润过的地方，可如今却让持守礼仪的人们失去了荫蔽，只能在野外祭祀。恐怕用不了一百年，人们就会连野外祭祀的礼仪都忘掉，这里就会变成戎人居住的地方了。

古人征引这段往事作为附注，不仅仅是为了表明辛有预言的准确，还有为晋惠公的负面"人设"添砖加瓦的意图。在他们看来，伊川地区礼乐文化受到摧残，及至最后被"戎人"占据，晋惠公显然难辞其咎。

不管怎么说，对于晋国来说，陆浑之戎的迁徙的确是极大的利好。被迁徙的戎族有感于晋惠公的恩义，在此后的百余年间成为晋国"不侵不叛之臣"，他们就像是晋国安插在秦岭的一根楔子，有力地阻遏了秦国的东进和楚国的北扩，使得秦岭这一片三国相争的要冲实际上成了晋国的附庸。尤其是在后来的崤之战中，晋国所以能全歼秦军，"陆浑之戎"功不可没。姜戎氏在回忆起这段关系的时候曾经有个比喻，说"譬如捕鹿，晋人角之，诸戎掎之，与晋踣之"[②]，道出了双方配合之默契。

此外，"陆浑之戎"的内迁对伊洛地区的农业开发也助益颇多。这些"戎狄"部族身处诸夏之中，大量吸收了中原的礼乐文化，生产方式也逐渐向农耕文化过渡。将近百年之后，这片被周王室荒置的土地终于焕发出勃勃生机，成为一片欣欣向荣的沃土。詹桓伯指责晋国诱"戎狄"以逼华夏，晋人倒也乐于"补过"，顺手便灭掉了"陆浑之戎"，将晋惠公苦心经营的战略宝地纳入了晋国的版图。从这些

[①]《左传·襄公十四年》。

[②]《左传·襄公十四年》。意思是："好像捕鹿时，晋国人抓住它的角，戎人拖住它的脚，与晋国人一起将鹿扑倒。"

影响来看，晋惠公的确是下了很大的一盘棋。

可惜的是，晋惠公苦心经营的成果却并未被自己的子孙后代所享用，仅仅在迁徙"陆浑之戎"一年多以后，晋国的政权就落入了他的兄长重耳之手，而他自己却只在历史上留下了一个背信弃义的骂名，对他来讲，这何尝不是一场悲剧呢？

第五章
晋文公流亡之路与称霸前的列国局势

第一节　备尝艰辛

渭水惊魂

晋惠公八年（前643年）一个惬意的春日里，正当公子重耳与"狄国"的君主在河畔田猎时，突然间从密林中蹿出了一个迅疾如风的杀手。重耳与"狄君"拔剑抵御，与杀手战作一团，眼看对方武力高强，自己实在无力招架，重耳只得跳上一辆戎车奔逃而去。

不久后，公子的随从纷纷追赶上来，重耳的惊魂才算有了些许安定，他喘着粗气说道："我遇到寺人披了！"

提起这个寺人披，也算是一个传奇人物。他虽是宦官，可身形功夫却端的了得，做事也雷厉风行很有章法。十二年前，他奉献公之命攻打蒲城，国君命他一日到达，他却星夜兼程，半晌就到了蒲城之内，打了重耳一个措手不及。重耳抵挡不过逾墙出逃，他紧追不舍，生生地把重耳的袖子砍了下来。

此次寺人披的出现，正是奉了惠公之命，前来暗杀重耳的。惠公给了他三天的时间，而他却一刻都等不得，只用了一个昼夜就从绛都赶到了渭水。

两次与寺人披交手，重耳都被他凌厉的攻势打得毫无还手之力，即便是已经奔逃到了安全地带，可一回想起刚才的情景他仍然心有余悸，也让众人都惊出了一头冷汗。

狐偃回顾了这几年的经历，想到他们之所以逃到狄国，就是希望能够近距离地观察国内的局势，为日后公子回国即位提供便利。然而当八年前里克发动政变时，他们却因为担心国内的乱局，使得公子与国君之位擦肩而过。

这些年来，他们从未放弃过努力，一直苦苦寻找着机会。两年前，韩原之战爆发，夷吾作战失败被秦人俘虏，又给重耳带来了新的希望。曾经考察过他们兄弟的公子絷，当时也转变了立场，不断地在秦穆公面前说重耳的好话。然而由于夷吾再次出让了大量的利益，取代夷吾回国即位的希望再次化为泡影。

或许正是受到了重耳的影响，去年"狄国"突然出兵汾河河谷，占据了几座重要的城池。但这次行动没有取得预期的效果，反而招致了夷吾的怨恨，于是就有了寺人披乔装打扮前来刺杀的事情。

依照寺人披说一不二的性格，如果不能完成使命，是绝对不会罢休的。眼下他正在四处活动，狄国是断然不能回去了；加之秦国似乎已经放弃了重耳，自然也是靠不住的。这就使得重耳不得不认真思量：下一步究竟何去何从呢？

众人围着篝火讨论了半天也没有结果，最后还是狐偃提议道："我们还是去齐国吧！"

听到这句话，重耳心中不悦：当初说不去齐国的是你，现在说要去齐国的还是你！你不是说齐国不会帮我们吗？

不过狐偃自有他的一套说辞："当初我们之所以到狄国来，并非是来享受安乐的，而是为了成就大事。当时我曾说过，齐楚两国距离太远，而狄国与晋国距离更近易于抵达，狄人四处树敌故而乐于帮助我们，在狄国居住有利于抓住时机，所以才留了下来。

"但此一时彼一时，如今夷吾的地位已经稳固，短期内无法撼动，我们再留在'狄国'也没什么意义了，反而会因为生活太滋润而丧失斗志，可齐国就不一样了：齐侯年纪大了，已不复当年的风采，可他依旧怀念当初的盛况，因此就有了亲近晋国的念头。尤其是管仲去世之后，他身边尽是些谄媚小人，没有人帮他出谋划策。时间长了，难免就会重新考虑管仲的忠告，和远方诸侯搞好关系，以求能够得到一个好的结果。此时我们前去投奔，岂不正合他的心意？"

被寺人披逼到这个份上，就算是狐偃的说辞再苍白无力，重耳也别无选择了，因此也只得听从狐偃的劝说，重新踏上流亡的旅途。但在此之前，他还有一件心事未了，那就是与和他相守了十余年的妻子告别。

重耳的妻子名叫"季隗"，是一名出身"赤狄廧咎如"的女子。早年"狄国"与廧咎如交战，俘获了两名女子，分别叫叔隗和季隗。这其中的"隗"是他们宗族的姓，晋国早年建国受封时曾领有"怀姓九宗，职官五正"，这其中的"怀姓九宗"据说就是"隗"姓的戎狄部族后裔。"叔"和"季"则是她们在家里的排行，翻译过来就是隗家的老三和老幺。

"狄国"的君主把这两名俘虏赠给了晋国的流亡者，重耳自己娶了妹妹季隗，生下了伯鲦、叔刘两个儿子；他的随臣赵衰则娶了叔隗，生下了后来左右晋国局势多年的枭雄赵盾。两人情同兄弟还娶了一对姐妹，颇有点像孙策和周瑜之间的关系。

在与季隗告别的时候，重耳满怀深情地许下诺言，说："你再等我二十五年，如果二十五年后我还没有回来，你就找个人嫁了吧！"

季隗显然也舍不得他离开，因此颇为恼怒地说道："我如今已经二十五岁了，再过二十五年，怕是就要进棺材了！"可当她想到重耳的鸿鹄之志，心知不可能永远把他留在身边，便只好默默地擦干眼泪，转过头来微笑着说道："你去吧，我会等你的！"

五鹿获土

遥别了相守多年的妻子儿女，如今二十九岁的重耳依依不舍地离开了生活了十二年的狄国，开始了周游列国的漫漫旅途。然而，旅途才刚刚开始，他们就遭遇了前所未有的困境。

拜寺人披所赐，重耳仓皇出逃，完全没来得及做任何准备。他们一路走一路收拢部众，等最后聚拢起来清点人数的时候，发现随行人员已经逃亡了不少。而更让重耳无法忍受的是，负责管理资产的竖头须竟然也不见了踪影，临走的时候还将他们这些年积累的贵重物品全都带走了！

听到这个消息，整个团队都炸开了锅！如今他们已离开狄国的土地，环绕他们的是一片几无人烟的原始森林，想要再寻些物资不知要付出几多艰辛。没有了行李盘缠，他们所面临的就不仅仅是缺衣少食的困境，更是处处隐伏的危险。

可自己选择的路，就算跪着也要走完。被称作晋文公五贤士的狐偃、赵衰、贾佗、魏犨、胥臣，就是在这样的困境中，被激发出了前所未有的勇气和智谋。在他们的悉心保护下，公子重耳穿越了晋中"蛮夷戎狄"杂处的原始森林，走出了荆棘丛生的茫茫大山，终于来到了广阔的平原上。

进入华北平原之后，他们首先来到了卫国地界。重耳打算以晋国公子的身份拜访卫国的国君，顺便也从他们那里得到一些资助。然而经历了几个月的风餐露宿，一行人个个都衣衫褴褛、面容憔悴，俨然是一群乞丐。重耳拜见卫君所面临的第一个挑战，是找到一个能够识别他们身份，并且愿意引荐的人。

这个问题很快就得到解决，他们找到的引荐人名叫宁速，他接受了重托，将重耳引荐给了卫文公。但彼时的卫国正面临着"狄人"和邢国的联合入侵，国中上下闹得焦头烂额，根本无暇顾及这些流亡公子，二话不说就要把他们撵出门去。

宁速急忙劝谏说："礼是国家的纲纪，亲是团结的纽带，善是德政的基础，失去了这些国家就无法稳固，就无法抵御外敌。如今晋国公子是个贤能之君，他的祖先唐叔与我们的祖先康叔都是文王武王的后裔，国君若真对他们不管不顾，就等于是抛弃了根本，恐怕不合适吧？何况在武王的后裔中，只有晋国还算昌盛。在晋国的诸公子中，又数这位重耳最有德行，将来能守住晋国祭祀的，也必定是这个人。假如有朝一日他返国即位，讨伐对他无礼的国家，卫国岂不是首当其冲吗？"

宁速苦口婆心说了半天，卫文公却全然没有理会。公子重耳到卫国"走亲戚"，盘缠路费没讨着，反而碰了一鼻子灰，只好空着肚子继续赶路。

他们沿着黄河到达五鹿（今河南濮阳南，河北大名东），重耳看到一群农夫正在田埂上吃饭，就让狐偃去要些吃的来。没想到这些农夫还有些瞧不上他们，没好气地从地里掀了一块泥巴递给狐偃："吃吧！"

堂堂的一国公子，一心想要承继大统的未来霸主，竟然落到了鄙视链的最底端，简直是奇耻大辱！重耳哪儿能受得了这个气，挥起马鞭就要打农夫，狐偃脑中灵光一现，连忙制止道："公子千万不要动怒，这可是上天授予公子的啊！"

西周时，天子册封诸侯通常都会举行授土授民的仪式。仪式上，天子会郑重其事地把一抔黄土授予被册封的诸侯，象征着赐予其土地。狐偃这么一说，重耳仿佛也感应到了天意：上天让五鹿的"野人"授土给自己，这不就是象征着是要把这块土地赐予自己吗？

想到这里，重耳急忙跪倒在地，行再拜稽首之礼。稽首可是当时最高等级的大礼，通常是在重要的场合臣拜君的时候才会用，日常会面中并不常见。具体的做法是臣子屈膝跪倒，左手按住右手置于膝盖前，慢慢地用头触地并稍作停顿，然后再缓慢地起身。

先秦时讲究"礼不下庶人"，国人中的平民见了达官贵人从来都不需要跪拜行礼，更何况这些平日里连达官贵人的影子都见不到的"野人"，更是不知礼为何物。看着这个衣衫不整的贵人公子趴在地上郑重行礼，农夫们都大笑起来。

但重耳才不管这些，这件事给疲惫的重耳打了一针兴奋剂，他暗暗发誓决不能辜负了上天的眷顾！重耳始终都认为五鹿是上天赐给他的领土，于是在他即位之后不久，就把五鹿纳入了晋国的版图，这些都是后话了。

信任危机

人总要吃饱喝足了才会有力气。可是中原大地不像太行山区那般有很多山珍野味可以吃，重耳口干舌燥腹中空空几乎都要晕倒了，这救命的粮食还是没有着落。大概就是在这个时候，发生了传说中介子推割股奉君的故事。

据说介子推看到公子身体虚弱，却又找不到吃的，就背地里从自己的大腿上割下一片肉，混了些野菜做成鲜肉汤让重耳吃了。重耳知道后很是感动，抱着介子推血淋淋的大腿哭了半天，然后指天盟誓，说只要自己能够回国，一定要重重地封赏于他。

割股啖君毕竟不是长久之计，在未来的路途中他们还是会面临粮食短缺的问题，在这种情形之下，饿死人是随时都可能发生的事情。此时的重耳团队内部，因为饥饿也逐渐产生了嫌隙，估计又有不少人中途逃跑了。大家实在担心竖头须"窃藏以逃"的故事重演，于是就商量着找一个靠得住的人，负责看管那为数不多的粮食。商量来商量去，最终这个重任就落到了赵衰的身上。

可还没过几天，一行人正有气无力地走着呢，突然有人发现管粮食的赵衰又不见了，装粮食的口袋也不见了！这下所有人可都急了：别看赵衰这家伙平时挺老实的，没想到关键时候也会耍滑头，竟然不声不响地把粮食全都偷走了，这不是想饿死人吗？

突发事件能够激发人的潜力，刚才还饿得浑身无力的一群人，突然间就精神亢奋了起来，全都抄起家伙打算去找赵衰算账。不过刚走出不远，就看见赵衰端了一壶米粥，晃晃悠悠地朝着他们走了过来。

经过一番询问之后才知道，原来赵衰力气本来就不大，这几天又饿得实在发慌，更是身体孱弱举步维艰。赵衰是个实诚人，他没有埋怨大家，依旧是勤勤恳恳任劳任怨。此时尽管手里端着一壶米粥，但却舍不得吃，又怕洒了浪费，一路上小心翼翼，所以才被落下了。

这件事情在《左传》上只用了短短的十二个字来记录，但却反映出了重耳团队中出现的信任危机。在困苦之中的一群人，表面上团结一致共渡难关，可内心里却是各有盘算，互相猜忌。为了消弭人们之间的裂痕，必须要"灌鸡汤""打激素"，否则这个团队很快就会分崩离析。狐偃把野人的那一堆土奉为至宝的举动，其用意就是在激励这个团队，让大家都相信上天是眷顾公子的，如今的磨难只是上天的考验，只要能够坚持到最后，就一定会赢得辉煌的未来。

如果说之前的十二年中，狐偃的智谋还有所欠缺的话，这次的流浪则让他实现了智慧的升华，使得他在团队管理和竞争策略方面有了很大的提升，不再像之前那样短视。经过此番磨难，狐偃也才算是表现出了他足智多谋的一面，也在一定程度上成就了晋文公的霸业。

第二节　中原乱象

齐桓之死

经过几个月的艰苦跋涉，以重耳为首的流亡团队历经千辛万苦，终于抵达了繁荣富庶的齐国。此时一代霸主齐桓公已经病入膏肓，却还沉浸在过去的荣耀之中无法自拔。听说晋国的流亡公子来了，他不由分说就赏赐了二十乘车马（八十四马），还把宗室的女子齐姜嫁给了重耳。

之前晋献公前往葵丘会盟时，周公宰孔就曾经说过，齐桓公"好示务施"。诸侯但凡来参加会盟的，保证能让你空手而来，满载而归。而狐偃也有分析，齐桓公如今怀念当初的荣耀，但又没有了管仲的辅助，自然也乐见有人对自己投怀送抱。因此尽管与重耳素昧平生，可赏赐起来却一点也不含糊。

晋公子重耳收到齐侯的赏赐之后一下子就阔了起来，再也不是那个忍饥挨饿到处要饭的叫花子了，也不枉受了这大半年的罪。

但话说回来，他们来的时机说巧也巧，说不巧也不巧：巧的是他们赶在内乱之前到了齐国，依着齐桓公的性子还能给他们不少东西。不巧的是此时已经是齐桓公的最后一段美好时光了，根本不可能为他们的事情操心。这就使得重耳团队唯一能做的，就是在齐国安顿下来，等着齐桓公死掉，然后寄希望于继任的国君帮助他们回国夺位。

然而就是这样一个可怜的念头，最终也还是落空了。不久之后，齐桓公被易牙、开方、竖刁等人组成的内侍集团软禁，并于当年十月初七日被活活饿死在宫墙之内。在他死后，内侍集团秘不发丧，假传他的命令在国内大开杀戒，并矫诏立了公子无亏为太子。而齐桓公的尸体则静静地躺在宫内逐渐腐烂，以至于生出的蛆虫都能爬出宫门。

直到两个月后的十二月初八日，内侍集团自以为控制了大局，才发出齐桓公已死的讣告，公子无亏以太子的身份宣布继承父位，成为新的国君。

无亏的矫诏即位引发了国人的不满，几个公子为了争夺君位展开了一阵厮杀，内乱的序幕由此徐徐拉开。直到第二年（前642年）三月和五月，宋襄公遵照齐桓公的嘱托，两度带领诸侯大军扶植原先的太子公子昭即位为齐孝公，齐国的局势才渐渐稳定下来。

宋襄图霸

齐孝公地位稳固后，于当年八月安葬了齐桓公，但却再也无力恢复霸业，这就使得中原缺乏强有力的领导者，东方诸侯迅速分化出了几个不同的阵营，呈现出一派乱哄哄的景象。

因为有齐桓公的托孤之责，宋襄公想当然地认为自己就是齐桓公霸业的延续者，于是便信心满满地东征西讨、屡屡邀集诸侯会盟。他的诸般举动让司马子鱼[①]感到十分担忧，于是就不断劝说，但宋襄公却始终不予采纳。

公元前639年春季，也即晋惠公十二年，宋襄公首先照会了齐、楚两国，在鹿上举行了一次国际会议。到这年秋天，他又依照鹿上会议的精神，在宋国盂地召开国际会议，楚、陈、蔡、郑、许、曹等六国应邀参会。

这次会议由宋国召集，参会的却大都是楚国的附庸，因此对宋襄公来说等于是兔子进了狼窝——哪里还有什么好果子吃？可宋襄公偏就自信心爆棚，不管别人怎么劝，就是坚持不肯带兵，还说什么："是我在三国盟会上提出不准带兵的，又

[①] 公孙固与宋襄公兄长目夷皆字子鱼，当时目夷担任左师，公孙固担任司马，因此这里的"子鱼"应该是指公孙固。

怎么能食言呢？"

宋襄公言而有信，可楚成王就不这么实诚了。果然会议召开不久，楚成王就下令将宋襄公抓了起来，并带着他前去攻打宋国。好在有司马子鱼坚守不战，楚国没占到便宜，只好把宋襄公押解了回去。

宋襄公在盟会上被"蛮夷"所俘，中原诸侯不免产生了兔死狐悲之感。于是这年冬天，一向人缘不错的鲁僖公出来做和事佬，在薄（亳）地举行会盟，表达了中原诸侯请求释放宋襄公的美好愿望。迫于压力，同时也为了取信于天下，楚成王也做了个顺水人情，把已经没什么用处的宋襄公给放了。

一朝被蛇咬，十年怕井绳，宋襄公在楚国吃了不少苦，从此开始忌惮起强大的楚国来。可他又是一个要面子的人，因为害怕遭人耻笑，就强撑着颜面假装不怕。

第二年（前638年）夏天，因郑文公到楚国去拜见楚成王，宋襄公终于找到了报仇雪恨的机会，于是便邀合卫、许、滕等国的兵马联合伐郑，也算是给楚国人找点晦气。楚成王也毫不相让，迅疾整顿军马，浩浩荡荡地向宋国开拔而来，一场历史上最为滑稽的战争——"泓水之战"就此打响了。

泓水之战中，宋襄公数次拒绝了公孙固战略战术上的建议，坚持要与楚国来一场公正的较量。结果不出所料，双方交战不久宋军就开始溃败，宋襄公的护卫队被全数歼灭，他自己的腿上也中了箭。

战败之后，国人都怨恨他不听从子鱼的意见，宋襄公不得不祭出了仁义大招，于是就有了他名留青史的那段话："君子不重伤，不禽二毛。古之为军也，不以阻隘也。寡人虽亡国之余，不鼓不成列。"①这也就是春秋时期的作战四原则：善待敌方伤员，善待头发花白的老兵，不据守关隘险阻取胜，不能不宣而战。

宋襄公称霸不成，反而招致了一次囹圄之苦，一次兵败受伤的打击，从此一蹶不振，到第二年五月就驾鹤西去了，而楚国则是迎来了几百年来最为辉煌的时刻。如果说降服当年的"小霸王"郑国是楚国敲开中原大门的得意之作，那么这次在中原的首次大捷——泓水之战就是楚国的成名作。

有了这样的成绩，楚成王第一个想到的，就是到自己最大的跟班面前去炫耀

---

① 《左传·僖公二十二年》。

武力。担惊受怕的郑文公不知道楚人葫芦里面卖的什么药，就把自己的两个夫人芈氏、姜氏派到柯泽去慰劳楚军。楚国人让她们参观了战俘营，并把斩杀宋军所割下的左耳朵都抬出来给她们看，其用意大概是在警告郑国，不要仿效宋国的背叛之举。

楚成王在郑国吃吃喝喝，宴席之间不顾中原的礼仪规定，和美女搂搂抱抱，吃饱喝足了之后，还顺手把郑国的两个侍妾给牵走了。胜利的喜悦让楚成王失去了分寸，他举止失当，受到世人诟病，也更加深了人们对楚国"蛮夷"身份的印象。相较之下，宋襄公表现出的仁义形象却备受推崇，宋国虽然战败了，却引发了人们的普遍同情和对楚国同仇敌忾的决心，这恐怕是宋襄公自己也没有预料到的。

第三节　周游列国

乐不思归

回到正题，再说重耳团队的际遇。

重耳一行到达齐国没多长时间，就遇到了齐国的内乱，几个公子之间你打我、我打你，忙得不可开交，谁也顾不上理会那个流亡到此的晋国公子。后来齐孝公在宋襄公的帮助下继承了君位，齐国内部也算是大体安定了。但战乱之后的齐国国力衰弱，再也没有了当年的霸主雄风，自然也就没办法帮助公子重耳回国即位。

但这似乎丝毫都不影响重耳的幸福生活。齐国街市的盛况、商业的繁华、令人眼花缭乱的各国物产，让出身山区的重耳大开眼界。此时的重耳就好像是到了江东地的刘玄德，突然贪恋起齐国优容的生活来了。他的这个心思让随从流亡的那些人看在眼里，急在心上，私底下就开始议论：万一公子真的赖在这里不走了，该怎么办？

要知道，跟随重耳出奔的都是些有理想的青年，他们之所以死心塌地跟随重耳出奔，大都是奔着前途去的。在西周盛行的宗法制度框架内，通常只有嫡长子才能继承家业，嫡长子之外的余子由于没有宗族土地、财产和爵位的继承权，成年之后通常都会分配很少的田土成家立业。他们虽然生于贵族之家，却与贵族的荣光无缘，只能在宗族内部或者其他公子、大夫家里做家臣，几代之后就完全沦为庶民了。

跟随重耳出奔的诸位就恰恰都属于这一类型，由于无法继承家业，他们只能离家出走另谋出路。比如重耳的舅舅兼心腹狐偃，他是狐突的次子，其兄长狐毛与重耳虽然也是舅甥关系，但由于能够继承狐突的家业，并没有随重耳出奔。其次是赵衰，谥号成季，字子馀，伯仲叔季，季为最末，大概他在家里是排行最末的。他的哥哥（存疑）赵夙早年随献公出征获封耿县，这些封地赵衰显然是无法继承的。另外还有胥臣，也叫作臼季、司空季子，说明也是家里排行最后的；魏犨谥号武子，又称武仲州，当是家中排行第二。其他人因为所留资料不多无法确证，但大体上应该也属于类似情形。

跟随重耳出奔，对于这些宗族庶子来说是不可多得的机会。特别是在太子申生死后，重耳就是献公的长子，只要重耳能够当上国君，他们就有机会凭借从亡之功成为有封地的领主，那些失去的荣耀就统统都会回到他们身边。虽然重耳在与夷吾的角逐中先负一场，可只要还存有一线希望，就绝对不能放弃，这也是他们跟随重耳的动力所在。他们就像是寻找宝藏的冒险家，寻找创业公司的投资客，就算是所瞄准的项目有太多的不确定性、蕴含着巨大的风险，可只要有一次赌对了，就能够迅速扬名立万，成为众人追捧的"大亨"。

可现在呢？如果公子没有了进取之心，甘愿在齐国做一名异姓大夫，那么这些随从们就依旧只能是家臣的地位，这样的处境与没有流亡还有什么区别？历经了万苦千辛最后却一无所得，这样的结果是无论如何也不能接受的。

况且，韩原之战爆发后，晋惠公为了取得国内的支持，在吕甥的主导下实行了"作爰田、作州兵"的系列改革，使得国内贵族的政治、经济利益得到了极大提升，这些正在进行的改革对于这些流亡者也同样具有诱惑力。如果他们没有跟随重耳出亡，而是留在国内，就算是地位上没有太大的提高，至少会比在齐国拥有更多的私有财产，这就无形中大大增加了重耳的团队成员的机会成本。

但讨论归讨论，这些话又不敢直接跟公子去说，他们便只好找狐偃商量。一群人把狐偃拉到了桑树林中，七嘴八舌地说个不停，甚至有人直接提出了散伙，你醉你的温柔乡，我回我的高老庄，从此以后大家就井水不犯河水了。

狐偃一听心中焦急，好歹重耳也是自己的亲外甥，他一路上用各种美好的愿景把大家团结起来，不畏艰难冲破险阻到了齐国，就是为了让大家都有一个美好的未来。如今最困难的时期都已经过去了，如果就这样半途而废，之前所有的苦难不就白受了吗？更何况，重耳孤身在外，不管是要做晋国的国君还是要做齐国的大夫，都需要有人辅助帮衬，大家要是就这么走了，重耳很可能就会在齐国待不下去。所以无论如何，他都必须要想办法把人留住，就算是前途渺茫，该画的饼还是要继续画，要不然二师兄就真的要分行李了。

狐偃在桑林之中费尽口舌苦心相劝，众人忙于争论，却不知他们的话，全被一个采桑的侍女听见了。

在目送他们离开后，侍女悄悄地跑到重耳的妻子齐姜那里，把他们刚刚的议论全给抖搂了出来。齐姜是一个很有心眼的姑娘，她知道此事关系重大，不管他们的想法靠不靠谱，自己支不支持，都不能让其他人知道。否则若是有人不小心把话传到了齐侯的耳朵里，难免会牵连到自己的丈夫。于是她当机立断就把那个侍女杀掉了，然后找到了重耳问道："你的随从打算跟你一起离开齐国，这事被一个侍女听到了，我刚刚把她杀了，你就放心吧！"

重耳大概是真的不想离开，又或者是担心齐姜在有意试探，于是便矢口否认，说自己并没有这样的想法。齐姜实在为他感到着急，就耐心劝说道："你心存远大的志向，岂可因为留恋妻子、贪图安逸而毁了自己的大好前途呢？"她还引用了不少名言警句，列举了武王、管仲等成就大事的例子，劝说重耳在大事面前不要犹豫退缩。

可无论齐姜怎么劝说，重耳就是死活不认账，信誓旦旦地说自己会留在齐国，没有其他的想法。无奈之下，齐姜只好找到了狐偃，并设计把重耳灌醉了，趁着夜色把他丢到车上拉出城去。

重瞳骈胁

重耳本以为自己会在齐国的豪宅里醒来，睁眼就能看见齐姜那甜蜜的笑脸，可当他真的醒过来时，却只看见了黑色的天幕和闪烁的星辰，差点以为是屋顶让人给偷了。不过他很快就反应了过来，原来自己正躺在颠簸的马车里，奔跑在冰冷的原野上，于是急忙大喊让他们停下来。

还没等车停稳，他便跳下来夺了一把长戈，边跑边喊着狐偃的名字骂道："你连问都不问一声就把我拐出来了,将来若是事情不成功,我就是吃了你的肉都不能泄恨!"

狐偃知道他会来这一出,也是撒腿就跑,而且还逗趣地回答道:"如果你不能回国夺位,我狐偃还不知道会死在哪里呢!如果死在豺狼虎豹的口中,哪儿还轮得着你吃我的肉!可如果你能够夺得君位,晋国上下的美食应有尽有,你想吃什么都行!我狐偃的肉腥臊难闻,给你你都不一定爱吃!"

两人你追我赶跑了半天,到最后实在没力气了,都瘫倒在地。众人纷纷凑上来劝解,重耳才渐渐消了气。随后大家讨论起了以后的行程,在众人的强力要求下,重耳只好同意先到宋国去碰碰运气。

这一年是晋惠公十一年[①](前640年),他们流亡的第十六个年头。三十二岁的重耳离开齐国再次踏上征程,开始了游历中原的旅程,从此就再也没有长时间的停歇,直到最后回到国内。

依照周代的礼仪,重耳每到一国都会找一个居中引荐的人,这个角色就类似于大客户销售中的教练,又或者是线人、中介。通过中间人的引荐,他们才能够名正言顺地拜访国君、寻求结盟,过去在卫国遇到的宁速就是这样的一个角色。

在曹国他们所找到的中介是僖负羁。按照传统的解释,僖负羁可以说是一名治家有方的典范,不仅自己是声名在外的贤臣,就连他的妻子都有慧眼识人的本领。看到重耳团队君贤臣明,个个都有十八般武艺和治国之才,其妻子便料定重耳一定能得国。在妻子的大力支持下,僖负羁不仅愿意引荐重耳去见曹共公,私底下对重耳也是礼遇有加,经常去给他送礼。

而与重耳相比,曹国的国君曹共公却是不折不扣的昏君。他不任用贤能的僖负羁,反而把一些无才无德的人拔擢为大夫。更令人气愤的是,曹共公听说重耳天生有"重瞳骈胁"之相,竟不顾对方的情绪,非要看个究竟。

所谓的重瞳,一般是说眼睛里有两个瞳仁(或者说是眼中有痣),重耳的名字大概也是由此而来。历史上记载有重瞳的人物有仓颉(面长四目)、虞舜(名重华)、重耳、项羽(重瞳子)、吕光、高洋、鱼俱罗(隋朝柱国,有双瞳)、李煜,等等。重耳的另一个异于常人的特征是天生骈胁,所谓的骈胁是指肋骨紧密排列,

---

① 《史记·晋世家》认为重耳在齐居住五年,也即离开的时间是公元前638年,本书采用三年之说,详细论证见王少林:《晋文公重耳出亡考》(《南都学坛》2012年第3期)。

就像是一整块骨头一样，和重耳一样有骈胁畸形的，还有战国时期的纵横家张仪。

人群中出现重瞳和骈胁这类遗传病的概率很低，由于古代统计资料不完善，史书上出现这些记录的大都是有地位的人，于是后世就把这些本属于遗传病范畴的畸形特征，附会成了真命天子和圣人的象征。在春秋早期的史料中，还很少有关于这种畸形的记载，恰好重耳就是一个集重瞳和骈胁于一身的异类，这就引起了曹共公这个"好奇宝宝"的无穷兴趣。

重瞳的特征长在眼睛上，还能很方便地查看，可骈胁这种畸形是藏在衣服里的，想要一探究竟就没那么容易了。曹共公想看看重耳那异于常人的胸部，可又不好意思当场提出来，于是就让人给安排好，趁着重耳洗澡的时候带着一群人隔着帘子偷看，这可就出大事了。

骈胁这种生理畸形对于日常生活恐怕有很大的影响，重耳也是深受其害，通常都不愿意示人。曹共公不顾及个人隐私，执意要偷看他洗澡，对于重耳来说绝对是极大的侮辱：在朝堂上看眼睛我就忍了，可你偷偷摸摸地看我洗澡，这事是说什么也忍不了的。你自己偷看也就算了，还带着女眷在一边饶有兴致地聊了起来，那就更不能答应了。偷窥事件发生后，重耳恼羞成怒，从此与曹共公结下了不解的仇怨，为他后来伐曹埋下了伏笔。

焉能尽礼

重耳过曹受辱的故事流传甚广，曹共公昏庸和僖负羁贤能的人设也已深入人心，不过要细细考察起来，如此鲜明的人设却未必符合实际。

春秋时期各国内乱不断，公子公孙流亡国外的事例屡见不鲜。尽管对于本国而言，流亡公子或许是负罪之身，但其他诸侯出于政治考量大都会为他们提供庇护。公子公孙的地位比普通大夫要高，在收容的同时还必须要按照相应的礼节和规格待遇为其提供便利。比如齐国，重耳刚到就要送出八十匹马作为见面礼，居留期间的吃穿用度，更是难以计数。这些常规的支出对于大国来说或许不是什么问题，可若是国家实力弱小，常年收纳流亡公子就会带来巨大的财政负担。

不幸的是，曹国是个小国，而其所在的地理位置却恰恰处于中原交通枢纽，这就意味着列国公子出亡大都会把曹国作为落脚点。长此以往，曹国人难免就会给自己算笔账：流亡的公子数不胜数，可经过流亡还能最终返国得位的只是少数。相比于收容这些破落户所付出的代价，收益微乎其微。既然不可能对每个公子都以礼相待，国人又没有慧眼识珠的本领，那么最佳的选项就是采取严格措施，对所有流亡公子一视同仁，从而让后来者望而却步。

正如曹共公在拒绝僖负羁的提议时所说的："诸侯之亡公子其多矣，谁不过此！亡者皆无礼者也，余焉能尽礼焉！"①从本国立场出发，曹共公拒绝接纳重耳的理由非常充分，可受人之托的僖负羁却未必能把心态放平。

关于僖负羁，史料中留下的记载极其稀少，我们所能知晓的事迹也只有礼遇重耳这一桩。就是这一桩助人为乐的好事，便使僖负羁在千古留名的同时，也受到了后来成为霸主的晋文公的特殊关照。城濮之战爆发前，晋国攻陷陶丘，晋文公特别下令约束士兵，不得惊扰僖负羁的宅邸。与此同时，他还在曹共公面前为其抱不平，指责曹共公"不用僖负羁而乘轩者三百人"，简直是昏庸透顶。

"不用僖负羁而乘轩者三百人"，也透露出了一个常被人忽视的信号：与卫国的宁速，以及重耳后来造访宋、郑两国遇到公孙固、叔詹这些在本国享有崇高地位的人不同，僖负羁在曹国并没有什么地位。

僖负羁是否真的贤能我们无法妄下定论，但当一个人地位卑微或者不受当政者重视的时候，其说话的分量自然也会被人看轻。曹共公既然在平日里都对他不理不睬，当他提出让国君会见晋国流亡公子的时候，其劝说自然也很难被采纳。更何况，曹国素来有"不纳亡人"的国策，如果没有特别的理由，曹共公也的确没有必要为一名素昧平生的流亡公子大开绿灯。

然而事实是，曹共公最后不仅见了重耳，还利用地主之便利闹出了一桩偷看别人洗澡的风波。在这里，我们不禁要提出一个疑问：曹共公是如何得知重耳有骈胁特征的？又是谁给他提供的这些便利呢？

答案很可能正是被诩以贤能的僖负羁。

结合以上的疑问，我们似乎可以做出这样一种猜测：

重耳一行抵达曹国四处寻找线人，却求告无门，最后只能勉强找到一个缺乏声望的僖负羁。僖负羁本人不受重用，也从来没有什么人高看过他一眼，突然就

---

① 语出《国语·晋语四》。

有那么一天，有位大国的公子寻上门来，给他奉上了价值可观的礼物，请求代为引荐。

人生中第一次受人重视，第一次收到这么多的财礼，让僖负羁受宠若惊，于是他想都没想就欣然应允了。然而当他真正要去做这件事的时候，却发现果真是千难万难，任凭他想尽了所有办法，恐怕就连他自己与国君见上一面都很难，更别说是忠人之事了。

吃人的嘴软、拿人的手短。正面路线走不通，他便只能另辟蹊径。或许是与晋公子相处得久了，对方放松了警惕，僖负羁无意间便窥见了一个天大的秘密，于是便以此为路引，将这个消息透露出来以勾起曹共公的好奇心，于是就有了后来的故事。

大概是曹共公偷窥时太过于放肆，让重耳感到出奇地愤怒，同时也让作为中间人的僖负羁感到十分为难，因而才在妻子的劝说下，以食盒盛装礼物向重耳赔罪。重耳身在矮檐下，不得不低头，见此情景也不好发作，只好收下了食物，将其中的玉璧退还给了僖负羁，这件事也就这么了结了。

也就是说，僖负羁很可能并没有如人们所说的那般真的对流亡的重耳礼遇有加，反而是为了得到充当中介的好处给曹共公提供了方便，使得重耳在曹国受辱。

后来晋国伐曹之时，魏犨和颠颉在火烧僖负羁宅邸时曾说过一句话："劳之不图，报于何有！"这句话通常被理解为："不替有功劳的人着想，还报答个什么恩惠？"用以作为呈堂证供也算是恰如其分。可假如僖负羁人品本没有那么贵重，文公的优待也只是一种政治策略的话，那么"劳之不图，报于何有"这句话的指向，就未必是文公本人了。我们也可以将这句话理解为："接受了他人的请托而不能忠人之事，这样的人有什么可报答的？"其中的逻辑同样可以自洽。

君明臣贤

书归正传。

重耳一行离开曹国后，便直接扑向了他们此行的目的地宋国，并找到了大司马公孙固作为线人。公孙固对重耳同样盛赞有加，他说："晋公子在外流亡十几年，自小就心性善良且不骄傲自满，如今已经长大成人，也从来不敢有所懈怠。跟随在他身边的人,如狐偃、赵衰、贾佗,或仁惠而善谋,或文敏而忠贞,或多识而恭敬,都是不可多得的人才。公子对待他们谦恭有礼,遇事也总是虚心向他们请教,将来一定会有所成就的!"

这里需要注意的是,《国语》记载中各国中介人对重耳的评价大抵雷同,但侧重点却也是有分别的。在卫国和曹国期间,尽管也提到了重耳君臣的贤能,但更多的还是空泛地从"礼"的角度阐述,认为晋国属于文昭武穆的后裔,同为姬姓的国君应该善待这些亲戚。而从曹国离开之后,中介人劝说的重点就逐渐转向了对重耳以及随从的几位贤士的评价了。其中的缘由,大概是伴随着晋惠公病情的日渐加重,晋国局势走向扑朔迷离,使得不少人开始重新评估重耳回国复位的可能性;而另一方面,则是重耳团队在齐、宋居住期间,其行为举止给人们留下了良好的印象,从而也受到了更多重视。

重耳在宋国居住期间,正是泓水之战前夜,宋襄公正需要向世人展示自己的仁义,于是就按照齐桓公的标准,不多不少也赠给他二十乘的车马作为见面礼。但在帮助重耳归国的这个问题上,宋襄公却犹豫了,直到泓水之战结束,都没有给出明确的答复。

重耳在宋国待了一段时间,目睹了宋襄公一步步地滑入深渊的全过程。泓水战败后,他确信宋国无力帮助自己复位,便开始琢磨着去寻求这次战争的胜利者、将来的准霸主楚成王的帮助。但或许是为了避嫌,重耳在离开宋国之后又向西折返,专门跑了一趟郑国,而这一次,在自家的亲戚面前,他们又碰了一鼻子灰。

在郑国,他们托关系找到了叔詹作为线人。叔詹在劝说郑文公时,曾经说过这么一番话:"上天要襄助的人,别人再怎么赶也是赶不上的。有三个征兆预示着重耳有可能成为晋国国君。第一,古语有云,'男女同姓,其生不蕃',晋公子以同姓婚媾而生却能活到今天,必然有神相助。第二,如今晋国内政不宁,而他又经历过那么多磨砺,必定会有所成就。第三,在他的随从中,至少有三个人称得上是人中龙凤,他们才干突出却愿意跟随落魄公子四处流浪,可见这位君子必有过人之处。"

结合这三点,叔詹认为重耳必定能回国即位。即便是不考虑这些,晋国和郑国都是王室宗亲,先君在平王时期还有着夹辅王室的功劳,有公族子弟流落在外互相照应一下也是应该的。因此不论从哪方面来看，郑国都应该对这位公子加以礼遇。但彼时郑文公大概是被楚王送来的耳朵给吓傻了，时刻都充满了亡国的忧虑，根本没有心情接见他们。

相比于卫国的宁速和曹国的僖负羁，叔詹对中原局势有着更为深刻的洞见。他担心重耳一旦得国会对郑国不利，于是就劝说郑文公，如果不能以礼相待，就一定要把他们杀掉。郑文公觉得这个建议是小题大做，一个流亡团伙能兴什么风作什么浪？便又拒绝了。几年后，郑国果然招来了晋国的讨伐，这恐怕是郑文公做梦都想不到的。

无以为报

重耳在郑国没能落脚，只好转道南下奔楚国而去。此时的楚成王在中原风光了一把之后，心情好得不得了，整日里喜滋滋地向周围的人讲述自己战胜宋国的丰功伟绩。听说晋国流亡公子来了，就兴致勃勃地把他请了来，以国君之礼来款待，席间又开始山南海北地讲了起来。

重耳毫不客气地接受了楚王的超规格礼遇，提前过了一把做国君的瘾。不过楚成王毕竟是正牌国君，他在主席台上夸夸其谈的时候，重耳还必须得装作很陶醉的样子随声附和。这番装腔作势让兴致正高的楚成王十分受用，宾主把酒言欢，一时间其乐融融。

不过话说回来了，重耳四处流亡可不是要进行一场说走就走的旅行，更不是来喝你几碗酒、蹭你几碗饭的，言谈间便有意无意地做出暗示，希望楚成王能帮自己一把。

楚成王一听到这个马上就回过神来了。他也不立即作答，倒是反过来先问重耳："如果有机会回到晋国承继君位的话，你想怎么报答我呢？"这句话的用意很明了，送你回国也不是不可以，我大楚国青春鼎盛，如日中天，这么点小事还是可以办得到的，可在办事之前，咱们总得先谈谈条件吧？

重耳流亡将近二十年，心智谋略各方面都长进不少，唯一不变的就是始终不以国家利益作为交换条件。可天下没有免费的午餐，更何况，在当时的文化氛围中，并不存在现代意义上的民族国家，所谓的国家城邑甚至百姓都是贵族的私产。

两个大贵族之间做生意,你来我往是再正常不过的,还提升不到道德的高度。可重耳就是有这么一股执拗劲,跟葛朗台一样爱财如命,对于荣誉的重视也到了一种偏执的程度,始终不愿意向人低头。

当年正是因为重耳在秦国面前坚持绝不出让国家利益的原则,搞得秦穆公没办法跟他继续谈下去,才选择了支持夷吾,让他不得不流亡在外。如今楚成王提出要谈条件,也未必会有割让土地的要求,可能只是想让他低个头、服个软,回国后能尊楚成王一个盟主的名号。

只可惜,重耳终究也是一个有野心的人,笃定自己一定会进取中原,因此坚持不肯投其所好。当楚成王一再追问的时候,重耳就开始顾左右而言他:"楚国美女如云,玉帛珍器不计其数,鸟羽、牛尾、象牙、皮革这些稀罕玩意儿更是楚国的特产,天底下最珍贵的也就是这些东西了。楚国物产丰盈无所不有,晋国物产匮乏,能用的都是楚国剩下的东西,实在没有什么能够用来回报你的,说起来真是惭愧啊!"

重耳这种不肯低头的性子,倒是很有君子的风骨,值得当代的学人好好学习,但作为当事人的楚成王可就不乐意了:你就别拐弯抹角了,你知道我想要什么!他表情严肃地再次发问:"这些我自然知道,可我还是想看看你的诚意!"

看到楚王的表情和说话的态度,重耳知道不能再绕了,稍作沉吟之后,重耳突然起身作揖,对楚成王说:"如果托您的福,我真的回国即位了,将来晋楚在中原相遇,我愿意退避三舍。如果还是得不到原谅,我也只能手执武器,背上箭囊,与君周旋了。"

这显然不是楚成王希望得到的答案,没想到重耳竟然这么不识抬举,硬是把他的好意搪塞了过去。

最后的谈话很不愉快,重耳因为执守信条,把唯一有意愿且有能力相助的楚国也得罪了,等于是把自己逼入了绝境。放眼天下,有实力的诸侯国就这么多,重耳已经走遍了所有的大国,终究没有找到真心愿意帮助自己的人:秦国因为重耳的不肯让步,已经多次把他排除在候选名单之外;齐国、宋国虽对其颇为礼遇,可毕竟实力不济;郑、卫、曹这些国家,既没有能力,也根本就没把他当回事;好不容易到了楚国,结果话不投机,眼看着就彻底没有希望了。

正当重耳百无聊赖地看着日出日落消磨时光,不知该何去何从的时候,一个令人振奋的消息突然从遥远的北方飘扬而至。这年（前637年）冬天，秦穆公突然派人到楚国来请晋国公子重耳到秦国一叙。这个消息就如同惊天的炸雷一般，惊醒了重耳，惊醒了狐偃、赵衰，也惊醒了楚成王以及楚国的大小贵族们。

第四节　终成夙愿

怀公乱政

这年（前637年）九月，重耳的弟弟，执政十四年的晋惠公夷吾，带着满身的伤痛和无尽的苦闷英年早逝，享年约三十四岁。对于流亡多年的重耳来说，这是一个千载难逢的机遇。

这其中唯一的变数在于，夷吾虽然去世了，却还有诸多子嗣在世，只要秦国还愿意继续支持，重耳就难以成事。可偏巧在这个节骨眼上，重耳的侄儿圉，也就是晋惠公送往秦国做人质的太子圉，为"山穷水尽疑无路"的重耳送来了一份大礼。

说起太子圉，还要先提一下他的身世。早年夷吾在郤芮的建议下出奔梁国寄居，让身处晋秦夹缝之中的梁人着实大吃一惊。梁国原本只是一个不起眼的小国，或许已经有很长时间没有接待过有着如此身份的人了，自是不敢怠慢。不久之后，梁君女儿梁嬴便奉命嫁给了夷吾，并为其生了一对龙凤胎，也就是后来的太子圉和他的妹妹公主妾。

这两个孩子名字的寓意都不是很好，"圉"专指的是养马的奴仆，"妾"就更不用说了，就是大户人家的奴婢。晋惠公尽管流落在外，但身为一名大国公子，当然不会为了好养活而故意给孩子起贱名，其中必有什么来历。

有好事者回忆起那段往事，说这两个名字是一次占卜的结果。当年梁嬴怀孕以后生产很不顺利，过了预产期很长时间还没有把孩子生下来，这让夷吾十分着急，于是便让梁国国君请来了卜招父和他的儿子为其占卜。二人神神道道地算了半天，判断出梁嬴肚子里有一对"龙凤胎"，不过这两个孩子的命都不太好，男的将来会做奴仆，女孩儿会做奴婢。

晋惠公当时的处境艰难，对未来的预测十分悲观，于是就很实诚地给两个孩子分别取名圉和妾。这件事情不管真实与否，反正这两个孩子的命运的确不佳，太子圉后来到秦国做了人质，据说就连公主妾也随着到秦国做了奴婢。

按照晋惠公流亡的时间来算，从惠公流亡到公子圉入质秦国，前前后后也只有十年多的时间，因此公子圉彼时还只是一个心智尚未成熟的孩子。这么小的年纪就背井离乡客居他国，身旁既无贴心人照应，也无谋士献计献策，其中的孤苦可想而知。这段经历带给他的是一种强烈的不安全感，也为他以后的失国埋下了伏笔。

秦穆公大概也知道太子圉的不容易，又或许仅仅是为了维护自己仁厚的形象，继续巩固所谓的秦晋之好，在子圉入质后不久，便把自己的一个女儿怀嬴嫁给了他。秦晋两国在和约和联姻的约束下再次进入了和平期。

晋惠公十三年（前638年），泓水之战爆发的同一年，晋惠公突然病危的消息传到秦国，让身为质子的太子圉五内俱焚。他内心焦躁不安又毫无谋略，唯一能想到的就是赶快逃回到父亲身边，其他的事情——包括秦国的态度——早已顾不上考虑了。

准备逃亡之时，太子圉原本想带妻子怀嬴一同离开，可怀嬴却始终不肯。在告别的那个夜晚，她诚恳地回应道："你身为晋国太子却在秦国受辱，这些苦衷我都知晓，你回国心切我自然也能够理解。可是君父让我嫁给你，是为了让你安心留在秦国，我不能完成君父的使命已经有过错了，又怎么能跟你回去呢？不过你也不用担心什么，该走就走吧，我不会向父亲告密的！"

怀嬴不肯跟从，太子圉只好独自回国去了。这个举动恐怕免不了要遭受父亲一顿训斥。晋惠公布局这么多年，就是在为儿子的将来铺路，结果他就这么不声不响地回来，定然会因此得罪秦国。可事已至此，即便是再送太子回去也无济于事，晋惠公只好把他留在身边。

惠公去世后，太子圉即位，是为晋怀公。由于缺乏威信，又担心有人会跟流亡者暗通款曲，因此一上台他就下达了一条命令：凡晋国贵族，一律禁止跟随逃亡在外的公子。他还规定了一个时限，随同流亡的人只要在规定时间内回国都可以免罪，否则就绝不宽赦。

这条禁令显然是冲着重耳来的。我们知道，晋献公屠杀桓庄之族，导致晋国公族枝叶凋零，已经没有了旁系的君位竞争者。晋献公共有九个儿子，其中太子申生受诬自杀，其余有六个被驱逐出境，国内仅剩的两个幼子也死于里克之乱。被驱逐出境的六个人当中，除了夷吾回国夺取了君位之外，包括重耳在内的其余五人都一直在外流亡。而根据《国语》引述郑国大夫叔詹的说法，在这十几年中，另外的四个也音讯全无，如今公室子弟尚且在世的就只剩下了重耳一人，怀公所指的"亡人"便也只能是他的伯父重耳无疑。

然而，晋怀公即位之时内无强力辅佐、外无可靠后援，使得国内局势阴晴莫测，没有人愿意表明态度，果然过了期限之后还是没人响应号召。晋怀公惊恐之下选择了孤注一掷，对反对势力展开了大清算，其中就包括重耳的外公狐突。

狐突是晋献公妾室狐季姬的父亲，也是狐氏大戎中有地位的贵族。晋献公与狐氏大戎和亲之后，他也随着自己的女儿来到晋国为官，并带来了自己的两个儿子，分别是狐毛和狐偃。据《左传》的说法，二人均随重耳在外流亡，不过依照《竹书纪年》的记载，重耳回国之时，曾有狐毛、先轸出兵相拒，似乎身为宗子的狐毛并未外出。但不管事实如何，这对怀公而言都是不能容忍的，因而特别要求狐突将儿子召回国内，岂料遭到了狐突的断然拒绝：

"自古以来，儿子出仕之前，父亲都要教导他们忠于自己的主君，一旦策名委质成为人臣，就不能三心二意。如今我的儿子已经侍奉重耳多年，若要将其召回，岂不是要让他抛弃为臣之道吗？若果真如此，就算是他们回来了，您难道会愿意任用这种不忠不义的臣子吗？如果您执意滥用刑罚以图快意，举国士大夫皆有死罪，狐突不敢贪生，请君自便吧！"

狐突作为一名百岁老人，诚心诚意地讲了这么多大道理，怀公却是一句也没听进去，还是坚持斩杀了狐突。此举使得人心更加离散，不少原本保持中立的人也开始反对他，这些都加速了他灭亡的步伐。

与此同时，为了防止秦国入侵，晋怀公还对秦国采取了强硬态度，特别加固了黄河沿岸的防御措施。秦穆公本来就因为太子圉不告而别而恼火，如今看到晋国的针对性措施，更是下定了决心要教训他，于是便有了征召重耳入秦的举动。

生死一线

这些事情都发生在重耳在楚居留期间，楚成王自是有所耳闻。不过，考虑到重耳在楚时所表现出的执拗和倔强，楚成王大概以为秦穆公不会将其列为扶持晋君的首选，因而也没有太在意。孰料局势变化让人眼花缭乱，这么一个不招人待见的流亡公子突然成了宝，这可叫怎么回事？

楚国贵族因为这件事情吵成了一团。以令尹子玉（成得臣）为代表的一派坚决不肯放人，甚至还要求楚王把重耳杀掉。或许在他们看来，诸侯列国的公子王孙能够以谦卑的姿态周游列国且事事亲为的，重耳恐怕还是第一人。如今他在外流亡多年，备尝人生百味，对各国政局都有详尽的了解，一旦成为一国之君，对于楚国不能不说是一个巨大的威胁。

楚成王也深知此理，但却不敢动手。重耳团队从一开始就很注重形象的打造，无论是重耳本人，还是团队的其他核心成员，都有着非常明晰的个人形象，且具备很多当时为世人所推崇的美德。有着如此良好的口碑，诸侯就算是心里不买他的账，表面上却要一力地支持有着如此美德的君子，这种压力让楚成王想杀却又不敢杀。

在去年的泓水之战中，他就吃过这种亏。由于宋襄公善于做宣传工作，临死前还摆了他一道，用仁义道德给楚国挖了一个坑，其结果是楚国虽然胜了，却没有得到诸侯的认可。楚国虽然强大，要想进取中原，却不得不按照规则行事，不能肆意妄为，这也是中原强势文化给楚国带来的压力。如今面对一个一无所有却带有"主角光环"的流亡公子，强大如楚成王也无可奈何。

更何况，在楚成王看来，如果楚国注定无法征服晋国，"那也是自己修为不够"，就算是杀掉重耳也无济于事。"假如上天不想帮助楚国，杀掉了一个重耳，难道晋国就不会有更贤明的君主了吗？"反过来讲，如果上天愿助我一臂之力，就算是再多几个像重耳一样的人，也不会改变这个结果，杀他岂不是显得多余了？所以还是顺其自然吧！

楚成王的一席话展示了一名王者的雍容气度，也体现出了一种超脱于个人英雄主义的朴素群众史观。可子玉却总是计较于一时一地一人的得失，始终放不下心里的疙瘩。于是他便退了一步，说就算是不杀重耳，最起码也要把狐偃留下。他狐偃就是重耳团队的核心运营者，失去了狐偃就等于让重耳失去了主心骨，还能让他以后在面对楚国的时候投鼠忌器，从而降低威胁。

楚成王何尝没这么想过，可狐偃也是一个带有多重光环的君子，又岂是他们能够留得下的。因此他说："如果明知有错还要加以效仿，那就是错上加错了，这不符合礼啊！"思虑再三，楚成王实在不敢再四处树敌，于是便以重金馈赠重耳，同时派兵护送他到秦国，以对秦晋两国表示亲善态度。

这段时间里，重耳和他的随臣们也都捏了一把汗，生怕楚王逞一时意气把他们给杀了。即便是听闻楚成王已经同意派兵护送，一路上也是战战兢兢，丝毫不敢松懈，生怕中途出现变故。直到离开楚国地界被秦军接到了，这些提心吊胆的流浪者才总算松了一口气。

在这场博弈当中，不仅仅是重耳和他的随从，就连晋国的命运也是岌岌可危。秦国一心想要废掉晋君子圉，而若是重耳也在楚国遇害，晋国的君位继承就成了问题。如此一来，晋国要么会面临被吞并的命运，要么会陷入公族内战的旋涡，这也是晋献公大刀阔斧清除公族所带来的负面效应首次得到体现。

秦楚两国围绕晋国君位的博弈，最终使得重耳能够躲过劫难并回国即位，这其中不能不说有很大的运气成分。历史就是这样，危难和机遇总是并存的，多年历练终究让重耳变得更加智慧，重耳即位也让晋国从此步入了一个崭新的发展阶段。

婚媾怀嬴

流亡团队到达秦国之后，秦穆公为安抚重耳，一口气送了他五名宗室女子，其中就有被晋君子圉留在秦国的妻子怀嬴。起初重耳并不知道怀嬴的身份，只是把她当作一般的媵侍看待，谁知就因为这一时的疏忽，差点给自己惹来大麻烦。

话说有一天，怀嬴捧着盥洗的器具在一旁伺候重耳洗脸。重耳常年在外流亡，生活环境与宫廷有很大差异，因而许多礼节都已经生疏了。这次，他还像往常一样，在简单盥洗之后习惯性地甩了甩手，一不留神把水甩到了怀嬴的身上。

怀嬴被子圉抛弃，本来就心情不悦，如今捧着毛巾伺候人，不但没有得到体谅，反而被甩了一身水，便感觉重耳是在嫌弃她，于是就生气地质问道："秦晋两国实力相当，你凭什么看不起我？"说完就怒气冲冲地摔门而去。

重耳看这姑娘脾气这么大，心想来头一定也不小，八成是回去找秦穆公告状了。为了抢得先机，也顾不得体面，赶紧脱去上衣，袒胸露背去向秦穆公请罪。

所谓"无心插柳柳成荫"。秦穆公原本没有曹共公的好奇心，此刻却毫不费力地就看到了重耳重瞳骈胁的异相，心中惊讶不已，急忙说道："寡人这几个闺女当中，数这个孩子最有才干了。子圉抛弃她之后，寡人本来想把她嫁给公子你的，可又担心让公子背上恶名，只好让她做你的媵妾，没想到还是有了疏漏！寡人对公子是很重视的，让公子受辱实在是寡人考虑不周。想如何处置这个孩子，就全听公子的了！"

重耳这才知道，原来伺候自己的女子是侄子晋怀公的妻子。重耳本想把她退回去，可这个想法刚冒出来，随从的那帮人就炸锅了。

其中一个随臣名叫胥臣的，是一个崇信天命德行的神秘主义者，他以为重耳是担心自己与侄子德行犯冲，就长篇大论进行了一番推演，最后告诉重耳："你和子圉如今就是路人，娶他舍弃的人，以成就返国的大事，有什么不可以的？"

这些话也不知道重耳有没有听进去，反正心里就是不乐意，于是他把目光转向了舅舅狐偃。狐偃是个坚定的实用主义者，说话也简单粗暴，他反问道："你都要抢你侄子的国君之位了，娶他的妻子又算得了什么？只要秦国愿意帮助我们，他给什么你接受就是了！"

话糙理不糙，可重耳总还是觉得别扭，于是又把目光投向赵衰。赵衰先抛出了理论依据："《礼志》有曰'将有请于人，必先有入焉。欲人之爱己也，必先爱人。欲人之从己也，必先从人。无德于人，而求用于人，罪也。'"

其大意是说：我们有求于人，就要先接受别人的请求；想要得到别人的爱，就要先付出自己的爱；要想让对方满足自己，就要先满足对方。对别人没有恩德，又怎么好意思让别人帮助自己呢？

继而他又补充道：秦国现在想联姻，你接受他们的好意，可以拉近感情。这么好的事就怕办不成，有什么可怀疑的呢？

赵衰的话道出了其中的利害，也让重耳感到脊背发凉：事关重大由不得推辞！

秦穆公故意把怀嬴送给重耳，其中本就有试探的意思，假如不接受其好意，返国的大事恐怕就又谈不成了。

慎重权衡之后，重耳不仅欣然接受了这个侄媳妇，还郑重其事地向秦国下聘礼，大张旗鼓地以正式的婚仪迎娶怀嬴。这让从姐夫升格为老丈人的秦穆公感到十分满意：看来重耳这孩子虽然抠门的习性没怎么改，可在待人接物上终究还是长进了不少啊！

朝堂歌礼

既然重耳接受了怀嬴，表达了诚意，双方也就有了继续合作的基础，秦穆公于是就以国君之礼设宴款待重耳。重耳很看重这次宴会，赴宴前特地要求舅舅同自己一同前往。考虑到宴会上可能有赋诗的环节，狐偃建议重耳携更有文学才华的赵衰随行赴宴。

在第一天的宴会上，秦穆公就对大夫们强调了"五耻"的原则，也就是"以礼而不终为耻、以中不胜貌为耻、以华而不实为耻、以不度而施为耻、以施而不济为耻"。

这席话一方面是在奉劝国内仍存异议的大夫，既然已经决定了要扶植重耳为晋君，就不能有始无终、敷衍了事。另一方面也是在向重耳传达一个信号：既然我国要助你夺位，就肯定能成功。这五耻的原则，不仅仅秦国人要遵守，你回国之后也要遵守，可千万不要学你的弟弟，要不然你老丈人可是会翻脸的哦！

第二天的宴会上就有了赋诗言志的环节。宴会开始，秦穆公首先赋了一首《采菽》①。这首诗本来是王室公卿对于诸侯朝见天子时盛况的描写，表达了诗人对来朝诸侯的赞颂和仰慕之情。秦穆公自比王室公卿，而把重耳比作朝见天子的诸侯，其中用意不言自明。赵衰在一旁和道："国君以天子接待诸侯的礼遇来接待重耳，重耳怎敢有苟安的想法，又怎敢不下堂拜谢呢？"重耳依命下堂拜谢，秦穆公也降阶与重耳对拜。

两人对拜之后，返回座席，赵衰让重耳赋一曲《黍苗》来回应。这是一首底

---

① 见《诗经·小雅·鱼藻之什》。

层的徒役赞颂召公营建谢邑、安定王室的诗歌，在如今的场合则是来颂扬秦穆公平定西戎、辅佐王室的功劳，很有拍马屁的味道。同时，诗中的第一句"芃芃黍苗，阴雨膏之。悠悠南行，召伯劳之"则是借召伯劳师的故事，表达了对秦穆公帮助自己归国的殷切期盼。

重耳赋完之后，赵衰和道："重耳对秦君的仰望之情，就犹如久旱的禾苗盼望甘霖一般。若是托贵国的福，让重耳这棵小禾苗长成丰收的嘉谷，并奉献给宗庙，必当感激不尽！秦君能够继承先祖的遗志东渡黄河，振兴王室，也是重耳所热切期望的！"

接下来赵衰又进一步说："重耳能够受秦君恩赐，享有封国成为晋民之主，一定会对秦君您言听计从。只要秦君能够放心地任用重耳，四方诸侯还有谁敢不听从您的号令呢？"

赵衰把扶植重耳归国的事上升到了王道霸业的高度，让秦穆公不由得骄傲了起来。但他还是很谦虚地推辞说："这是天命要授予公子君位，寡人不敢专天之功。"于是又赋了一首《鸠飞》。这首诗取自《小宛》①之首章，以怀述祖先、思念父母之意，表达了自己对晋国内乱兄弟相残的旧事，以及重耳流亡多年经历的深切关怀。诗中还有"螟蛉有子，蜾蠃负之"的句子，表示自己作为往日的姐夫、今日的岳父，同时也是伯舅之国的君主，愿意像蜾蠃一样照顾重耳和他的国家。

重耳赋了一曲《沔水》②作为回应。这首诗据说是作于平王东迁之后，诗人看到天下祸乱不息、豺狼当道，心中忧虑，故愤而为此诗。重耳借诗之意境，表达了对乱世之中礼崩乐坏、危机四伏的担忧，其中的愁苦郁积胸臆、无人诉说，因此愿意与秦穆公一道，或者说是愿意辅助秦穆公一起扫荡天下，还万世太平。诗的首句"沔彼流水，朝宗于海"，则是再次强调了自己将来会服事秦穆公的意愿。

秦穆公一听心潮澎湃，于是赋了一首《六月》③。这首诗讲述的是周宣王征伐猃狁的事迹，正在农忙时节，贵族们整顿好军马随时准备出击讨伐戎狄，经过艰苦卓绝的奋战，终于战胜戎狄最后凯旋。秦穆公所要表达的意思是，天下纷乱不可怕，我已经整顿好军马，随时准备送你回国，这次的行动也一定会成功！

---

① 见《诗经·小雅·节南山之什》。
② 见《诗经·小雅·鸿雁之什》。
③ 见《诗经·小雅·南有嘉鱼之什》。

赵衰听到这首诗，知道大事已定，于是提醒重耳拜谢，重耳施礼已毕，秦穆公下堂辞谢。赵衰这才赞道："秦君把辅助天子、匡正诸侯的使命交付给重耳，重耳怎敢不遵从有德者的号令呢？"这场宴会就这样在重耳和秦穆公互相行礼的热烈气氛中宣告圆满结束。

终成夙愿

夏历十一月末，秦穆公整顿大军，护送着重耳直抵王城，进据黄河西岸。在将要渡过黄河时，这群流亡十九年的游子，望着河上忙碌的渡船和对岸熟悉的土地，不由得热泪盈眶：那个让他们心心念念盼望了十九年的光辉时刻，终于到了！他们为能够回到阔别多年的故乡而欣喜若狂，为坚守多年的梦想终将实现而涕泪沾巾，也为将要享受的荣华富贵而心生忐忑。

正当众人涕泪交加之时，狐偃却不合时宜地拿出一块祭祀用的玉璧交给重耳，说："臣跟随国君舟车劳顿、巡游天下，所犯下的过错实在太多了。这些罪过我狐偃心知肚明，国君又岂能不知？臣不想因此而死，请国君允许臣离开吧！"

重耳听了之后赶紧把他扶了起来，劝慰道："我定能与舅舅同心同德，就让河神作为见证。"随后把玉璧投入河中献祭给河神，以明心迹。

当重耳即将返国的消息传回晋国，国内贵族的情绪也被调动了起来，比如专职占卜记史的董因便一早来到黄河岸边相迎。渡过黄河之后，秦国大军围令狐（今山西临猗县西部），入桑泉（今山西临猗县临晋镇东北）、攻臼衰（今山西运城市盐湖区解州镇西北），三城将士都未做抵抗，直接举了白旗。腊月初四日①，惊慌失措的晋怀公紧急调派狐毛和先轸②驻军庐柳（今山西临猗县北）御敌。

但晋怀公或许忘了，狐毛是狐偃的哥哥，而他们的父亲又刚刚因不肯征召狐偃回国而被杀，在如此紧要关头，狐毛又岂肯全力御敌？比较难缠的是先轸。依照

---

① 《左传》记载晋军进驻庐柳的时间为周历二月甲午，但依杨伯峻《春秋左传注》称"二月无甲午"，故以下几个时间均无法推算具体日期。又因《国语》将秦伯纳晋侯的时间记为十二月，其采用的应当是夏历，与周历相差两个月。本书为叙述方便，姑且采用《左传全集》（天地出版社 2017 年 4 月版）所录时间，并减两个月以转换为夏历。

② 《国语》记载为吕甥、郤芮，此处从《竹书纪年》。

后来的表现，先轸对秦国似乎总是苦大仇深的样子，抵抗秦国入侵的态度也相当坚决。为了说服先轸，秦穆公派公子絷前往庐柳，与其举行会谈并晓以利害。经过公子絷以及狐毛的一番苦劝，先轸与秦军交换了一些条件，这才同意对方进据郇地（今山西临猗西南）与己方结盟。

夏历腊月十一日，狐偃携部分秦国大夫前往郇地，与先轸、狐毛以及其他晋国大夫盟誓，宣布效忠重耳。十二日，重耳也抵达郇地，接管了前来抵御的晋国军队。大概是公子絷与先轸有言在先，秦军推进的步伐也到此为止，两天之后，秦穆公如约启程回国，之后所有的事务就都是晋国内部处理了。十二月十六日，重耳带领军队进入曲沃。

在秦穆公护送重耳回国的同时，周朝也派出了太宰文公和内史兴前往晋国，代表王室来行册命之礼。重耳派上大夫到边境迎接周朝使团，自己也亲自到郊外慰劳天子使臣，并将其安置在宗庙住宿，用九牢也即上公之礼招待他们。

一切工作安排妥当，人们便开始为就职典礼做准备。十二月十七日，武公的宗庙里一片肃穆庄重的气氛，正中摆放着晋献公的神主牌位，所有的大夫都站立两侧，等待着即将到来的庄严时刻。随着内史兴的一声呼号，周朝太宰代表天子亲自主持即位典礼，为重耳加冕。按照不成文的约定，重耳免不了要三辞君位，臣子们也都再三相劝。在众人一致的拥戴之下，他才"勉为其难"地接受了君位，并涕泪交加地发布了即位诏命，正式成为晋国的君主。

从这一刻开始，让晋国走上辉煌巅峰的晋文公时代，终于拉开了帷幕。

第六章
周礼保守主义的复兴和晋文公改革

第一节　危机四伏

火烧公宫

公元前 636 年，在夏历新年即将到来之际，在外流亡达十九年之久的重耳终于回国即位，并于五年后在城濮一战成名，成为开创晋国霸业的一代雄主。但正如他的弟弟惠公即位之初面临里克、丕郑的威胁一样，重耳回国初期的日子也不太平。就在他即位刚满一个月的时候，就差点死于一场蓄意制造的宫廷大火，而制造这场火灾的不是别人，正是当年惠公的左膀右臂——吕甥和郤芮。

吕甥的本名据说叫"饴"，字子金，因为封地在吕，又是国君的外甥，习惯上将其称作吕甥（这与狐偃是重耳的舅舅而被人称作"舅犯"是一个道理），在一些史料（如《史记·晋世家》）中，又被称作吕省。除了有这两个常用名之外，他还有一些拗口的名号，比如吕饴甥、瑕吕饴甥、阴饴甥、瑕甥。之所以有那么多名字，与他有着众多的封邑是分不开的。

在春秋早期，一个人拥有多个封地还是很稀罕的事情。我们知道，在里克发动政变之后，吕甥毫不犹豫地选择了夷吾，与郤称一道在国内为夷吾回国事宜进行运筹。后来竞争陷入僵局时，也是他第一个提出要请秦国介入晋国事务，为惠公的顺利即位提供了便利。惠公兵败被俘之后，是他在国内主持日常事务，并与惠公派来的郤乞一道筹划"朝国人大会",提出了"作爰田、作州兵"的政策;是他主持了与秦国的谈判,在关键时刻挽救了晋惠公的性命,挽救了岌岌可危的晋国。因为有着如此卓著的功勋,吕甥后来又得到了瑕、阴(献公时还曾受封夏阳)等封地——这诸多的封地就像是一个又一个军功章,让吕甥自豪不已,同时也羡煞旁人,人们有时会把这些封地连缀起来称呼,于是才有了那些拗口的名字。

惠公的另一个重要心腹郤芮(字子公),也是一个拥有众多封邑的超级富豪,其所在的郤氏家族,更是当时少见的豪族。

关于郤氏的由来,通常有两种说法,一种认为是出自曲沃代翼时期的晋鄂侯之后,因鄂侯之名而立为郤氏。不过这种说法并没有什么依据,人们更多的还是认可以地名得氏的说法,而其封地还要回溯到献公时期的郤叔虎(不少史书中又将其称为郤豹)。由于他既善于察言观色,又智勇双全,在讨伐狄柤国的战役中立下功勋,因此受封于郤邑。或许是因为郤氏家教出色,献公去世之后,整个郤氏家族进入了一个爆发期,先后涌现出一大批风云人物。

比如惠公的近臣郤乞,在韩之战后随晋惠公在秦国做了一个多月的俘虏,且在最危难的时候被委派回国与吕甥密谋争取国人的支持,足见其在惠公班底中的重要地位。郤义的儿子步扬,在韩之战中曾担任惠公的御戎,因军功被封到步邑。这二人的地位已经极其尊崇了,可要与郤芮和郤称比起来,仍逊色不少。

郤芮、郤称大概早在惠公幼时就已经策名委质成为公子家臣了,当十几岁的惠公受申生牵连流亡国外时,郤芮也紧紧跟随,其地位可以类比重耳团队中的狐偃。郤称虽没有从亡经历,却时时刻刻都在国内为其主君密送消息,为其归国细致谋划、扫平障碍。里克之乱爆发后,又是他和吕甥一起第一时间密派蒲城午去梁国送信,使得惠公在内部局势不利的情形之下,仍然能够顺利夺位。

晋惠公在位的十几年间,包括吕甥、郤芮、郤称在内的"三剑客",凭借其忠心与智谋,成功地晋级为执政集团的核心成员。也正因如此,丕郑在策划驱逐惠公时,才将他们三人列为重点清除对象。

但这同时也意味着,这三人的生死荣辱从一开始,就是与惠公紧紧绑定在一起的,使得他们不可能对流亡归来的晋文公做到真正地顺从。晋文公回国后不久,怀公自知大势已去,便一路向北逃到了高梁,不久后被人刺杀身亡,更让他们感到万念俱灰,不惜一切要与新君拼个鱼死网破。

晋文公元年三月二十八日（晦日），吕甥、郤芮趁夜举兵包围公宫，放火焚毁了宫室。然而让他们惊讶的是，这次的举事竟然没有遭遇任何抵抗，公宫的卫士全都人间蒸发了，在熊熊的大火之中逃出来的，也只有少数的宫女和寺人，根本就没有国君的影子！

二人马上意识到大事不妙，急忙抓了一些宫人进行审讯，这才得知国君刚在不久前潜行出宫，于是火速带兵沿着大路追赶。追到黄河岸边时，倏然看见漆黑的河面上，正有一叶扁舟仓促地向对岸划去，便顾不得可能会引发的外交争议，命令全体士兵渡河追击。

二人刚刚渡过黄河，便猛听到一阵喧闹，刹那间四周火光冲天，将这几百人的小队团团包围。吕甥和郤芮来不及做任何反应，就被扑上来的秦国军士给控制住了。

他们被带到了王城，这才发现他们所要追杀的国君，正在大殿上悠然地看着自己。吕甥、郤芮自知已是难逃一死，便也无所顾忌，他们咬牙切齿地问道："你是如何知晓我们的计划的？"

纳投名状

正如当年惠公除掉丕郑时，利用了一个反复无常的屠岸夷一样，在吕甥、郤芮图谋发动政变的时候，他们的阵营中也同样有一位重要人物向敌人递了投名状。而出乎所有人意料的是，这个递投名状的不是别人，正是屡次陷重耳于危难的杀手——寺人披。

提起寺人披，想必大家都已经不再陌生，他与晋文公之间曾有过两次不愉快的经历[①]。有过两次被追杀的经历，重耳一听到寺人披的名字就忍不住头皮发麻，即便如今已贵为国君，听说此人求见，心里仍是咯噔一下。

晋文公拒绝接见他，还派人在寺人披面前把之前的那些个事儿都数落了一遍，最后训斥他说："在蒲城被你砍断袖子的那件衣服还在呢，趁国君还没治罪，你有多远就滚多远吧！"

---

① 见本书第五章"渭水惊魂"一节。

重耳本以为寺人披听了之后会灰溜溜地逃走，谁知他竟是振振有词："臣还以为国君此次返国，也该懂得为君之道了。如果还没有懂，恐怕您又要遇到灾难。自古以来，臣子对待国君的命令都不应该有二心，国君想要除掉什么人，臣下当然要尽力而为。无论是蒲人、狄人，还是当时身处蒲城、狄国的国君您，跟我有什么仇怨？无非是在位国君的隐忧罢了！我所效忠的只有君命，现在您就是我的国君，难道您就没有避居外的敌人了吗？齐桓公不计较射中带钩的旧事，任用管仲辅佐自己，最终才能成就霸业。如果国君还计较这些事，那都不用劳烦您动口，臣下自己会走的。只不过，离开的可能就不止我这样一个受过刑的小臣了！"

晋文公从这些话里品出一些味道，知道此人绝非等闲之辈，于是急忙延请寺人披入内。寺人披也递出了一份沉甸甸的投名状，也就是吕甥、郤芮火烧公宫的计划，让晋文公不由得惊出了一身冷汗。

惠公即位时，有里克、丕郑权倾朝野，如今的晋国同样有吕甥和郤芮把持朝政；与里、丕之党遍布朝野的局面相似，吕甥、郤芮在惠公一朝也积累了丰厚的资源，使其有足够的资本与国君抗衡。

晋文公与晋惠公有很多相似之处，他们都秉持着父亲的集权思路，意欲打造一个君主集权制的国家，但两人采取的手段不同。

尽管早在回国之前就对吕甥和郤芮心存芥蒂，晋文公却并不想贸然以国君的权威将二人杀掉。他在国外流亡多年，目睹了晋惠公和秦穆公斗法的全过程，这些鲜活的事例让他认识到，做任何事情，仅仅依靠自身的道义是远远不够的，还需要将斗争策略和宣传工作结合起来。当身为吕、郤集团核心成员的寺人披出面检举时，以谋逆的罪名杀掉二人并不是什么难事，可这样做却很可能给敌人留下攻击的把柄——当年惠公斩杀庆郑而遭人非议的故事便是前车之鉴。晋文公最终选择了郑庄公处理共叔段时所采取的策略：养寇自重，让他们自掘坟墓。

在得知吕、郤行动的具体时间后，晋文公便提前与秦穆公取得了联系，并在他们行动之前就悄悄地溜出宫去，给吕、郤留下了一座空城。一旦吕甥、郤芮将火烧公宫的行动付诸实施，就等于是坐实了自己的罪名，国君处置叛臣也就有了真实的依据。这个时候，晋文公便一路撒下鱼饵，诱使吕、郤带兵追至王城，从而借道德上的"圣人"秦穆公之手将二人斩杀。

这一系列的动作干脆利落且不着痕迹，显示出了经过多年流亡的晋文公如今老谋深算的一面。尽管他想做的事情与晋惠公毫无二致，可由于策略得当，得到了广大人民群众的认可，也让那些准备借题发挥的人无话可说。而秦穆公亲手为晋国摆平了内乱，更是增进了秦晋两国之间的关系，使得"秦晋之好"更上一个台阶，也为晋文公进取中原奠定了良好的外部环境。

物是人非

吕甥、郤芮的叛乱虽然得以平息，可由此带来的心理震撼却迟迟无法抹平，每每看到那片宫室的断壁残垣，晋文公总是心有余悸。回想起这十九年来的经历，刚刚回到故乡就遭遇一场生死考验的重耳，难免也会如贺知章一般，产生一股无法抑制的感伤之情。当年离开晋国的时候，他还是一个十七岁的少年，尽管父母皆在高堂，却不得不带着童年的记忆走上流亡之路。一朝回归故乡，一切都已经物是人非。

如今的他已经是一个三十多岁的中年人了，过去的记忆正伴随着风沙慢慢消逝。年少时崇敬的师长已然谢幕，熟悉的面孔都已老去，孩提时无拘无束的玩伴，如今却都随着地位的变化而生疏起来。即便是自己的亲舅舅——狐偃的哥哥狐毛——面对这么一个阔别多年的外甥，也很难说会有多少亲切感。

十九年的时间足以冲淡他原本稀疏的人际关系，而过去晋惠公的铁腕手段更是对其党羽造成了毁灭性打击。在经历了这一系列的变故之后，如今能够在国内呼风唤雨的权贵、掌握着大量土地财富的各地领主、手持干戈警护宫廷的卫士，都变成了重耳无从交心的陌生人。大夫们虽说也都愿意向他效忠，可终究还是谈不上有什么过硬的交情，甚至有的人还会因为再次引入秦国的力量而产生不满，这就使得他很难获得国内居守贵族无条件的支持。

何况，与通常父死子替或兄终弟及的传统权力传递模式不同，晋国君位从晋惠公传递到晋文公的过程类似于一场革命，是一场敌对势力之间的权力转移。在这个过程中，不同的利益诉求、不同的政治观念，都会让那些在惠公时期发挥了作用的人，在看待这位新君的时候产生不同的观感。

对于那些过去站在惠公立场上与重耳为敌的人来说，新君的即位本身就是对他们人身安全的一种威胁；对于在惠公时期得势而获得封地和高位的人来说，君位的更替和职位的调动都可能损害他们的既得利益；甚至可以这么说，那些位高权重呼风唤雨的人，即便能够做到毫无二心，可在君主制的权力结构下，他们的权势天然就是一种错误。

人心难测，在不断延伸的猜疑链上，不仅国君会猜忌大夫，大夫也会对国君抱有不信任的态度，就算是不偏不倚的中间力量，也难免会因为各种原罪与国君暗中较力。这种莫名其妙的猜忌让国君与国人之间总是隔着那么一层厚厚的屏障，这不仅让晋文公寝食难安，更让国人倍感压抑，这恐怕也是吕甥和郤芮在迎回新君之后又选择叛乱的一个显著因素。

于是我们便看到了晋文公即位初年的一个奇特景象，朝堂上表面风平浪静，暗地里却是风起云涌。人们日日如常地穿梭于封地与朝堂之间，神经却时刻紧绷着，以应对随时可能会出现的意外。这种局面之下，晋文公究竟该作何打算呢？

社稷之守

寺人披的突然造访，在挽救了晋文公生命的同时，还带来了一个好处。不久后人们便发现，那个曾经让国君恨之入骨的寺人披，非但没有被新君问罪，反而比以前更加威风了，这可羡煞了旁人。

晋文公对寺人披的既往不咎，与刘邦称帝之后特意将自己最痛恨的雍齿封侯的做法颇有些类似。这个举动无形中给那些有原罪的大夫传递了一个明确的信号：国君连这样一个数次欲置自己于死地的对手都能不计前嫌，那还有什么样的过错是不能饶恕的呢？这其中感触最深的恐怕非竖头须莫属了。

竖头须早年也是重耳流亡团队的一员，曾担任"会计"兼"仓库保管员"的职务。重耳在狄国遭遇寺人披刺杀，众人四散奔逃，竖头须也与大部队走散。后来大概是看到复国无望，便"窃藏以逃"抛弃重耳，从而将整个团队推入了危难境地。竖头须的所作所为，对流亡团队所造成的伤害，与其他人都不在一个数量级上，自然也就显得尤其可恨。

当晋文公回国即位的消息传来，竖头须便陷入了深深的绝望，不知自己会以何种方式结束这凄惨的一生。以往的那些贵族子弟犯了错，若是无法在国内立足，都会选择流亡国外，他国公室出于国际人道主义精神往往也会收容他们。可竖头须就不同了，他的身份是寺人，也就是宫中的宦官、贵族的奴仆，一旦得罪了主子根本就没有退路。好在晋文公回国后事务太过繁忙，无暇跟一个微不足道的寺人找晦气，让已知必死的竖头须又苟延残喘了些许时日。

竖头须在无尽的煎熬中度日如年，我们可以想见，当他听说了寺人披的事情，是多么欣喜若狂。尽管他没有投名状，还是想效仿寺人披，为自己争取一线生机。

竖头须进宫的时候，晋文公正在仆人的服侍下洗头发，听说竖头须想要觐见，火气"腾"地一下就上来了，心里说：你不来我倒差点把你给忘了，当年就是因为你窃藏以逃，差点将我饿死在深山里！你不快去逃命，竟然还好意思觍着脸来见寡人？他当即让人出去回绝竖头须，说寡人正洗头准备睡觉呢，没空见你！

竖头须说："洗头的时候人心就倒过来了，心倒过来想法也就反了，难怪国君不肯见我。跟随流亡鞍前马后伺候国君的那些人，固然是有功之臣要加以封赏，可留在国内的人守护社稷，又有什么可怪罪的呢？身为国君却跟我一个小人物为仇，很多居守之人会因此而感到害怕的啊！"

竖头须这一席话可真是"一语惊醒梦中人"，为了稳定人心，晋文公立刻接见了竖头须。

第二节　问诊国策

寻问根由

春秋早期的中原大地就像是一个丛林社会，在这个被孔夫子痛心疾首地形容为"礼崩乐坏、纲纪不存"的混乱时代里，以臣弑君、以子弑父的人间惨剧屡见不鲜，兼并灭国的事件层出不穷。孔夫子敏锐地觉察到，天下之所以会陷入混乱，归根结底是权威的缺席和规则的缺位，于是便寄希望于重塑天子权威来恢复秩序。但以宗法为纽带的周礼秩序，是一个自上而下建立起来的不稳定结构，其底层的结构一旦崩坏就很难重建。

制度的崩坏总有其内在的逻辑，宗法秩序的崩坏，实际上早在其创制之初就已经埋下了伏笔。我们知道，周王朝的建立本身就是以下克上、以臣弑君的结果：本是商王朝属国的周部族，趁着淮夷兴风作浪之际，一举灭掉了商朝并取而代之，实现了华丽变身。

但当周部族的首领变成了周天子，他们过去的创业故事就变成了前车之鉴，特别是在经历了武庚和三监的叛乱之后，防患于未然、避免历史悲剧重演，就成了周王朝执政者心中的基本方略。

在西周立国早期，在周天子中央权威和礼乐制度的约束下，诸侯国的规模都十分有限。比如，在早期晋国周边不出百里的区域内，就密密匝匝地分布着十几个大小不等的诸侯国，每个诸侯国统治的地理范围和人口数量，与我们今天的一个县或一个乡镇不会相差太多。

这种小国寡民的状态是十分和谐的。我们可以想见，当一个国家的体量仅维持在一个乡镇规模时，人们较容易凝聚成一个共同体。到了丰收的季节，所有人一起庆祝；遇到了天灾人祸，所有人聚在一起祭祀祷告；国家承平之时，所有人都能共享太平盛世；有了外敌入侵，所有人都会拿起武器一起战斗。

在这样的国家里，上至国君，下至庶民，每个人所拥有的财富差距也不会太悬殊。每一个生活在这里的居民都是抬头不见低头见的老相识，国人是郊外田野里日出而作日落而息的农民，国君就是在村口大槐树下叼着烟斗的老村长。放羊牧马的人们赶着牲口回家的路上，或许还会特意到国君的门前遛遛弯，聊一些家长里短，道一些飞短流长。人与人相处免不了会有些磕磕绊绊，通常情况下也不过是拌拌嘴、抬抬杠，如果实在是冲突双方火气太大动了手，到了国君面前一样能以相对温和的方式化解。

然而，这种如田园牧歌式的恬静生活，在气候的剧烈变化面前开始瓦解。于是很快人们就发现变天了，粮食开始歉收了，北方的"戎狄"也如潮水般涌来，原本仰仗的那个高高在上的天子，如今也如丧家犬一般东奔西跑。人们只好自发地组织起来，与周边的村落、国家一起结成联盟，共同保卫自己的家园，守护辛苦耕耘的成果。

这场气候的剧变激发了人们的自觉意识，但也无声地打开了一个潘多拉的魔盒，开启了一个动荡的时代。在天灾人祸的接连打击之下，周王的权威渐渐丧失，直到骊山的烽火彻底摧毁了天子身上的光环。与此同时，在与"戎狄"的斗争中也产生了一大批野心家，他们不再满足于小国寡民的状态，不再满足于做个叼着烟斗的老村长。为了更加有效地动员地区力量抗击外敌，也为了满足私欲，他们开始肆无忌惮地兼并周边国家，从而建立起一个又一个区域性政治实体。

当气候转暖丰沛的雨季再次来临，卸下戎装的人们却恍然发现，从前的一切都回不去了。原本小国寡民的均和状态遭到严重破坏，取而代之的是一个又一个如巨无霸一样的超级国家。国土面积的急剧扩张和人口的暴增，也带来了许多新问题。

在制度层面上，传统的国家机器无法对如此大规模的土地进行管理，使得过去以"井田制"为基础的经济制度开始衰败。旧制度衰败了，新的制度却一直未能确立，这就给各国内部管理带来了不少的混乱，从而为内部冲突埋下了祸根。

在经济实践中，国家规模扩大带来的另外一个效应，便是贫富分化的骤然加剧，以及社会阶层的重新划分。由于不同的贵族在军事征服过程中表现不一，其获得的封地面积也异常悬殊：对于那些功勋卓著的大夫，国君经常会把新征服的国家打包进行封赏；而贡献不那么突出的，则要么费尽心思讨到一两个邑沾沾喜气，要么就是守着祖上留下的一亩三分地勉强度日。

同样是公族，在短短的几十年间就出现了有人富可敌国，有人披头跣足的巨大差异。这种差异随着时间的流转，在马太效应的作用下被慢慢放大，不可避免地激发了人们的不平衡心理，浮躁和焦虑的气息开始在整个中原蔓延。

政治上，那些刚刚掌握了千里沃土的新兴诸侯，面对过去难以想象的广袤疆域，难免会像一夜暴富的土豪一样内心膨胀，将调整各阶层关系的周礼秩序破坏殆尽。国君不再严格遵守周公所制定的继承制度，变更储君的做法越来越随意，这让许多本无希望继承君位的公子公孙看到了希望，他们对于君位的觊觎也变得越来越无法掩饰。在国家崛起的过程中，诸侯们开始与王权分庭抗礼。

社会层面上，随着大国的不断征服扩张，他们与传统小国之间的实力差距越来越明显，灭国夺邑对于这些新兴国家来说不再是什么难事，可灭国之后不同族群之间的融合却需要相当长的时间来消化。而在这个过程中，随着熟人社会被由陌生人组成的大型社会所取代，贵族与平民之间，以及处于不同地域的民众间的凝聚力和认同感迅速降低，国人群体之间的矛盾进一步激化。从而加剧国家陷入分裂的风险。

文化观念上，自周公制礼作乐以来，周礼便成了中原诸侯的执政依据。这套以维护王室地位为初衷的制度设计，最大的特点是讲究任人唯亲，国君或者地方封君在任命选拔各级官吏的时候，首先要考虑的不应该是这个人的学识、才华抑或是功劳，而是他自己亲缘关系的远近。亲疏远近无差别的，就需要衡量候选人的地位，地位尊贵的自然要优先考虑。

受此影响，各国在长达三百多年的政治活动中，都形成了庞大的公族势力。对于在国人中占绝大多数的守旧势力来说，官员任免、土地分封的首要原则应当是爱亲尊贵，国家得到利益之后，所有的亲戚都应该按照与国君关系的远近一体均沾才是。

但随着战争日趋频繁激烈，一个新兴的军功阶层开始兴起，他们崇尚武力、热衷于征服，认为以军功获得封邑才是天经地义的，他们所信奉的法则必然会对旧制度、旧观念构成强烈的冲击和挑战。由于缺乏统一的标准，旧制度和新观念同时并存，又让新旧势力同时都感到不满。

公卿矛盾、君位争斗、阶层固化、族群分裂、观念冲突……这些由于国家规模快速扩张带来的矛盾不断积累，彻底撕裂了原本和谐有序的小共同体，而大的共同体在不断的碰撞和摩擦之中动荡不安。于是出现了让孔子痛心疾首的局面，各新兴诸侯国内部陷入了持续的混乱之中，其中较为典型的是郑国。

郑国在春秋初年是一个与晋国并驾齐驱、夹辅王室的大国，且几乎在晋国曲沃代翼内乱开始的同时，爆发了共叔段的叛乱。不过由于当时执掌权柄的郑庄公应对及时，这场祸乱很快得以平息，郑国也在其领导下日益强盛，先后打败了东方诸国和周天子，成为中原地区的一个小霸主。

然而，郑庄公终究还是未能处理好纷繁复杂的国内关系，在他去世后郑国很快就陷入了内乱。此后的几十年间，庄公的几个儿子昭公忽、厉公突、子亹、子仪等人轮流上岗，反复争夺君位，终于让这个早年要风得风，要雨得雨的一流强国跌落为二流诸侯国，完全没有了春秋初年的大国风采。

在其他诸国，类似的事例也不胜枚举——齐国有桓公小白与公子纠争位的事件，齐桓公去世后又现五子夺嫡之乱；鲁国有庆父之难；宋国有华父督、南宫之乱；卫国有新台丑闻；等等。

层出不穷的内乱和丑闻在中原大地上上演近百年，各国也都采取了相应的手段来制止争端，但结果却并不理想。直到齐桓公称霸之后，一个国际性的"可信承诺机制"才建立了起来，在霸主权威的强力干预之下，始于春秋初年的内乱狂潮才算是有所收敛。但对于晋国来说，由于其独特的地缘政治和文化属性，使得发生在其内部的冲突与列国相比又具有很强的特殊性，其最终走向也就与其他诸侯截然不同了。

献惠改革

晋国早期的国土主要位于山西南部的临汾、运城盆地，在其土周遭，东有太行、太岳群山阻隔，南有中条山与黄河天险并行不悖，构成了其与东方列国之间的天然屏障。在当时的生产力条件下，东方诸侯很难越过天险长途跋涉对晋国政局造成影响，这也是后来狐偃所称"表里山河"的缘由所在。

晋国地缘政治的特殊性是一把双刃剑，从好的方面说是为晋国提供了优越的地理条件和可靠的屏障，使其先人一步步入大国的行列，且能避免受到外部势力的侵扰；从坏的方面讲，这种优势条件和过早的扩张发育也带来了明显的副作用，那就是晋国内部危机爆发的时间要比其他国家更早，且很难通过外部势力的干预得到解决。

这其中的一个重要逻辑就在于，东方列国之间的势力盘根错节，很多矛盾在爆发之初就已经受到了外部力量的影响和干预，通常不会发展成难以控制的长期危机。但晋国就不同了，早期形成的整体实力使其一旦发生内乱，周边诸侯无力对其形成有效干预。而其地理环境的封闭性，又使得东方列国干预晋国事务的成本陡然增加。就算是因曲沃代翼导致晋国国力衰弱，虢、郑等国也只能在短期内插手晋国内战，无法长期左右局势。甚至后来处于霸业巅峰时期的齐桓公，对于晋国的超然姿态也只能听之任之，不敢像对待中原诸侯那样随意讨伐。

更雪上加霜的是，晋国所在区域既远离原来商朝统治的核心区，与周王朝的传统统治区域也有一定的距离，自古以来就是鱼龙混杂之地，使得晋国内部的族群构成比东方列国更加复杂。

唐叔虞受封前，唐国的统治阶层据传是尧帝的后人祁姓陶唐氏。唐国灭亡后，其部族的主体被迁往宗周境内，但散居当地的祁姓遗民数量仍相当可观。在领有祁姓族群的民众之外，周成王还曾授予唐叔虞"怀姓九宗"，也就是"隗姓""鬼方"的后裔。曲沃代翼发展到中期时，所谓的"怀姓九宗、职官五正"仍然在晋国政治生活中扮演着重要角色，可见其并不简单的是"被殖民"对象，而是深度参与到晋国的社会治理当中去的。除了具有代表性的祁姓、隗姓部族之外，根据如今我们掌握的资料可以推断，晋国所在的临汾、运城盆地还散居着数量可观的允姓、姜姓、嬴姓、真姓等各类部族。

此外，在西周末年的气候剧变之下，不少王室大夫或因家国为"戎狄"所灭而不得不寄人篱下，或因感受到宗周局势的微妙变化而寄居他国。晋国以其地利之便收容了不少从宗周逃难而来的贵族，这其中既有异姓贵族如嬴姓赵氏、梁氏，祁姓杜氏（士氏），姒姓董氏，也有同出姬姓的原氏、毕氏等（为了叙述方便，本书将外来贵族一律称为异姓大夫），这些族群也都以不同的方式对晋国的政治格局产生着重要影响。

公族势力根深蒂固，原住民族群的影响不减，异姓贵族又平地崛起。身处多元文化交汇之地，诸多不同文化背景、不同传统习俗、不同政治观念的族群凑在一起，难免会因各种原因酿成冲突。伴随着国家规模的不断扩大，不同的文化群体在争夺话语权和影响力的过程中，也不可避免地会带来更加强烈的阵痛。

与此同时，这些族群也在潜移默化地塑造着晋国统治阶层的文化观念。这固然可以让他们得以兼收并蓄，融合各种文化的长处，但同时一些极端的观念也被吸纳进来，使得同样的冲突到了晋国往往会走向极端。

各种因素综合下来，就构成了一幅只属于晋国的特殊画卷：东方列国公族夺嫡的事件屡见不鲜，但却没有一个国家能够把这种冲突演变成曲沃代翼这样的七十年内战；东方列国针对公族问题也采取了一些反制手段，却没有哪个国家能制造出如晋国这样的恶性屠杀事件。

面对愈演愈烈的内部冲突，晋献公以及其后即位的晋惠公都试图予以化解。比如在晋献公时期，为了弱化封建世袭制度、强化君主集权，曾仿照秦、楚先例，在边境地区设置由国君直辖、异姓大夫代管的县级军事行政区。为消除公族坐大对君权构成威胁，他先后制造了聚邑之围和骊姬之乱，在斩杀、驱逐近支公族的同时，还颁布了"国无公族"的法令，并将其作为一项基本国策推行下去。

晋献公的冷血嗜杀，与奥斯曼帝国长期奉行的"杀害兄弟习惯法"颇有类似，虽不近人情，却也算得上是化解冲突的一剂猛药。只不过越是超出常规的猛药，其副作用也就越明显，强人政治虽能带来一世太平，却也有其先天不足。因为政治强人对社会矛盾的强压并不意味着问题真正得到解决，只能是把解决问题的任务无限后延。一旦下一任国君无力控制局面，压抑多年的沉疴痼疾便会借尸还魂，与新的矛盾合流从而酿成更大的灾难。晋献公在世时，以他的个人权威还能压制民众的不满情绪，可一旦他的个人权威丧失，那些因新政而导致利益受损的公族群体必然会群起进攻，让国家回到比之前更加严峻的动乱之中。

历史的发展也一再验证了这一逻辑。伴随着一代强人晋献公的去世，诸公子对君权的争夺愈演愈烈，进而引发了被称为"五世昏乱"的长期动荡。公族势力虽偃旗息鼓，但君权与卿权的冲突却并没有结束，而是换了一种形式，以里、丕之党制霸朝野的形式粉墨登场。在这个过程中，由对献公政策不满以及申生之死引发的一系列观念冲突也开始爆发，更是加剧了国家内部的分裂。

也就是说，里克之乱的爆发，奚齐、卓子的被杀，骊姬的受戮，表面上看是人们在发泄对骊姬乱政的不满，但更深层次的原因却是由失序而引发矛盾的全面爆发，人们的愤怒不过是在为内心的焦灼和恐惧寻找发泄的出口罢了。

晋惠公回国时，以公族为主体的国人都迫切希望晋国政治能够重回周礼的轨道，姐姐秦穆姬也曾谆谆教导，指望着他能够纠正父亲的过失，将诸公子召回国内。如果他能够因势利导、顺势而为，最终的结果或许也不至于那么凄惨。可晋惠公却没有认识到这一点，他继承了父亲献公诛杀桓庄之族的狠辣手段，喜欢用简单粗暴的手段解决问题，这下麻烦可就大了。

首先是在解决君权危机以及观念冲突时，他非但不愿改弦更张迎回诸公子，还派人到狄国击杀重耳，不免令人大失所望。在位期间他也任用了一批远支公族，比如郤氏、韩氏，可这种重用只是出于对各个家族所做贡献的回应，所遵循依然是"因功受赏"的逻辑，与国人的期许还有很大差距。从种种迹象来看，惠公对"国无公族"政策的坚持，以及由此引发的国人群体的不满，是他们父子二人最终失国的一项重要原因。

在解决君卿冲突方面，晋惠公以雷霆之势消灭了权势熏天的里克和丕郑，顺势剪除了潜伏在身边的七舆大夫，在极短的时间内稳固了自身的地位。这种手段虽然高效，但伴随很严重的后遗症。晋惠公没有父亲说一不二的权威，无法让离心的大夫心悦诚服，便只能扶植自己的心腹，其结果就是制造了新的强卿，从而对后来者的地位构成威胁。

不过凡事都要一分为二，晋惠公虽说声名狼藉，却也并非一无是处。在他执政的十四年间，晋国先是经历了连年的天灾，后又遭受了韩之战丧师辱国之痛，国家军事、经济遭受全方位的重创。为弥补这些过失，晋惠公在执政后期也做了不少有益的工作，其中对后来晋国政局影响最大的，就是将吕甥主导的"作爰田""作州兵"等政策坚定不移地执行了下去。

有关"作爰田""作州兵"的具体内容，前文已经有过详细的介绍。统而言之，经过这一系列的改革，剥离了依附于土地上的政治属性，极大地鼓励了人们的生产积极性。军事上，在扩大征兵范围的同时，将征赋的权力下放到地方封君手中。这些举措虽不利于君主权力的集中，但却能在短时间内快速恢复晋国的经济、军事力量，进而推动国家整体实力的发展壮大。

从这个意义上说，我们可以将晋惠公执政的十四年划分为两个时期：韩之战之前，国内各种矛盾得以充分释放，可以看作是一个历史发展必然要经历的阵痛期；韩之战结束后，经济、军事政策的改革让高度紧张的社会情绪得以缓解，可以视作逐渐消化冲突的缓释期。

这两段时期对于晋国的发展极端重要，对于后来各项措施的推行也起到了铺垫的作用。国内民众饱受秩序混乱带来的苦难，都期望一个和平安定的环境，重耳返国后，一个新的秩序也就呼之欲出了。

为君之道

晋文公回国时，对于究竟如何才能化解这种紧张感，起初也毫无头绪。他原本的想法是：在外流亡的十九年间，跟随自己的那些人个个都劳苦功高，如果没有这些人鞍前马后地伺候，没有这些人日夜思虑出谋划策，我恐怕根本就活不到今天，也就不会有如今的荣耀富贵了。

再者说了，能够跟随流亡十九年的时间，受尽艰难险阻都不离不弃，足见这些人忠肝义胆，他们都是最值得信赖的人。如今我一朝返国身居高位，理所当然就要论功行赏，让他们"大者封邑，小者尊爵"，以回报其忠心和付出。

至于国内留守的大夫，他们本来就跟我关系疏远，十几年里也从来没有关心过我的死活，似乎也没有讨好他们的必要。如今我初登大宝，国内情形尚不了解，政治局势尚难掌控，让知根知底的人担任重要职位、控制关键部门才能放心，这也是人之常情，总没什么错吧？

然而寺人披和竖头须却明白无误地告诉他："大错特错！"

寺人披首先指出："事君不贰是谓臣，好恶不易是谓君。君君臣臣，是谓明训。明训能终，民之主也。"① 这番话既是在为自己辩解，说侍奉君主忠心不二才是人臣之道，我以前的做法并没有什么错误，同时也是在劝导晋文公：身为国君，就要把国君的职责放在首位，把私人好恶放在一边，这才符合古来圣贤的教导。你如今已经是所有晋国人的国君，不再只是一个流亡团队的首领，只有适应了这种转化，以国君的思维去处理国事，才能得到百姓的真心拥戴。

而竖头须则提出："居者为社稷之守，行者为羁绁之仆，其亦可也，何必罪居者？国君而仇匹夫，惧者甚众矣。"②——我竖头须代表的不仅仅是我一个人，我是在为所有留守国内的人请愿。于你私人而言，他们或许没有随亡的臣子那般亲切可信，但于国家而言，这些居守之臣是保家卫国的功臣。如果没有他们尽心守国，你即便是当上了国君，得到的也只会是一片破碎的山河。如果仅仅因为个人感情的远近，就大肆恩赏从亡者，挞伐居守者，你很快就会失去民心。

事实上，对于回国之后究竟该如何封赏，如何处理与国内留守贵族的关系，不仅是寺人披、竖头须有不同意见，在流亡者内部也不乏反对的声音，其中的典型代表便是我们所熟知的介子推。

由于清明节传说的广泛流传，今人对于介子推的名号大抵都不会感到陌生。在那些妇孺皆知的故事中，介子推曾有"割股奉君"的感人举动，在重耳最危难的时刻，他用实际行动证明了自己的忠诚。但在重耳回国后，他却因不愿居功受禄而隐居绵山，晋文公派人搜寻不得，放火烧山，居然把他给烧死了。这些传说虽不足为信，却至少表明了人们对介子推品格的尊崇，但对于介子推为什么不愿意接受封赏，人们却所知甚少。

为了解开这个谜题，我们不妨把视线再拉回到一个多月前，也就是重耳一行在黄河岸边发思古之幽情的时候。当时面对着滔滔河水，众人皆涕泪横流，狐偃却捧着玉璧跪倒在地，向重耳请罪。重耳马上表明心迹："所不与舅氏同心者，有如白水。"说着就把玉璧丢进了黄河之中。

狐偃假意请罪，实则邀功，重耳故作不知，二人一唱一和，配合默契。面对如此虚伪的场面，介子推忍无可忍，于是便离开了。

据说在离别的渡船上，回首远望公子站立的方向，介子推曾淡然地说道："惠

---

① 《国语·晋语四》。
② 《左传·僖公二十四年》。

公父子俩得罪人太多，国内国外都不支持他们，失国是必然的。只要上天还不想让晋国灭亡，就必定会有人主掌国政。献公的九个儿子如今只剩下了重耳一人，他不做国君还能有谁来做？"

在他看来，自己虽跟随文公流亡了十九年，还有传说中"割股啖君"的举动，可实打实地讲，在国君回国即位这件事上是没有功劳的。公子之所以能够取得今日的地位，那都是上天的垂怜，如果非要论功行赏，那功劳也应该是上天的。自己明明没有功劳，却非要借机求赏，这不就是"贪天之功，以为己力"吗？偷盗别人的钱财还会被人骂成是贼寇，如今有人要偷窃本属于上天的东西，这又该怎么定性呢？

然而令介子推失望的是，如狐偃这样的人，他们不仅认识不到这一点，反而还为能够无功受禄而沾沾自喜。国君明明知道他们在欺世盗名，却还要假装不知道，对他们大肆封赏，这又算得上是什么呢？上下之间互相欺骗，难以和他们这些人相处啊。

介子推在离开之后便带着母亲隐居深山。起初母亲也不理解儿子的选择，便一再追问："你都追随他流亡十九年了，为什么到最后梦想成真了，反而不愿接受封赏了呢？"

介子推回答说："明知他们不对却要效仿，岂不是比他们更无耻？我既然已经表达了不满，就绝对不会接受国君的馈赠！"

母亲还是不甘心，就劝道："就算是你不接受封赏，至少也要让他知道你的想法吧？就这样默不作声，你心中执守的理念，又有谁能知晓？白白委屈了自己却又不能弘道于天下，这又是何苦呢？"

介子推却不以为意，他说道："言语，是身体的装饰。身体将要隐居了，还需要装饰它吗？这样是在乞求富贵啊。"

爱有差等

介子推固然清高，但他的观念有些守旧了。他的所思所想，正反映了当时社会普遍存在的观念冲突。重耳和夷吾一样，对父亲论功行赏的做法深信不疑，对摒弃公族的观念也毫不拒斥，但这恰恰是如介子推这样的保守主义者所无法理解的。

在他们心目中，"不爱其亲而爱他人者，谓之悖德；不敬其亲而敬他人者，谓之悖礼。"① "爱有差等"是人的本性，是最符合天道的制度设计，也是每个执政者都必须要遵守的准则。

在这种观念的指导下，一名有德的君主就应该奉行天道伦常，将周礼"爱亲尊贵"的原则运用到政治生活中，坚决抵制"因功受赏"等不良思想的影响。与国君亲缘关系疏远或者地位卑贱的人，哪怕是有莫大的功劳，也不应该凌驾于亲贵的头上。否则人人都会为了改变地位而参与争斗，这个世界还不知道要乱成什么样子。可追随重耳的都是些什么人呢？他们不是地位卑贱的家中庶幼，就是关系疏远的"外来和尚"，有什么资格大言不惭地要求封赏？

介子推是一个典型的道德主义者，以自己信奉的观念为至高准则，严格地用这个准则来约束自己和评价他人。若是他泉下有知，看到后世"窃钩者诛、窃国者侯"的事例不胜枚举，不知又当如何。

但正如《国富论》中讲到的，社会是由无数个具体的人构成的，人们在实现利益的过程中，会被一只看不见的手牵引着，促进政治制度的完善和社会观念的成熟，从而为更多人带来福祉。逐利是人的本性，无论是守旧者还是革新者，都有着自身的利益诉求。只是与守旧者的"清高自洁"不同，革新者大多都以强烈的逐利主义的面目出现在世人面前。跟随重耳出亡的人（如狐偃）固然是如此，没有追随重耳出亡的人亦是如此，这其中并无高下之分。

无论是竖头须的直言劝谏，还是介子推的政治理想，在当时都有着强烈的现实意义。

一方面，有功于国是为忠，有恩于私是为义。重耳作为一名流亡团队的首领，在感情上愿意亲近追随自己的人无可厚非；但身为一国之君，就要首先抛弃个人恩怨，不能如寻常人一般恣意妄为，无论是因为怨恨而公器私用，还是由于恩情而以公谋私，这些都是不可取的。

随从流亡的那些人固然是劳苦功高，可居守国内的却更加不容忽视。他们既用家族的血泪守护了晋国的江山，同时又以世代功勋控制了国内的大部分资源。无论是站在家国天下的角度，还是仅仅为了稳固自身的地位，重耳都必须要公私分

---

① 《孝经·圣治》。

明，绝对不能因个人感情引发居守者和流亡者之间的派系冲突。

另一方面，重耳身为国君须尽力调和国内各个利益集团之间的关系。水能载舟，亦能覆舟，异姓大夫所提供的动力固然强大，可公族大夫潜藏在水面下的滚滚波涛也随时可能让国家倾覆。

在公族受到打压的这半个世纪中，整个社会已经积聚了大量的怨气，使得晋国这架老爷车在急速的行进中难免会有所晃动。过去拥戴惠公父子的人如今之所以会转而向重耳抛出橄榄枝，还是期望他的到来能够一扫过去的阴霾，让沉寂多年的公族重新焕发生机，这或许才是造就重耳贤名的真实原因。重耳既然接受了人们的推崇，就必须要承担这贤名背后所承载的政治理想。这也就意味着，在他回国即位之后，不论是否真心情愿，都必须要对这种呼声加以重视。

罗马不是一天建成的，调节复杂的利益分配也很难一蹴而就，需要在配套的政治和军制改革中缓步推进。这些都需要当政者有足够的政治智慧，将自己摆在一个超然的位置上，认真梳理国内错综复杂的关系，在相互纠缠的利益群体中，寻找一个尽可能照顾到各方利益的最大公约数。

第三节　渐进改革

郭偃之法

晋文公即位之后，针对晋国内部存在的各种弊病掀起了一场轰轰烈烈的大变革，这场变革到其即位第四年冬天的"被庐之蒐"时才基本定型，历史上一般将其称为"被庐之法"或"执秩之法"。不过在春秋战国时期，不少人都将这些变革归功于一个叫郭偃的人，因此又将这次的新政称为"郭偃之法"[①]。

郭偃其人长期在晋国担任卜师的职务，有时也被称作高偃、卜偃。晋献公即位初期，他就以能掐会算著称，在诸多重大历史事件中都做出过惊人的预言。到惠公主政时期，郭偃大概是对其施政纲领颇为不满，因此便经常捧着龟甲说一些风凉话。这些酸话大体上也都被当作预言收录，终于成就了郭偃伟大预言家的光荣称号，以至于其在文公时期的伟大贡献都被遮盖了去，甚至到后来渐渐湮没无闻。

春秋战国时代，郭偃的名号还十分响亮，诸子百家的论述中一度将其与相齐的管仲并称，提高到决定晋文霸业成败的高度。如《韩非子·南面》篇有言："管仲毋易齐，郭偃毋更晋，则桓、文不霸矣。"《墨子·所染》篇也将其与当世辅霸贤

[①] 详见李毅忠：《说郭偃之法与晋文公改革》(《湘潮：理论版》2008年第3期)。

臣并列，说"齐桓染于管仲、鲍叔，晋文染于舅犯、高偃，楚庄染于孙叔、沈尹，吴阖闾染于伍员、文义，越勾践染于范蠡、大夫种。此五君者所染当，故霸诸侯，功名传于后世。"

郭偃虽是卜史出身，却也知道推行变法改革并非是一件易事。《国语》记载了晋文公与郭偃的一次对话，晋文公曾感慨说："当初我还以为治理国家很容易，如今才知道这件事有多难！"郭偃劝勉，说道："国君以为容易的时候，往往就会面临很多困难；当你意识到这其中的难处时，恰恰就很容易下手了。"

自古以来，但逢改革必然会遇到既得利益者的阻挠，对此郭偃提出的见解是："论至德者不合于俗，成大功者不谋于众"（《商君书》）。简言之，国君想施行改革就必须要"独断专行"，如果要顾及所有人的意见就什么事也做不成了。

"独断专行"，就必须要有强大的武力护航。对于改革可能出现的阻力和威胁，《韩非子》曾引用管仲、郭偃故事，说"故郭偃之始治也，文公有官卒；管仲之始治也，桓公有武车，戒民之备也。"在推行改革之时，国君能有军队傍身想必是极好的。特别是当他想要掌握绝对权力，试图进行利益重组时，必然要动某些既得利益者的奶酪，难保不会有人拼个鱼死网破。

与后世的职业化军队不同，春秋前期各国实行兵民一体，军人主要来源于贵族内部，那些通常所说的"二军""三军"的军事力量，实际上也都是到战时才征召起来的临时武装。平日里或许会有一些在宫中担当警卫力量的士兵，但数量绝对不会太多，否则吕甥、郤芮也不可能随随便便就想到要去宫里放火。

那么，该怎么解决武力不足的问题呢？

晋文公还真有办法，他首先想到的还是借助外援。吕甥、郤芮火烧公宫一事爆发后，在借用秦国之手铲除敌对势力的同时，他还故意向秦穆公示弱，从而争取来一支关键力量，一支由三千名士兵组成的卫队，也就是《左传》所称的"纪纲之仆"。

三千人的队伍在我们今天看来或许微不足道，但在当时却绝对不容小觑。春秋时期规模较大的诸侯国普遍只有三军的建制，士兵数量最多不超过四万人；而秦晋两国在当时还都只有两军，总兵力也就两万多人。在常备军没有组建的情况下，三千人的兵力跟任何一个地方封君比起来都要威风得多，也足以将所有人都震慑住。正是依靠着这三千人的强大支持，晋文公才在毫无根基的晋国站稳了脚跟，他经历十九年流亡所获得的政治智慧，以及郭偃所倡导的改革措施才有了施展的机会。

不过，由于当时还没有编写成文法的惯例，郭偃的变法思想也没有如《管子》一般形成系统性的论述，"执秩之法"的具体内容已不再为人所知，我们也只能从诸子百家的论述中寻找蛛丝马迹。

《战国策》中记载赵孝成王时事，曾有一无名氏提到"燕郭之法，有所谓桑雍者""便辟左右之近者，及夫人优爱孺子也。此皆能乘王之醉昏，而求所欲于王者也。是能得之乎内，则大臣为之枉法于外矣。故日月晕于外，其贼在于内，谨备其所憎，而祸在于所爱。"

这里的"桑雍"指的是桑树上因蠹虫蛀食而形成的痈肿物，而"桑雍者"则指的是嬖臣、妇人、侍从和伶优等对国事无所助益却受国君宠爱的人。他们常常会利用自身的荣宠，趁着国君酒酣耳热之时提出一些非分的要求，这些人的欲望如果能在宫内得到满足，那么大臣就能在外为非作歹、贪赃枉法了。太阳和月亮虽光辉普照，可内部却依然有黑点，国君天天防备那些憎恶的人，却不知祸患常常来自自己溺爱的人。因此贤明的国君一定要公私分明，切不可因宠爱而对身边的人过于放纵。

《韩非子》也同样引用了这段话，并进一步延展说，臣子与国君之间没有骨肉亲情，他们之所以愿意服从，不过是迫于权势罢了。在侍奉国君的时候，他们往往会窥测国君的意图而动。君主喜爱儿子，他们就利用这个儿子获取私利；君主宠爱小妾，这个妾室便会成为他们贪利的工具。赵武灵王死于沙丘之变、晋献公陷于骊姬之乱，不就是由此导致的后果吗？在某些极端情况下，即便是没有小人的挑唆，你所宠爱的人也会因为担心日久失宠做出弑君篡位之举，这些都是为君者不得不严加防范的。

郭偃提出这些见解，在提醒晋文公防范君权旁落的同时，自然也有作为居守派大夫的私心，其中的倾向与寺人披和竖头须是同源的。不过若仅是如此，还不足以令晋国摆脱混乱，进而夺取中原霸权，那么郭偃变法还有哪些具体的举措呢？

经济改革

《国语》中有一篇"文公修内政纳襄王"的文章,列举了文公即位后的一系列举措,但其中并未提到郭偃的名号。其具体内容是:

> 公属百官,赋职任功。弃责薄敛,施舍分寡。救乏振滞,匡困资无。轻关易道,通商宽农。懋穑劝分,省用足财。利器明德,以厚民性。举善援能,官方定物,正名育类。昭旧族,爱亲戚,明贤良,尊贵宠,赏功劳,事耇老,礼宾旅,友故旧。胥、籍、狐、箕、栾、郤、柏、先、羊舌、董、韩,实掌近官。诸姬之良,掌其中官。异姓之能,掌其远官。公食贡,大夫食邑,士食田,庶人食力,工商食官,皂隶食职,官宰食加。政平民阜,财用不匮。

总的来讲,这些改革内容主要包含三个维度:分别是经济制度改革、法律制度改革和政治制度改革。

经济改革方面,文公通过减免债务、赋税和劳役,救济资助贫困之人等方法来减轻底层民众的负担,鼓励开展农业生产;通过开放山林水泽专利,修缮道路、减轻关税的方式鼓励发展工商业。这些举措都大大地激发了国内的经济活力,为新政的推行奠定了坚实的群众基础。

在此基础上,晋文公确立了"公食贡,大夫食邑,士食田,庶人食力,工商食官,皂隶食职,官宰食加"的新经济制度。这种分配制度看似没什么新意,但对于当时的晋国却意义非凡。

过去的一百多年间,原本维系社会各阶层正常秩序的纽带被切断,各阶层不同身份群体之间的界限日益模糊,尊卑贵贱的法度以及依附于其上的分配制度都荡然无存。特别是在土地制度上,依靠宗法结构维系的井田制早已破败,但对于新的土地制度,各国都还没有探索出行之有效的方案。而在晋国,吕甥所推行的"作爰田"则剑走偏锋,完全破除传统井田制的藩篱,强化了贵族的土地私有权,从根本上满足了国内大夫的经济诉求。

但问题是,过去国家的财政收入主要依靠公田中获得的利益,如今井田制被扫入了历史的垃圾堆,公室便丧失了正常的收入来源。在没有新的可替代方案出现之前，公室要想保证财政收入的稳定，保持对地方封君的绝对优势，就得想方设法扩充收入来源。在当时的历史情境下，国家还没有那么多的职业官吏，国君无法直接管理底层的农民，税收这种事显然是没办法推行的，于是公室保留尽量多的自留地便成了无奈之举。但如此一来，国君与民争利，又会打消贵族的积极性，对于国家的长远发展是很不利的。

由于韩之战后，晋惠公为了换取国人的支持而"作爰田"，将公室的土地几乎都给败光了，晋文公刚刚回国又无法削夺大夫的土地，于是他便干脆另辟蹊径，参照天子的规章确立了"公食贡"的国家财政制度。

这套制度明确了国君在原则上不保留自己的土地[①]，只从大夫手中收取贡赋，从而将国君从与各地封君类似的大地主身份中解脱出来，确立了国君至高无上的地位。而在大夫的采邑之内，士役使庶民劳作创造财富，工商业者通过帮助贵族贩运货物获得收益，皂隶则按照职务领取口粮，官宰则能得到一定的俸田。至于大夫如何从士役的手中收取粮食，是采用井田制也好，使用税收手段也罢，那就要各尽所能了。

这些做法尽管有其局限性，但也算是春秋时期第一次从官方的角度，对国内各阶层的权利和义务进行了明确界定。这套制度既有西周封建经济的影子，又能依据自身实际进行灵活调整，使得晋国从原始国家形态向行政自觉的国家形态迈出了重要的一步，是让晋国走向强大的一个重要举措。

严明法纪

晋文公的"被庐之法"有时也被称为"执秩之法"。关于"执秩"二字，历来有许多不同的说法，有的认为"执秩"本身就是一部法令，比如在《国语》中，曾提到有晋国大夫士会"归乃讲聚三代之典礼，于是乎修执秩以为晋法"。但也有人认为"执秩"其实是一种官名，如《左传》在提到狐偃"三德"时，曾说"于是乎大蒐以示之礼，作执秩以正其官，民听不惑而后用之"。其中的"执秩"通常便被理解为执秩官。

[①] 详见冯友兰：《中国哲学史新编》（人民出版社 2007 年版）"郭偃易晋"相关内容。

如果不严格追究的话,"执秩之法"与"执秩之官"也算是相辅相成,两种说法实际上并不矛盾。"执秩之法"确立了一种新经济制度,也建立了以"亲亲上恩"为原则的官僚体系。这些体系一经建立,就必须有一个专门的机构来进行监管,否则便很容易流于形式,设立专门的"执秩之官"也算是应有之义。同样,设立"执秩之官",必然要肩负某种职责,以"执秩之法"确定其"执秩"的具体监管范围和尺度,也是理所应当。

除了要以周礼的尊卑秩序来维护等级制度的有序运转外,"执秩"机构还有一项重大任务,便是完善并严格履行刑罚制度。这里值得注意的是,按照当时通行的法律习惯,仲裁一个人是否有罪,其决定权通常是在社会舆论手中。贵族大夫犯了事,只要国人认为其"有德",愿意继续支持或者容忍,便可以继续留在国内任职;就算是他犯了弑君的严重罪行,重新迎立一个国君同样可以将事情掩盖过去。

假如一个人得不到国君的支持和国人的谅解,就算他是无辜的,也是犯了"无德"的罪行,想要逃避处罚便只能流亡国外。对于这种失去权势的人,如果不是有政见相左或有利益冲突者必欲杀之而后快,通常也不会被斩尽杀绝。

在这种不成文的制度约定下,人人都可以是法官,只要理由足够充分,获得的支持足够多,谁都可以通过私力救济的方式,杀掉或驱逐自己不喜欢的"无德"之人而不必受法律制裁。反而是国君缺乏独断能力,并不掌握对大夫生杀予夺的大权,假如未能取得大众的支持而随意杀人,也会遭到非议。

这样的事例在晋国并不鲜见。远如早年的共太子申生,按说并没有犯过什么严重的错误,但只因君父不喜欢,便有了"无德"的罪过,晋献公对其处置的措施,也不过是希望其流亡国外罢了。近有晋惠公对里克、丕郑和七舆大夫的处置,尽管他们犯下了弑君乱政的罪行,但只要国人愿意支持他们,国君便不能随意处置。再如后来在韩之战中扰乱军政、导致兵败的庆郑,司马说列出的四条罪状,桩桩件件皆有实据。但惠公因此而斩杀庆郑,不仅未能肃清纲纪,反而给自己落下了残暴不仁的罪名,甚至连其子怀公最后的失国,都与此相关。即便是晋文公回国初期,面对郤芮和吕甥的叛乱,也不敢随意施行刑罚,只能待其发动叛乱之后,才敢借秦穆公之手对其进行清算,否则难免会惹人非议。

这样的社会形态,以我们今天的观念来理解,简直就是一个"无法无天"的世界,但在当时的人看来,却正是遵循天道自然的体现。在这种观念的制约下,军队纪律涣散导致战争失败，国君要承担责任，大夫扰乱秩序影响了作战部署，国君反而不能随意追责。即便是有为进取的国君，也难免会因此束手束脚，无法大力整饬纲纪，也无法对官员的实绩进行监督考核。只要这样的观念不破除，哪怕是国家财力再雄厚，三军将士再骁勇善战，也终究无法抵消作风自由散漫造成的破坏。军队的战斗力无法有效发挥，想要取得战争的胜利便只能听凭"天命"了。

晋文公经过了长期的流亡，亲眼看到了诸多的战争事例，细心对比了各国制度之优劣，自然也意识到了严明法纪对国家发展和战争胜败的影响，因而也有意地完善了军纪刑罚的内容。这部分内容在史料中同样缺乏系统性的描述，但也未必无迹可寻，如《左传》在讲到城濮之战时，曾举过这么几个例子：

城濮之战前，晋军攻陷陶丘，晋文公严令禁止袭扰僖负羁的宫院。但这道命令刚发布不久，僖负羁的家就被人给烧了，而烧杀僖负羁宫院的不是别人，正是魏犨和颠颉。这两人都是晋文公的随亡之臣，特别是魏犨，在世所流传的所谓晋文公"五贤士"的不同版本中，都是赫然在列的股肱之臣。至于颠颉，虽说没有魏犨那么威名远播，可在某些版本里，他的大名也是有一席之地的。但即便如此，晋文公为了严明军纪，还是义无反顾地杀掉了颠颉并通报三军；魏犨虽留下了一条性命，但在此后似乎也并未得到重用。

魏犨在此战中原本担任的是国君车右的职务，因身负重伤无法继续作战，文公便指派了舟之侨暂摄。舟之侨本是虢国大夫，晋国讨伐虢国时，因不能容忍虢公丑的昏庸无道而投奔晋国，如今一朝荣升国君车右，便开始得意忘形了。晋国刚在城濮战胜楚军，他不等大军班师便擅自回国报喜，把自身的职责忘了个一干二净。等到晋文公准备要走的时候，却发现自己的护卫擅离职守，一怒之下回国后便将其斩首示众。

此外，还有一个叫祁瞒的人，负责掌管中军大旆（通常指前军使用的旌旗）。在一次行进途中，晋军于沼泽中遭遇大风，导致左边的大旆丢失，晋文公便以"奸命"为由，命司马将其当场处死，并以茅茷取代其职责。

从具体的罪行来看，相比于里克、丕郑等人的弑君之举和庆郑的胡作妄为，颠颉、舟之侨与祁瞒所犯的错误可以说是微不足道，但正因为有了"执秩之法"的保障，使得晋文公杀鸡儆猴的做法有了充足的法律依据，从而避免了他像惠公一样落下恶名。不仅如此，《左传》还借用君子之口对文公的做法大加褒奖，说："文公其能刑矣，三罪而民服。《诗》云：'惠此中国，以绥四方。'不失赏刑之谓也。"也就是说，晋文公执法公正不失偏颇，以此安定四方惠及诸侯，因而能够使百姓顺服，这与对惠公的评价可谓有天壤之别。

太史公在《循吏列传》中还讲过一个故事，说是有一个叫李离的人（或许是里克的后人），在文公时期担任大理的职务。他在审理一起案件时，因个人判断失误而枉杀无辜，于是便将自己拘禁起来并判了自己死刑。

文公听说后对其深表同情，说："官职有贵贱，刑罚有轻重，出现这样的失误，是下属官吏的失职，你怎么能全揽罪责呢？"

李离回答说："臣在接受高官要职时，并没有将高位让给下属；臣领取高额俸禄的时候，也没有将好处分给他们。如今我听察案情有误而枉杀人命，却要将罪责推诿于他人，世上哪有这样的道理？"

文公很是无奈，于是就问道："照你这么说，下级犯了错误上级就要担责，那么作为你的上级，你犯了罪，是否寡人也应该担责呢？"

李离回答说："法官依照法律规定断案，出现错案冤案便要亲自受刑，枉杀无辜自然更应以死偿命。您之所以任命我做法官，是因为相信我能够体察入微，做出公正裁决。如今我失职枉命，是我辜负了您的期望，又怎么能怪罪您呢？"最终他还是没有接受赦令，伏剑自刎而死。

这个故事在先秦诸子著书中并未记载，直到汉代才被人发掘出来，事情的真伪还有待考证。但从故事中反映出来的细节来看，文公时期的法官已经具备了一定的专业性，具体的刑罚措施也开始遵循规则，不再如前代那样仅凭"公道自在人心"来进行道德评判了。"执秩之法"的确立，使得晋国的法制建设开始步入了正轨，对于国家社会形态塑造所产生的作用自是不言而喻。

官方定物

晋文公实行政治制度改革的核心任务是"公属百官，赋职任功"，也即"正爵秩""命职官"①，以法令的形式明确官职爵禄的法定等级，从而进行封赏活动。而

---

① 详见彭邦本：《"执秩之法"与春秋中期晋国的霸业》[《河南大学学报（社会科学版）》1992年第1期]。

在这其中，又有一个重要原则，总结起来便是是"举善援能，官方定物，正名育类"这十二字方针。

我们首先从"官方定物"四字入手。按照韦昭的注解："方，常也。物，事也。"所谓"官方定物"便是"立其常官，以定百事"。

与我们通常的理解不同，春秋以前各国实际上并没有常设的官职，当时所谓的百官大多数还都只是"临时工"。关于这一点，黄海在《论中国古代专职法官在战国时期的出现》一文中曾经指出，在传世的文献记载中，古代的专职法官有三种，在虞舜时期称士，在夏朝称理，在周称司寇。这些记载与出土文物呈现出不少矛盾甚至抵牾之处，因此作者推断，专职法官制度在当时很可能还未成型，至少在西周时期，所谓的"司寇"应该还不是一种常设的职官。

这与当时的国家形态有很大关系。周初封建诸侯，将所有地域分割成大小不等的碎片，交由功臣贵戚进行治理。天子并不需要亲自对偌大的天下进行直接管理，平日里打交道的也就是那么几百号的诸侯而已。天子之下，每个诸侯所统辖的范围不过百里，人口不过数万，治理起来本就不是什么难事。封建君主再将所得领土按照"诸侯立家，卿置侧室，大夫有贰宗，士有隶子弟"的原则层层分配，与其有直接上下级关系的人就更少了。

在等级森严的宗法秩序下，"君上之君，非我之君；臣之臣下，非我之臣"，每个人都只需要管理好与自己有直接隶属关系的少数人即可。一国之君既是最高行政首长、军事统领，也是最高法官、最高文化权威、最高宗教领袖，国家大小一切事务包括祭祀礼仪、宫室营建、法律事务都由其全权负责。国君忙不过来的时候，最多是委派一两名卿士帮助打理，专业化官僚队伍的作用还无法显现。

正是由于行政制度和官僚系统的不健全，社会分工的精细化程度不足，因此对国君的个人素质要求甚高，在早先的商王朝才会有父死子替、兄终弟及等继承制度交替出现的现象。即便是到了周王朝草创初期，嫡长子继承制度已然确立，已经成年的周成王也不得不依赖叔父周公的辅佐才能治理天下，其原因就在于此。

但到了西周中期，随着王室统治地位的日益稳固，面临的新问题、新矛盾层出不穷，在卿士的帮助下很多工作还是难以推行，于是便会在事务繁杂之时多找几个人搭把手，从而出现了职业化官僚制度的雏形。

王室的情形尚且如此，西周时期只有地方百里的诸侯，就更用不着常设职务来管理国家了。但到春秋时期，随着各国规模的扩大，内外事务也日益繁杂，国君分身乏术，于是便有了将部分权力分配给一些亲近的人，甚至选拔专业官僚的做法，大体上是走了一遍过去周王室走过的老路。比如晋国的士氏家族、里氏家族，都是典型的法官出身，但由于他们的职事具有临时性特征，对专业性也不会有太高要求。多数情况下，他们还都是全能型人物，在国君需要时可以一肩挑起司空甚至卿士的职务。此时的官员队伍距离职业化、专业化的官僚体系还有很大的差距。

晋文公的贡献就在于，他将过去几百年来形成的临时性社会分工进行了梳理，以国家法令的形式确立了一批专业化、规范化的常设性官僚队伍，以取代过去的临时机制，并对其职责分工进行明确细化，从而大大提升了国家行政系统运行效率，这一创举可以说是空前的。

正名育类

其次我们要谈到的是"正名育类"。

所谓"正名"为"正上下服位之名"，"育类"则是"长美好良善之德"。孔夫子常言"名不正则言不顺"，无论是分封赏赐还是授予官职，都必须要有一个具有高度一致性的规则，消除人们心中的疑虑，以维护分配秩序的公平正义，这是一切制度能够顺利运行的前提条件，也是后世儒家所一直倡导的根本准则。在当时的条件下，晋文公还很难找到更容易执行的分配原则，便只能把被尘封多年的夏政、周礼等老古董搬出来作为依据，从而创制了"执秩之法"。

在这其中，最紧要的便是确定亲疏远近的名分。过去一百多年间，伴随着国家规模的扩大以及公族内乱迭兴，摒弃公族、任用异姓已经成为晋国不可动摇的根本国策，但由此带来的族群冲突和文化隔阂也愈发深重。而晋文公因有多年流亡的特殊经历，居守贵族和随亡之臣间的利益纷争也同样不容忽视。如何以一种相对公平的规则安抚各方势力，便成了晋文公归国之初的当务之急。

在处理不同族群之间冲突时，晋文公特意淡化"因功受赏"的色彩，实行"昭旧族、爱亲戚""尊贵宠""友故旧"的政策，将国内的贵族按照亲疏远近分为三个梯队：

其中的第一个梯队，让与自己有亲缘关系的姬姓公族，如胥、籍、狐、箕、栾、郤、柏、先、羊舌、董、韩十一族执掌"近官",也就是相对重要的职务。

亲戚都安排妥当之后,才轮得到外国流亡来的姬姓贵族,比如魏氏和荀氏。这些人虽不是晋国公族,但同是姬姓,相比异姓贵族血缘关系又要近些,因此便会按照功劳或者才能选拔其中的"诸姬之良"掌管"中官"。

外来的姬姓贵族分配完官职,剩下的就只有苦命的异姓贵族了,比如嬴姓赵氏和祁姓士氏家族,就只能担任一些无足轻重的职务,也就是所谓的"远官"。

这种利益分配的方法,将重要职位向与国君亲缘关系较近的公族倾斜,以照顾公族亲贵的愿望,可以缓解国人的不满以及他们与异姓贵族之间的矛盾。而在各个梯队内也不会讲什么平均主义,而是按照献公以来"明贤良""赏功劳"的新政思想来"赋职任功",也算是在一定程度上考虑到了各方的感受。

在处理派系冲突方面,晋文公依照竖头须所言,以"居者为社稷之守"尊这些居守之臣为"内主"。他不仅没有居高临下地追究他们过去的罪责,反而是放低了身段给他们戴高帽尽力拉拢。后世史料中被称为"文公内主"的栾、郤、狐、先等家族,实际上都是这种政策的受益者。尤其是郤氏家族,先前几乎是阖族投效于惠公麾下,到文公归国后还掀起了一场政变试图颠覆新政府。火烧公宫事件爆发后,其核心成员郤芮被诱杀,可郤氏家族仍然执掌着大片封邑,是当时国内最有权势的家族,也是晋文公的首要拉拢对象。

晋文公在"赋职任功"之时大力迎合公族的愿望,又通过美化宣扬其他贵族功劳的办法满足了居守派的利益诉求,从而将原本对自己心存芥蒂的各方势力全都团结到自己的旗下。这些举措对于稳固其自身地位是有积极作用的,但从社会发展角度来看,显然是在开历史倒车,对于过去常受重用的异姓功臣来讲,也有欠公平。

这些族群满怀着对未来美好生活的期许,在过去几十年间披肝沥胆、挥洒热血,为晋国的强盛立下了汗马功劳。而如今新君刚一回国就卸磨杀驴,将"任人唯亲"的原则放在"任人唯贤"之前,这脸是不是变得太快了些?这样的政策取向,分明是给他们设置了一个天花板,无论他们付出了多少辛苦,也只能根据自己的身份在所谓的"中官"与"远官"序列中争取,无法跳出身份限制取得更高的位置。长此以往,不仅会打击他们的积极性,让那些有功之臣离心离德,还可能会制造更严重的分裂,酝酿出新的对立集团,这显然也是晋文公不希望看到的。

而对于那些曾经追随他在外流亡的随臣们来说，这也的确不是什么好消息。他们之所以能披荆斩棘、任劳任怨追随他东奔西走，也是为了有朝一日能够凭借往日的功劳获得封地和爵位。可重耳刚一回国获得了君位就翻脸不认人，为了迎合那些尸位素餐的公族，以前许过的诺言、承诺过的封赏就全不作数了，怎能不让人寒心？

在周礼的框架内完全做到一碗水端平，对于古人来说着实是一件很犯难的事情，不过这种问题终究还是难不倒我们英明神武的晋文公。晋文公并不是一个严格意义上的理想主义者，而是有着鲜明实用主义倾向的政治家。他在恢复古制的过程中，还将春秋以来晋国自行发展过程中形成的习惯法，其中也包括献惠以来一些受人诟病的政策都融合了进来，取长补短形成了一整套完整的制度规范，这便是他接下来要着手实施的一项重要任务。

被庐之蒐

晋文公四年（前 633 年）冬天，晋国贵族齐聚被庐（绛都东部山区）举行了一次盛大的阅兵仪式，这次的行动被称为"被庐之蒐"。

"蒐"礼是先秦时期常见的一种军事礼仪，有时也被记作"搜"礼。《左传》提到春秋时军事礼仪的称谓，有"春蒐、夏苗、秋狝、冬狩"，其中的蒐礼便是春季农闲时间举行的活动。

一般情况下，举行蒐礼包含了阅兵和田猎两项活动，主要是对临时召集的军队进行检阅，并训练士兵的协同作战能力。但是从晋文公时期开始，晋国的蒐礼便被赋予了另外的含义，同时承担了颁布法令和人事调整的功能。

晋国的军制，在晋武公取得晋侯地位时还只有一军的规模；到晋献公十六年，才进行扩编，建立了上、下两军体制。通常情况下，军队出征时国君会亲自统率上军，下军的统帅则临时指定大夫担任。不过，晋献公并不是一个严守成规的君主，有时连上军也会交由大夫统率，担任上、下军的统帅便是所谓的"卿"。

此后的二十多年间，晋国内部乱象频仍，军队规模一直都维持在两个军的水平上，卿的数量和人选也无一定之规。到晋文公谋求霸业之时，这种混乱无序的规制和二军的常备规模，显然已经与现实需要不相匹配了。

这一年，楚国大军包围宋国的消息传来，为了与楚国抗衡，解宋国于危难之中，晋文公决定在被庐举行蒐礼。在这次的蒐礼上，晋文公在原有军制基础上建立了中军，从而创立了"三军六卿"体制。这其中，中军的地位最高，以中军统率上军，上军统率下军；每军均设立一名统帅和一名副帅，统帅曰将，副帅曰佐，三军将佐由六人担任。

晋国实行军政一体，三军将佐既是军队统帅，也是行政首长，因此又被称为"六卿"。六卿之中又以中军将为尊，称为正卿，又称元帅，出征在外是为三军统帅，征战归来就是一国的执政，是集军政大权于一体的国家首长，与后世的宰相有些类同。其后依地位高低排序分别为中军佐、上军将、上军佐、下军将、下军佐，每人在卿职之外往往还会兼任其他具体的行政职务。国君加上六卿组成的小团体，是制定国家一切政令的最高权力机构，这与明朝时的内阁、清朝的军机处有些类似。

确立了三军六卿的内阁体制①后，接下来便是要选拔六卿，而重中之重自然是推举中军将的人选，也就是"谋元帅"了。按照晋文公最初的设想，他自然是希望从流亡派的贵族中选择一人来担任中军将，可居守国内的贵族却不买账。为了打破僵局，还是赵衰提出了一个让各方都满意的人选：郤縠。

作为晋国的第一任中军元帅，郤縠其人在此前的生平史料中无任何记录，上任之后也没有什么能够拿得出手的表现。这样一个毫无亮点的人为什么能够从人才济济的晋国政坛脱颖而出呢？

按照《左传》的说法，赵衰举荐郤縠的原因，是因为他年届五十且为人敦厚，平日里喜爱礼乐诗书，谨守道德礼义，能够善待百姓，是一个值得信赖的君子。这句话从明面上理解，举荐他是因为郤縠符合儒家倡导的君子形象，能够服众，可实际上或许仅仅是因为他的家世好。

之前我们曾介绍过，郤氏家族经过惠公时期的快速发展，已经成为一个同时拥有多个封邑的大族。此时尽管郤芮已死，其家族所拥有的土地财富仍然不可小觑，在不少贵族心目中还是很有威望的。提升郤縠的地位，利用其领头雁的作用，拉拢其背后依附的庞大族群，对于国君地位的稳固显然大有裨益。

君主拉拢豪门巨族是常有之事，这点我们丝毫都不会感到意外，可如果他还

---

① 春秋时期不存在内阁体制，但由于在此后的实践中，晋国军队的规模经常变动，卿的数量也没有定数。为了叙述方便，在本书中就姑且将这个最高权力机构统称为"内阁"。

是一个有能力、有野心的政客，就容易让局面失控。好就好在，郤縠虽坐拥庞大的产业，却是个庸碌无为之人，这倒很符合国君的心意；而将他推举上位，既能让其他的贵族看到国君的诚意，也能缓解不同群体之间的争斗，真可谓一举两得。

于是乎，在各方激烈的博弈之下，一个并不怎么出彩的郤縠，就成了晋国史上的第一任执政官。而晋文公为他选定的副手，也就是担任中军佐的郤溱，则更是一个缺乏存在感的隐形人。

中军将、佐尘埃落定，已经算是向居守派妥协了，接下来的四个席位就应该安排流亡派来加以平衡了。而在这其中，备受恩宠的赵衰自然还是晋文公的首选。不过，如此好意赵衰却不愿接受，他推辞说："夫三德者，偃之出也。以德纪民，其章大矣，不可废也。"

所谓"三德"，出自《左传·僖公二十七年》，说的是文公回国之初便急不可耐地想要进军中原谋求霸业，其舅父狐偃极力劝阻说："民未知义，未安其居。"意思是老百姓还不懂得道义，没能各安其位，此时不是用兵之时。于是晋文公便出兵安定周襄王，回国后又让利于民，鼓励生产，让百姓生活都安定了下来。

看到百姓皆安居乐业，晋文公又想出兵，狐偃再次劝阻，说："民未知信，未宣其用。"意思是老百姓还不懂得信义，仍然不是用兵之时。晋文公于是就在讨伐原国时展示信义，如此上行下效，社会风气为之扭转，就连做生意的人都开始明码标价，不再贪利了。

看到扭转风气立竿见影，文公便又按捺不住了，狐偃第三次出面劝阻，说："民未知礼，未生其共。"意思是老百姓还不知道礼仪，没有产生恭敬之心，所以还是不能用兵。晋文公便又按着狐偃的意图，举行了这次盛大的蒐礼，通过建立执秩之官、完善法律制度、明确岗位职责的方式，让老百姓懂得敬畏并明辨是非。

安定襄王示民以义、伐取原国示民以信、被庐大蒐示民以礼，赵衰提到这些意在表明，晋国之所以有了挑战中原霸权的勇气，靠的就是"义、信、礼"这三种德行，而这一切又都是狐偃的功劳。这个理由冠冕堂皇，但结合前后的情形来看，或许并非出自赵衰的本心。

上文曾经提到，在两代先君重用异姓贵族的政策导向下，国内公族群情激奋，晋文公不得不抬出周礼的原则来进行安抚，由此又让异姓贵族感觉受到了深深的伤害。作为异姓贵族的一员，赵衰在这种情况下显然不敢贸然出头。假如他听从国君的安排进入了六卿，势必会受到公族的冷落和排挤，而同为异姓的其他难兄难弟也会因此对他产生怨恨，让他里外不讨好，成为众矢之的。因此，如果国君非要在流亡的兄弟中选择一个人来平衡的话，那么国君的舅舅狐偃才是最合适的人选。

但按照赵衰后人赵武的说法，狐偃这个人私心太重。文公回国之前，他就在黄河岸边装腔作势，让介之推很看不惯；回国之后，他一心只考虑家族利益，又把与国君之间的生死情谊全放到了一边。赵衰推掉了上军将的职务之后，晋文公别无选择，只好让他来顶替，可狐偃却假装高风亮节，推荐了自己的哥哥狐毛，还说："狐毛的智慧远超于臣，且年龄也比我大，如果狐毛没有得以入选，臣不敢窃居高位。"无奈之下，晋文公只好任命狐毛为上军将，同时将狐偃排在第四位，好控住上军佐的职位。

在确定下军将、佐的人选时，晋文公还是有意把赵衰安排进去，可赵衰却再次拒绝了国君的好意，他说："栾枝贞慎，先轸有谋，胥臣多闻，他们都比我更适合担任这个职位，还是先考虑他们吧！"

这句话当然不能仅仅从字面上理解，我们必须要考虑到其中的政治意图。这其中最首要的一点恐怕还是赵衰看重了栾氏、先氏在国内的影响力，这与他推荐郤縠的本意是相同的。除此之外，还有一个不得不考虑的因素，那就是第三方势力对于这次人事调整的影响。

在任何一个有一定规模的国家里，国民的利益诉求和观念传统都不可能完全趋同；在任何一个舆论场中，参与讨论的群体都不可能非左即右；甚至在许多竞争激烈的政治事件中，占据人群绝大多数的中间群体才往往是制胜的关键。

同理，如果我们对此次人事调整中的中军、上军人选进行分析就会发现，郤氏和狐氏两个家族恰恰是代表了惠公旧党和文公近臣两个不同的派别。这种政治派别的分野并未随着惠公父子的没落而消弭于无形，反而一直到了十几年后的夷之蒐时仍然在发挥作用。这实际上也就意味着，所谓的惠公旧党和文公近臣之间的冲突并不仅限于拥护谁的问题，而是代表着两种不同的政治观念。在实现了郤氏和狐氏所代表的利益群体之间的平衡之后，为了取得更多国人的支持，就必须要争取中间群体的支持，这也是赵衰选择推荐栾枝、先轸统率下军的用意所在。

于是乎，在经过一番讨价还价之后，晋国的第一届内阁就出炉了，其中的六卿职位分别由郤縠、郤溱，狐毛、狐偃，栾枝、先轸担任。

从中我们可以看到，在族群属性上，晋国首届六卿所有席位都被公族所占据；在政治派别上，流亡派的贵族只有狐偃占据了一个席位，名列第四位，以狐氏家族为代表的文公势力勉强与以郤氏为代表的惠公旧党分庭抗礼。这种安排尽管很符合周礼，却是一种不平衡的体系，对于想要实现集权的晋文公来说，显然是不完备的。

举善援能

政治是一门妥协的艺术，更是一种寻求动态平衡的艺术。这种权力结构的形成，是国君与大夫、居守派与流亡派、公族与异姓大夫互相角力的结果。尽管从短期来看，晋文公在这场博弈中并没有取得多大胜利，居守派贵族和公族相对于国君和外来群体占据了绝对优势，但这种优势也并非是不可改变的。晋文公为自己创造了一个修改底层权限的后门，使得他可以借助个人威望的不断提升来扩大在内阁中的影响力，进而对纷繁复杂的利益集团进行调整——这正是他发动城濮之战的内在需求。

随着时间的推移，此后的几年里，晋国的六卿体制又发生了几次重大的变化，其十二字方针中的"举善援能"，也即推举良善之人和贤能之士，开始逐渐得以贯彻。

首先是晋文公五年（公元前632年）的城濮之战爆发前，担任元帅的郤縠在攻打曹国时死于阵前，晋文公临阵超拔内阁排名第六的先轸为中军将。与此同时，趁着战场上的混乱，他还特别安排公族大夫胥臣出任下军佐，算是又为流亡派争取了一个席位。

伴随着城濮之战的全面胜利，晋文公一跃成为中原霸主，以臣召君挟持天子参与践土主盟，着实出了一把风头，在国际上的威望也达到了顶点。战争的胜利一扫韩之战失败的阴霾，让国人振奋不已，民众的情绪被充分调动了起来。晋文公趁热打铁，于城濮之战的次年再次进行了一次军制改革，也即"作三行"。

所谓的"三行"，指的是中行、右行、左行三个方阵，其统帅分别是中行将荀林父，右行将屠击，左行将先蔑。至于其具体形式，史书上一笔带过未做详细说明，后世研究者众说纷纭却总难得出让人信服的结论。

一般的说法认为，三行是区别于战车方阵的步兵队伍。如春秋末年时，晋国大夫荀吴曾有"毁车以为行"的做法，就是将原来的车兵改为步兵。再加上如《左传·僖公二十八年》所述，晋国"作三行"的本来目的就是为了"御狄"，对付常年活动在深山老林里的"戎狄"时，抛弃熟悉的战车，发展适应环境需要的军制，这也算是言之成理。

不过也有论者认为，所谓的"行"也并不一定指代步兵方阵。比如在献、惠时期，常伴国君左右管理副车的"七舆大夫"中就有共华、贾华担任左行、右行等职务。晋文公所建立的三行，不过是另一种意义上的三军罢了。因为在当时的观念里，只有天子才能保有六军的建制，诸侯僭越建立六军不符合规制，故而只能以三行来作为替代。

不论其真相究竟为何，三行存续的时间都很短，到晋文公八年（前629年）时，仅仅存在了两年多时间的三行就被裁撤了。这一年，晋国在清原举行大蒐，将原来的三行拆解为新上、下两军，再加上原来的三军，晋国的正规军达到了五军规模。

在此之前，担任上军将的狐毛去世，晋文公第三次邀请赵衰入阁为卿。可赵衰仍旧推辞，又推荐了先轸的儿子先且居，还说："先且居在城濮之战中表现极为优秀，俗话说'军伐有赏、善君有赏、能其官有赏'，先且居兼具这三种品质，不能弃之不用。再说了，箕郑、胥婴、先都都还没有入阁为卿，我又怎么能先他们而入呢？"

从赵衰推举的名单来看，无论是先且居也好，箕郑、胥婴、先都也罢，都属于公族的范畴，可见其顾虑仍然没有消退。晋文公不便勉强，再次按照他的意思把先且居推到了上军将的位置上。

这件事情发生后，晋文公有感于赵衰的忠义，盛赞他三次辞让卿位，同时推荐上来的人选都是"社稷之卫"，如果还不让他做卿就是"废德"之举，于是就专门为他举行了这次的清原大蒐。赵衰盛情难却，只好接受了新上军将的卿位，而他所看重的箕郑、胥婴、先都则紧随其后，分别跻身新上军佐和新下军将、佐的位置。

这次调整后形成的五军十卿完整内阁序列分别为：先轸、郤溱，先且居、狐偃，栾枝、胥臣、赵衰、箕郑，胥婴、先都。

这其中只有赵衰一人是异姓卿，其余位置都由公族担任；但在政治派别上，狐偃、赵衰、胥臣、胥婴皆出身流亡派，比之内阁刚刚建立时的局势，流亡派和居守派基本上已经可以平分秋色，君臣之间的权力博弈再次达到了均衡状态。这也从一定程度上反映出晋文公在人事任免上的职权大大增强，他的不懈努力终于得到了回报。

晋文公去世前，他的舅舅先他一步离开了人世，上军佐的位置再次出现空缺。担任上军将的先且居有感于当年赵衰的热心举荐，于是便推荐其顶狐偃之缺。晋文公从其所愿，郑重其事地进行了他国君生涯中最后一次人事调整，拔擢赵衰为上军佐。这次，赵衰也担忧流亡贵族群龙无首，决定挑起重担，接受了这个职位。

通过恢复旧族地位、建立官僚系统、重构经济体制、融合各类族群、规范竞争机制、严明刑罚规则等做法，晋文公终于开创了一个昂扬向上的新局面。特别是三军六卿体制的建立，规范了献、惠时期任贤使能的竞争机制，为所有群体提供了公平竞技的舞台，充分调动了各阶层的积极性，让他们各显其能，从而将竞争所产生的效能发挥到了极致。与此同时，这种制度设计又相当于是一个凝聚人心的大熔炉，将各派政治势力——不管是居守派、流亡派也好，公族、异姓大夫也罢——之间冲突的焦点转移到对元帅地位的争夺上，模糊了政治派别之间的界限，最大限度地凝聚合力，将晋国打造成一个真正可以俾睨群雄的超级强国，开启了晋国长达百年的霸业辉煌。

在这持续百年的争霸战争中，一幕幕悲喜剧也开始上演：这其中有昏君庸臣，也有贤君良相；有不择手段的小人，也有谦卑和善的君子；有高居庙堂的世家大族，也有委身陋室的市井小民；有耿直不屈的董狐笔，也有随风摇摆的投机客；有令人向往的君子之风，也有惹人厌憎的钩心斗角；有催人泪下的真情流露，也有激人愤慨的恩怨情仇……

这一幕幕的悲喜剧之下，是被时代裹挟的芸芸众生，他们都在命运的驱使下，在不同的历史关头，做出了不同的选择，共同为后来的人们谱写了一曲曲恢宏壮丽的诗篇，向我们展示了一幅幅动人心魄的历史图景。历史总有许多精彩的片段，每每读到这些故事，在嗟叹之余，或许更应该深思的是：这些用生命谱写的诗篇、用热泪描绘的图景，究竟能给我们带来什么样的启发呢？

附录

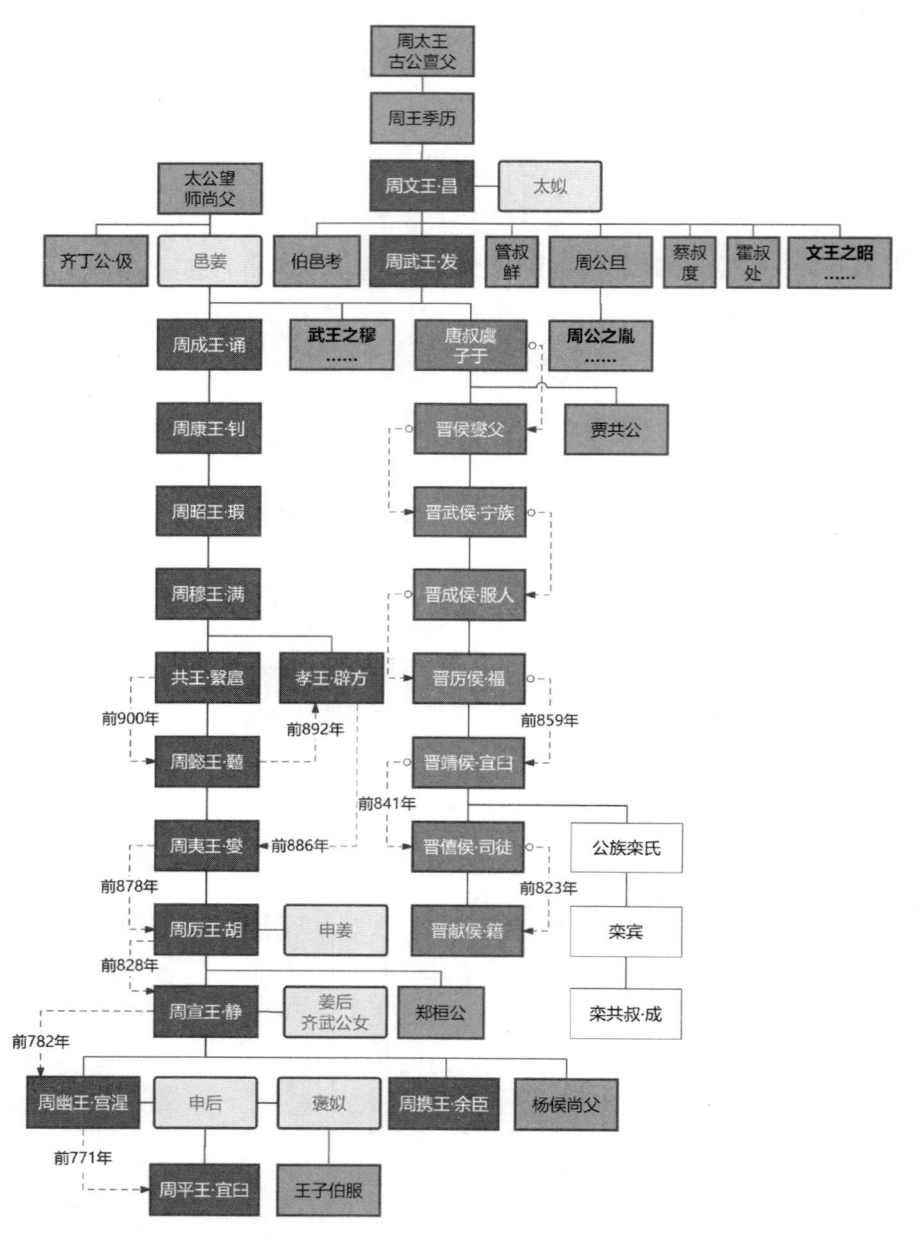

附图 1-1　西周时期周朝王室及晋国君主世系

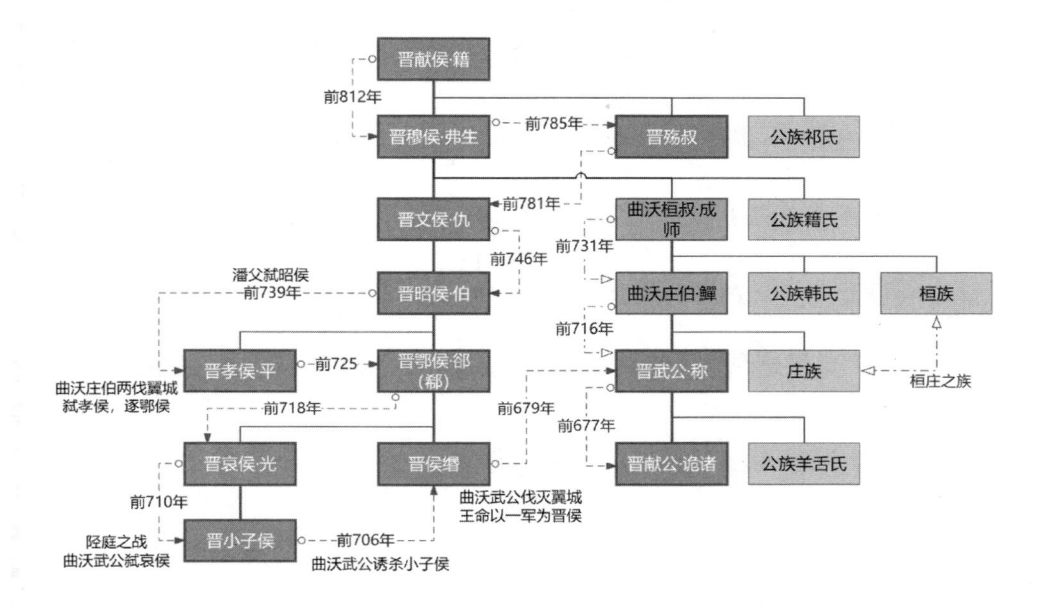

附图 1-2　曲沃代翼时期晋国及曲沃君主世系

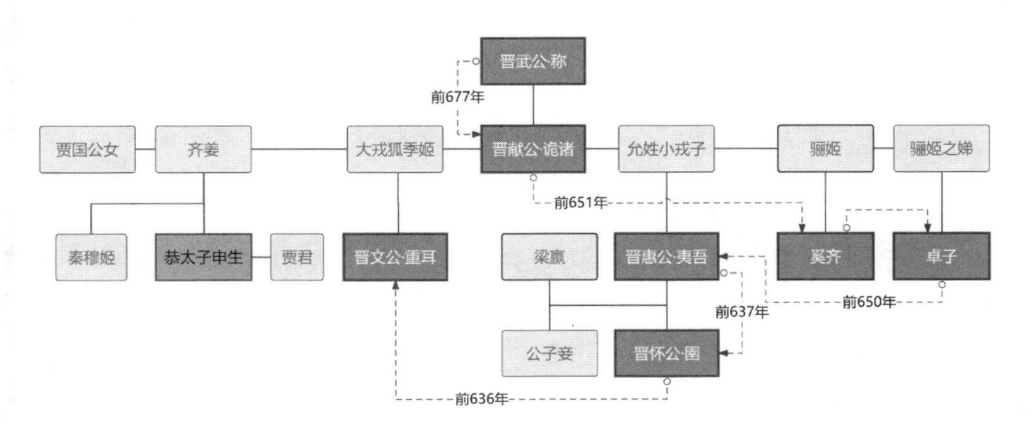

附图 3-1　"骊姬之乱"及"五世昏乱"人物关系示意